NE능률 영어교과서

대한민국 고등학생 **10**명 중
4.7명이 보는 교과서

영어 고등 교과서 점유율 1위
(7차, 2007 개정, 2009 개정, 2015 개정)

KB071397

능률보카

그동안 판매된
능률VOCA 1,100만 부

대한민국 박스오피스
**천만명을 넘은 영화
단 28개**

리딩튜터

... 된
리딩튜터 1,900만 부
차곡차곡 쌓으면 19만 미터

**에베레스트
21 배 높이**

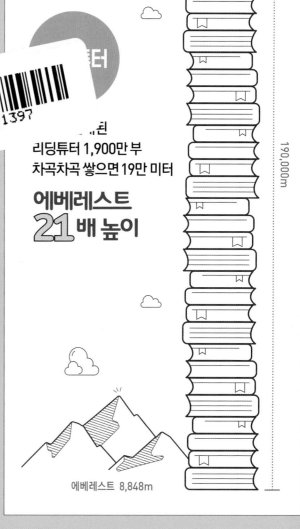

190,000m

에베레스트 8,848m

그래머존

그동안 판매된 450만 부의 그래머존을 바닥에 쭉 ~ 깔면
1000km 서울 - 부산 왕복가능

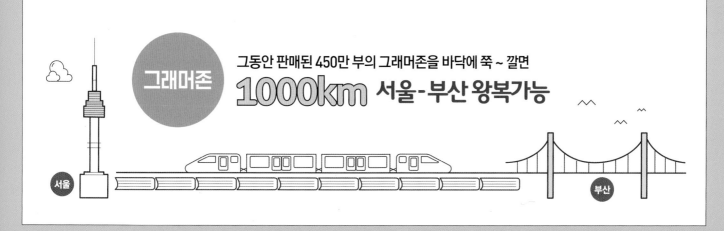

서울

부산

고등학교
일본어 Ⅰ 자습서

지은이	박행자, 김대일, 이정연, 이연숙, 나은주, 오승신, 조진희, 아마노 가오리
편 집	이효정
디자인	박정이
조 판	박정이, 백승미
영 업	한기영, 이경구, 박인규, 정철교, 김남준, 이우현
마케팅	박혜선, 남경진, 이지원, 김여진

Copyright©2018 by NE Neungyule, Inc.

All rights reserved. No part of this publication may be reproduced,
stored in a retrieval system, or transmitted in any form or by any means,
electronic, mechanical, photocopying, recording, or otherwise,
without the prior permission of the publisher.

+ 본 교재의 독창적인 내용에 대한 일체의 무단 전재 · 모방은 법률로 금지되어 있습니다.
+ 파본은 구매처에서 교환해 드립니다.

NE능률이
미래를
창조합니다.

건강한 배움의 고객가치를 제공하겠다는 꿈을 실현하기 위해
40년이 넘는 시간 동안 열심히 달려왔습니다.

앞으로도 끊임없는 연구와 노력을 통해
당연한 것을 멈추지 않고

고객, 기업, 직원 모두가 함께 성장하는 NE능률이 되겠습니다.

NE능률의 모든 교재가 한 곳에 - 엔이 북스

NE_Books

www.nebooks.co.kr ▼

NE능률의 유초등 교재부터 중고생 참고서,
토익·토플 수험서와 일반 영어까지!
PC는 물론 태블릿 PC, 스마트폰으로 언제 어디서나
NE능률의 교재와 다양한 학습 자료를 만나보세요.

✓ 필요한 부가 학습 자료 바로 찾기
✓ 주요 인기 교재들을 한눈에 확인
✓ 나에게 딱 맞는 교재를 찾아주는 스마트 검색
✓ 함께 보면 좋은 교재와 다음 단계 교재 추천
✓ 회원 가입, 교재 후기 작성 등 사이트 활동 시 NE Point 적립

건강한
배움의 즐거움

NE 능률

영어교과서 리딩튜터 능률보카 빠른독해 바른독해 수능만만 월등한 개념 수학 유형더블
NE_Build & Grow   NE_Times   NE_Kids(굿잡,상상수프)   NE_능률 주니어랩   아이챌린지

고등학교

일본어 I

자습서

NE 능률

글로벌화, 세계화라는 단어가 더 이상 낯설지 않게 느껴질 정도로 세계가 하나의 생활권으로 발전해 가는 오늘날, 외국어 습득과 외국 문화의 이해는 다문화 사회에서 세계 시민이 갖추어야 할 중요한 자질이 되었습니다. 그중에서도 특히 일본어를 배우는 이유는 일본은 한국과 지리적으로 가까워 앞으로도 서로의 언어와 문화에 대한 존중의 토대 위에 우호와 문화 교류가 더욱 활발하게 진행될 가능성이 많은 나라이기 때문입니다. 일본어 의사소통 능력을 통하여 일본어를 사용하는 사람들과 온·오프라인으로 교류하며, 일상적인 의사소통뿐만 아니라 한국과 일본의 문화적 가치와 다양한 정보를 공유할 수 있게 됩니다. 이를 토대로 세상에 대한 견문을 넓히고 다양한 생각을 수용하는 창의적 사고력과 인성을 갖춘 세계 시민으로 성장할 수 있을 것입니다.

우리 선생님들은 학교 현장에서 학생들에게 이런 이야기들을 많이 들었습니다.
"수업 시간에 놓친 부분이 있는데 어떻게 해야 할까요?"
"일본어 시험은 처음인데 시험 문제는 어떤 유형으로 출제되나요?"
"교과서에 문장 해석이 같이 나와 있으면 좋겠어요"
"제가 공부를 잘 했는지 확인하고 싶어요"

이런 질문을 하는 학생들에게 조금이나마 도움이 되었으면 하는 마음으로 본 자습서를 집필하게 되었습니다. 수업 시간에 놓친 부분도 본 자습서의 자세하고 친절한 설명으로 해결할 수 있습니다.

이 자습서는 교과서에 나오는 모든 일본어 해석과 본문 내용에 대한 해설을 달아 놓았습니다. 'MINI QUIZ'는 본문의 내용을 잘 이해했는지 간단하게 확인하기 위한 코너입니다. 각 과의 내용과 관련하여 학습에 도움이 될 만한 참고 내용은 '학습 TIP'에, 문화적 설명은 '문화 TIP'에 정리했습니다.

또, 각 과 끝에 있는 '단원 평가'와 부록에 있는 '지필 평가' 문제를 활용하여 시험 유형이나 공부한 내용을 확인할 수 있습니다. 선생님들이 깊이 고심하고 수정을 거듭하여 출제한 객관식 문제뿐만 아니라 서술형 평가도 준비되어 있습니다.

'부록'은 자기 주도 학습에 꼭 필요한 부분으로 정성을 들여 만들었습니다.

'쓰기 노트'는 일본어 공부를 할 때 빠뜨려서는 안 될 쓰기 활동을 할 수 있도록 각 과의 주요 문형이나 문장을 써 보는 페이지입니다. 히라가나, 가타카나 및 주요 문형과 문장을 되새기며 여러 번 써 보세요.

'나만의 정리 노트'는 1과 2 두 부분으로 되어 있습니다. 1은 마인드맵으로 핵심 단어를 정리해 보고 십자말풀이나 워드서치로 주요 단어를 다시 한 번 확인합니다. 2는 각 과의 주요 학습 내용의 제목만 제시되어 있습니다. 그동안 배운 내용을 제목만 보고 떠올려 스스로 내용을 완성해 가는 코너입니다. 이 페이지가 가득 채워질 수 있도록 열심히 공부하세요.

'단어 체크'와 '요점 체크(이것만은 꼭!)'는 각 과에 나온 단어를 스스로 정리하고 제목 그대로 이것만은 꼭 알아야 하는 중요 문형을 실었습니다. 특히 시험 준비 기간에 활용할 수 있도록 단어와 요점 체크를 한 장에 실었으니 시험 전에 톡톡히 활용하시기 바랍니다.

'자습서(自習書)'의 '자습'의 의미는 '스스로 학습한다'는 뜻입니다. 이 책을 보고 있는 여러분은 이미 스스로 학습하는 자기 주도적인 학습 의지가 충분히 갖추어진 훌륭한 학생입니다. 본 자습서가 여러분이 일본어를 공부하는 데 즐거운 길도우미가 되었으면 합니다.

みなさん、がんばって ください！

저자 일동

이 책의 구성과 특징

단원 도입

각 단원에서 배워야 할 주요 학습 내용과 단원 안내 사진에 대한 설명이 제시되어 있으며 삽화로 표현된 주요 의사소통 기본 표현이 무엇인지 한 눈에 살펴볼 수 있습니다.

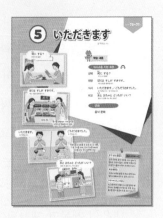

교과서 알기

교과서 본문을 상세히 설명하고, 학습한 내용을 바로 확인할 수 있도록 구성하였습니다.

듣기 대본 & 해석

각 단원의 듣기 해설을 통해 본문과 관련된 주요 내용과 관련 어휘를 상세히 설명하였습니다.

학습 TIP

각 과의 내용과 관련하여 학습에 도움이 되는 단어와 참고 내용을 설명하였습니다.

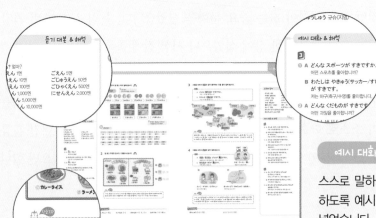

예시 대화 & 해석

스스로 말하기 연습이 가능하도록 예시 대화와 해석을 넣었습니다.

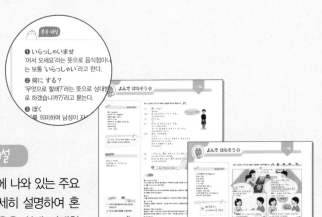

본문 해설

읽기 본문에 나와 있는 주요 표현을 자세히 설명하여 혼자서도 내용을 쉽게 이해할 수 있습니다.

문화 TIP

일본 문화에 대한 내용을 추가적으로 설명하였습니다.

스스로 학습하기

가나 쓰기 노트 및 본문 쓰기 노트

세련된 디자인의 가나 쓰기 노트를 통해 일본어 문자를 획순에 맞게 쓰는 연습을 할 수 있고 나아가 본문 쓰기 노트도 마련하여 주요 문형과 문장에 익숙해질 수 있게 하였습니다.

나만의 정리 노트 1, 2

정리 노트 1은 마인드맵으로 단어를 정리해 보고, 십자말풀이나 워드서치로 정리한 단어를 확인합니다. 정리 노트 2는 각 과의 주요 학습 내용의 제목만 제시되어 있습니다. 단원에서 학습한 내용을 스스로 완성해 가는 코너입니다.

단어 체크/요점 체크(이것만은 꼭!)

단어 체크는 각 과에 나온 단어를 다시 한 번 정리하고 확인할 수 있습니다. 요점 체크는 꼭 알아야 하는 중요 문형을 실었습니다. 특히 시험 기간에 잘라서 들고 다니며 활용할 수 있도록 구성하였습니다.

히라가나와 가타카나 오십음도표

디자인과 크기가 다양한 히라가나와 가타카나 오십음도표를 두꺼운 용지로 제작하여 휴대하고 다니면서 문자를 익힐 수 있도록 하였습니다.

실력 확인하기

MINI QUIZ

본문의 내용을 얼마나 잘 이해했는지 체크하며 확인할 수 있는 문제를 엄선하여 수록하였습니다.

단원 평가

각 단원의 성취도를 평가해 볼 수 있도록 단원별로 주요 내용 확인 문제를 수록하였습니다. 자세한 해설도 부록에 수록하여 스스로 학습에 도움을 주고자 노력하였습니다.

지필 평가

단원의 성취도를 종합적으로 평가하고 학교 시험에 대비할 수 있도록 다양한 유형의 문제를 수록하였습니다. 객관식 문제뿐만 아니라 서술형 문제도 준비되어 있습니다.

차례

1 ひらがな・カタカナ

- 만남　おはよう。
- 헤어짐　さようなら。
- 사과　すみません。

- 히라가나
- 가타카나
- 인사말

2 はじめまして

- 자기소개　はじめまして。イ・ハナです。
- 타인 소개　こちらは イ・ハナさんです。
- 취미　しゅみは りょうりです。

- 학교생활
- ～さん

3 おじゃまします

- 귀가　ただいま。/ おかえりなさい。
- 방문　おじゃまします。
- 권유 1　おちゃ、どうぞ。
- 가족 소개　あねです。

- 주거 문화, 방문 예절
- 가족 호칭

4 えいがかんは どこ?

- 존재　人が たくさん いるね。
- 장소　えいがかんは どこ?
- 안내　本屋には おもしろい まんがも たくさん あるよ。

- 대중문화, 스포츠
- 맞장구

5 いただきます

- 선택　何に する?
- 취향　ぼくは すしが すきです。
- 식사　いただきます。/ ごちそうさまでした。
- 비교　水と おちゃと どっちが いい?

- 음식 문화
- いただきます / ごちそうさまでした

부록

주요 등장인물

ハナ (하나)
한국인 유학생

なみ (나미)
일본인 친구

ともや (도모야)
일본인 친구

일본에 대해 알아봅시다.

인 구

일본의 인구는 약 1억 2천 7백만 명으로 해마다 감소하고 있다. (2017년 7월 총무성 통계국)

기 후

계절의 구분이 뚜렷한 온대성 계절풍 기후이지만 국토가 남북으로 길게 걸쳐 있어서 지역에 따른 기후 차이가 심하다. 또한 일본은 지리적 조건으로 인해 지진과 해일, 자연재해가 빈번하다.

행 정 구 역

일본의 행정구역은 도쿄도(東京都), 홋카이도(北海道), 교토부(京都府), 오사카부(大阪府)와 43개의 현(県)으로 구성되어 있다(1都 1道 2府 43県). 수도는 도쿄(東京)이다.

화 폐

일본의 화폐 단위는 엔(円 / ¥)이다. 화폐의 종류는 1엔, 5엔, 10엔, 50엔, 100엔, 500엔의 동전과 1,000엔, 2,000엔, 5,000엔, 10,000엔의 지폐가 있다.

화폐의 종류
교과서 72쪽 참고

영 토

일본은 혼슈(本州), 규슈(九州), 시코쿠(四国), 홋카이도(北海道)의 4개의 큰 섬과 약 7천 개의 크고 작은 섬으로 이루어져 있다. 한반도 면적의 1.7배 정도이다.

홋카이도

혼슈

도쿄

시코쿠

규슈

Quiz

❶ 일본의 인구는 해마다 감소하고 있다. ◎ ☐ ✗ ☐

❷ 일본의 섬 중에서 가장 큰 섬은 홋카이도이다. ◎ ☐ ✗ ☐

❸ 일본의 수도는 도쿄이며 혼슈에 속해 있다. ◎ ☐ ✗ ☐

❹ 일본은 혼슈, 규슈, 시코쿠, 홋카이도, 오키나와의 5개의 큰 섬으로 이루어져 있다. ◎ ☐ ✗ ☐

❺ 일본의 국토는 남북으로 길게 뻗어 있으나 면적은 한반도 면적과 거의 같다. ◎ ☐ ✗ ☐

❻ 일본의 행정구역은 도쿄도, 홋카이도, 교토부, 오사카부와 43개의 현으로 구성된다. ◎ ☐ ✗ ☐

❼ 일본의 화폐 단위는 엔이며, 동전 6가지와 지폐 4가지가 있다. ◎ ☐ ✗ ☐

일본의 주요 연중행사

1월 1일 　오쇼가쓰 おしょうがつ(お正月)

정월은 새해를 맞이하며 지난해를 무사히 끝낸 것과 신년을 축하하는 행사이다. 한 해의 신을 맞이하기 위해 가도마쓰(門松)와 가가미모치(かがみもち) 등의 정월 장식을 하고, 오세치요리(おせちりょうり)를 먹으며 성대하게 행사를 한다.

2월 3일경 　세쓰분 せつぶん(節分)

계절이 바뀌는 경계를 의미하는데 현재는 입춘 전날인 2월 3~4일경을 의미한다. 잡귀를 쫓는 의미에서 한 집안의 가장이 콩뿌리기(마메마키, 豆まき)를 하고 그 해의 좋은 방위를 향해 김초밥(에호마키, 恵方巻き)을 먹으며 무병과 행운을 기원하기도 한다.

3월 3일 　히나마쓰리 ひなまつり

여자 아이의 건강한 성장을 기원하는 날로 3월 3일에 행해진다. 히나인형(ひな人形)을 장식하고, 히나아라레(ひなあられ)나 히시모치(ひしもち) 등을 바친다.

5월 5일 단고노셋쿠 たんごの せっく(端午の節句)

남자 아이의 건강을 기원하기 위한 행사로 5월 5일에 행해진다. 오월인형(五月人形)을 장식하고, 고이노보리(こいのぼり)를 세우며, 지마키(ちまき)나 가시와모치(かしわもち)를 먹는다.

7월 7일 　다나바타 たなばた(七夕)

우리나라의 칠석에 해당하며, 중국 전설과 일본의 옛 풍습이 합해진 행사이다. 이날은 단자쿠(短冊)라는 종이에 소원을 적어 대나무에 매달아 소원을 빌며, 다나바타마쓰리(七夕祭り)를 행하기도 한다.

8월 15일 　오본 おぼん(お盆)

8월 15일에 행해지는 일본의 선조의 영을 기원하는 행사로 일본 고래의 선조영혼 신앙과 불교가 융합된 행사이다. 조상의 영혼을 맞이하고(무카에비, 迎え火) 배웅하는(오쿠리비, 送り火) 행사를 하고, 본오도리(盆踊り)를 춘다.

11월 15일 　시치고산 しちごさん(七五三)

아이의 건강과 성장을 기원하는 행사로, 남자 아이가 3살·5살, 여자 아이가 3살·7살 되는 해의 11월 15일에 신사 등에서 감사하고 축하하는 행사이다. 어린이들의 장수를 기원하며 가늘고 길게 만든 사탕인 지토세아메(千歳飴)를 먹는다.

12월 31일 　오미소카 おおみそか

한 해의 마지막 날을 가리키며 신년을 맞이하기 위한 행사를 한다. 대청소를 하며 한 해의 묵은 때를 벗겨내고, 제야에는 장수를 의미하는 가늘고 긴 국수인 도시코시소바(年越しそば)를 먹으며 한 해를 넘기는 행사를 한다.

① ひらがな・カタカナ

히라가나·가타카나

'とまれ'는 '멈춤'이나 'STOP'의 의미로, 도로의 정지선 등에서 흔히 볼 수 있다.

히라가나와 가타카나가 함께 쓰여 있는 간판의 모습이다.

'자동'이라는 의미로, 한자로 나타내는 것이 히라가나로 의미를 풀어서 설명하는 것보다 간단명료하게 표현할 수 있다.

 학습 내용

문자와 발음

히라가나 (ひらがな)

가타카나 (カタカナ)

의사소통 기본 표현

만남	おはよう。 안녕
헤어짐	さようなら。 잘 가.
사과	すみません。 미안합니다.

교과서(10쪽) 사진

일본 거리 간판

일본의 문자는 히라가나, 가타카나, 한자로 구분되며, 일본의 거리에서는 이 세 가지 문자가 함께 사용된 간판을 쉽게 찾을 수 있다.

음식점 간판

닛코 관광지에 있는 가타카나로 써져 있는 치즈 케이크 가게 간판.

히라가나(ひらがな) 오십음도

잘 듣고 따라 읽어 봅시다. 02

학습TIP
10개의 행과 5개의 단으로 구성되어 하나의 표로 나타낸 것을 '오십음도'라고 한다.

↓단

→행

	あ단	い단	う단	え단	お단
あ행	あ [a]	い [i]	う [u]	え [e]	お [o]
か행	か [ka]	き [ki]	く [ku]	け [ke]	こ [ko]
さ행	さ [sa]	し [shi]	す [su]	せ [se]	そ [so]
た행	た [ta]	ち [chi]	つ [tsu]	て [te]	と [to]
な행	な [na]	に [ni]	ぬ [nu]	ね [ne]	の [no]
は행	は [ha]	ひ [hi]	ふ [fu]	へ [he]	ほ [ho]
ま행	ま [ma]	み [mi]	む [mu]	め [me]	も [mo]
や행	や [ya]		ゆ [yu]		よ [yo]
ら행	ら [ra]	り [ri]	る [ru]	れ [re]	ろ [ro]
わ행	わ [wa]				を [o]
	ん [n]				

학습TIP
- 일본의 문자는 히라가나, 가타카나, 한자가 있다.
- 히라가나는 한자의 초서체를 본떠 만든 글자로, 가타카나에 비해 부드러운 곡선으로 되어 있는 것이 특징이다.

1 **청음** 잘 듣고 따라 읽으며 필순에 유의하여 써 봅시다. 🎧 03

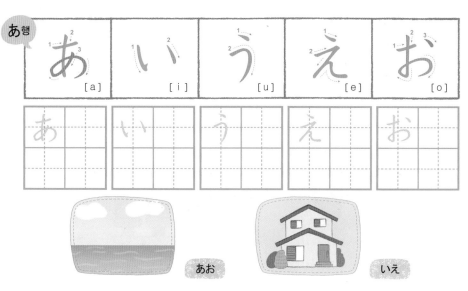

교과서 단어

- あお 파랑
- いえ 집
- かお 얼굴
- こえ 목소리

청음
맑은 소리를 내는 음을 말한다.

あ행
일본어의 모음에 해당하며 우리말의 '아이우에오'와 비슷하다.

か행
자음 [k]에 모음 [a, i, u, e, o]가 결합된 것이며 첫 음의 [k]를 너무 강하게 발음하지 않는다.

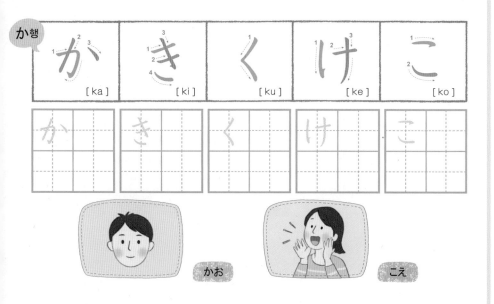

クイズ **MINI** QUIZ

1 히라가나로 써 보기
 ① [e] ( )
 ② [ki] ( )
 ③ [ke] ( )

2 같은 행이 아닌 것에 O표 하기
 | い | お | あ | う | こ |

クイズ
2. こ
1. ① え ② き ③ け

교과서 단어

- すし 초밥
- せき 자리
- いち 일, 1
- つくえ 책상

さ행

자음 [s]에 모음 [a, i, u, e, o]가 결합된 것이며,
'す' 발음은 우리말의 '스'에 가깝게 발음한다.

た행

'た, て, と'는 자음 [t]에 모음 [a, e, o]가 결합된
것이다.
'ち'는 [chi], 'つ'는 [tsu]로 발음하며, 각각 'bench',
'cats'의 끝 음과 비슷하다.

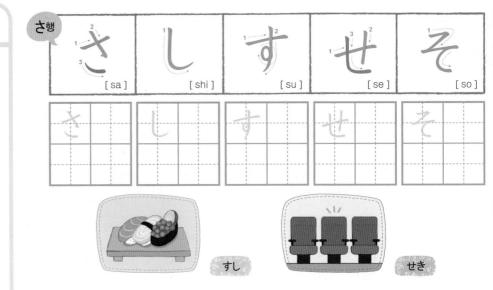

さ행
| さ [sa] | し [shi] | す [su] | せ [se] | そ [so] |

すし

せき

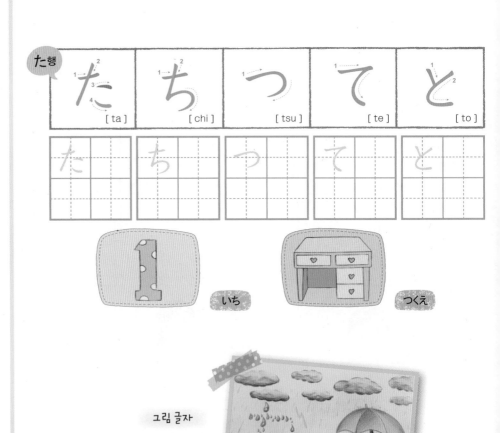

た행
| た [ta] | ち [chi] | つ [tsu] | て [te] | と [to] |

いち

つくえ

그림 글자

かさ

↳ 학생 작품

クイズ MINI QUIZ

1 히라가나로 써 보기
① [sa] ( )
② [chi] ( )
③ [tsu] ( )

2 같은 행이 아닌 것에 O표 하기

| と | せ | し | そ | す |

정답 2.

정답 1. ① さ ② ち ③ つ

14 1과

な행				
な [na]	に [ni]	ぬ [nu]	ね [ne]	の [no]

いぬ

ねこ

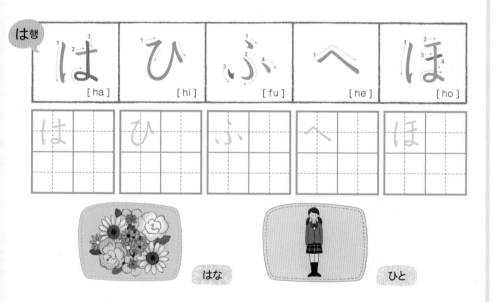

は행				
は [ha]	ひ [hi]	ふ [fu]	へ [he]	ほ [ho]

はな

ひと

교과서 단어

- いぬ 개
- ねこ 고양이
- はな 꽃
- ひと 사람

な행
자음 [n]에 모음 [a, i, u, e, o]가 결합된 것이다.
'な'의 필순에 주의한다.

は행
자음 [h]에 모음 [a, i, u, e, o]가 결합된 것이며,
'ふ'는 입술을 둥글게 하거나, 영어의 [f]처럼
입술을 스치며 발음하지 않는 것에 유의한다.

クイズ MINI QUIZ

1 히라가나로 써 보기
① [na] (   )
② [ne] (   )
③ [fu] (   )

2 같은 행이 아닌 것에 O표 하기
ふ に ほ は ひ

2. に

정답 1. ① な ② ね ③ ふ

교과서 단어

- あめ 비
- きもの 기모노
- やま 산
- ゆき 눈

ま행
자음 [m]에 모음 [a, i, u, e o]가 결합된 것이다.

や행
'や, ゆ, よ' 세 개이며, [y]에 모음 [a, u, o]가 결합된 것이다.

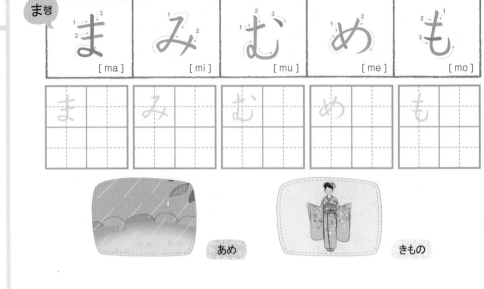

| ま행 | ま [ma] | み [mi] | む [mu] | め [me] | も [mo] |

あめ　　　　　　きもの

| や행 | や [ya] | ゆ [yu] | よ [yo] |

やま　　　　　　ゆき

1 히라가나로 써 보기
 ① [me] (　　)
 ② [ya] (　　)
 ③ [yu] (　　)

2 같은 행이 아닌 것에 O표 하기

| よ | も | む | ま | み |

2. よ
1.① め ② や ③ ゆ
정답

그림 글자

ふゆ

학생 작품

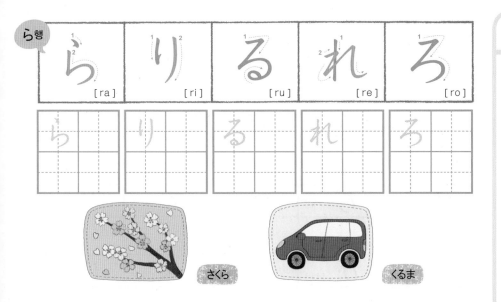

ら행	ら [ra]	り [ri]	る [ru]	れ [re]	ろ [ro]

さくら

くるま

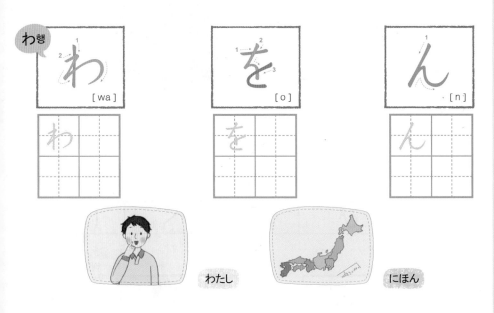

わ행	わ [wa]	を [o]	ん [n]

わたし

にほん

교과서 단어

- さくら 벚꽃
- くるま 차
- わたし 나
- にほん 일본

ら행
자음 [r]에 모음 [a, i, u, e, o]가 결합된 것이며, 영어의 [r]처럼 혀를 굴리지 않음에 유의한다.

わ행
'わ, を'의 두 가지이며, 'を'는 'お'와 같이 [o]로 발음한다.

ん
단독으로 사용하거나 발음할 수 없으며, 뒤에 오는 발음에 따라 우리나라 말의 받침 [ㅁ, ㄴ, ㅇ] 등으로 발음한다.

문화TIP

한국 사람은 자신을 가리킬 때 보통 손으로 가슴을 가리키는데, 일본 사람은 손으로 코를 가리키기도 한다.

クイズ   MINI QUIZ

1 히라가나로 써 보기
  ① [ra] (   )
  ② [ru] (   )
  ③ [wa] (   )

2 같은 행이 아닌 것에 O표 하기
  | り | ろ | ら | わ | る |

2. わ

1. ① ら ② る ③ わ

교과서 단어

- かぞく 가족
- はなび 불꽃놀이
- ぴかぴか 반짝반짝
- ぺこぺこ 꼬르륵(배가 몹시 고픈 모양)

탁음

일본어 청음 중에서 か행, さ행, た행, は행의 글자 오른쪽 위에 탁점(゛)을 붙여 나타낸다.

が행

자음 [g]에 모음이 결합된 것이며, 청음인 か행 발음과 구분되므로 주의한다.

ざ행

자음 [z]에 모음이 결합된 것이며, 우리나라의 '자'와 같이 발음하지 않도록 주의한다.
'じ'는 'ji'로 발음한다.

だ행

자음 [d]에 모음이 결합된 것이며, 'ぢ'와 'づ'의 발음은 각각 'じ, ず'와 같으므로 주의하여 발음한다.

ば행

자음 [b]에 모음이 결합된 것이다.

반탁음

일본어 청음 は행의 글자 오른쪽 위에 반탁점(゜)을 붙여 나타낸다.

ぱ행

자음 [p]에 모음이 결합된 것이다.

クイズ MINI QUIZ

1 히라가나로 써 보기
　① [za] (　　)　② [gi] (　　)
　③ [do] (　　)　④ [ba] (　　)
　⑤ [bo] (　　)　⑥ [pu] (　　)

　　　　ぼ ⑤　ば ④
정답　ど ③　ぎ ②　ざ ① .1　ぷ ⑥

---

2 **탁음** 잘 듣고 따라 읽으며 써 봅시다. 🎧04

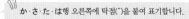

か·さ·た·は행 오른쪽에 탁점(゛)을 붙여 표기합니다.

が [ga]	ぎ [gi]	ぐ [gu]	げ [ge]	ご [go]
が	ぎ	ぐ	げ	ご
ざ [za]	じ [ji]	ず [zu]	ぜ [ze]	ぞ [zo]
ざ	じ	ず	ぜ	ぞ
だ [da]	ぢ [ji]	づ [zu]	で [de]	ど [do]
だ	ぢ	づ	で	ど
ば [ba]	び [bi]	ぶ [bu]	べ [be]	ぼ [bo]
ば	び	ぶ	べ	ぼ

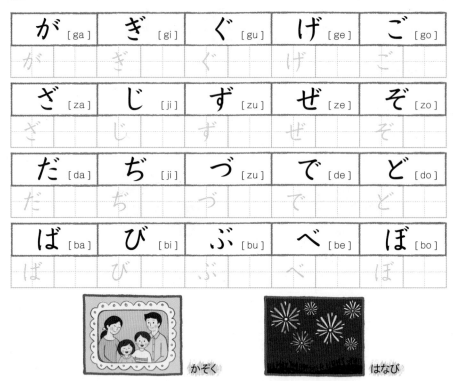

かぞく　　　　はなび

---

3 **반탁음** 잘 듣고 따라 읽으며 써 봅시다. 🎧05

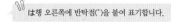

は행 오른쪽에 반탁점(゜)을 붙여 표기합니다.

ぱ [pa]	ぴ [pi]	ぷ [pu]	ぺ [pe]	ぽ [po]
ぱ	ぴ	ぷ	ぺ	ぽ

ぴかぴか　　　　ぺこぺこ

4 **요음** 잘 듣고 따라 읽으며 써 봅시다. 🎧06

> い를 제외한 い단(き, し, ち, に, ひ, み, り, ぎ, じ, び, ぴ) 글자의 오른쪽 아래에 'や, ゆ, よ'를 작게 써서 표기하며, 두 글자를 한 박자로 발음합니다.

きゃ [kya]	きゅ [kyu]	きょ [kyo]	ぎゃ [gya]	ぎゅ [gyu]	ぎょ [gyo]
きゃ	きゅ	きょ	ぎゃ	ぎゅ	ぎょ

しゃ [sha]	しゅ [shu]	しょ [sho]	じゃ [ja]	じゅ [ju]	じょ [jo]
しゃ	しゅ	しょ	じゃ	じゅ	じょ

ちゃ [cha]	ちゅ [chu]	ちょ [cho]
ちゃ	ちゅ	ちょ

にゃ [nya]	にゅ [nyu]	にょ [nyo]
にゃ	にゅ	にょ

ひゃ [hya]	ひゅ [hyu]	ひょ [hyo]	びゃ [bya]	びゅ [byu]	びょ [byo]
ひゃ	ひゅ	ひょ	びゃ	びゅ	びょ

			ぴゃ [pya]	ぴゅ [pyu]	ぴょ [pyo]
			ぴゃ	ぴゅ	ぴょ

みゃ [mya]	みゅ [myu]	みょ [myo]
みゃ	みゅ	みょ

りゃ [rya]	りゅ [ryu]	りょ [ryo]
りゃ	りゅ	りょ

 かしゅ しょくじ ひゃく

 학습TIP

박
① 문자 한 글자는 1박: みそ(2박), さくら(3박)
② 요음은 1박: しゅみ(2박), しょくじ(3박)
③ 촉음은 1박: みっか(3박), いらっしゃい(5박)
④ 발음은 1박: かばん(3박), しんかんせん(6박)

교과서 단어

- かしゅ 가수
- しょくじ 식사
- ひゃく 백, 100

요음

い를 제외한 い단(き, し, ち, に, ひ, み, り, ぎ, じ, び, ぴ) 글자의 오른쪽 아래에 'や, ゆ, よ'를 작게 써서 'きゃ, きゅ, きょ'와 같이 표기한 것이다.
요음은 두 글자를 한 박자의 길이로 발음한다.
🔹 かしゅ[kasyu]: 2박
　 しょくじ[syokuji]: 3박

クイズ MINI QUIZ

1 히라가나로 써 보기
　① [kya] (　　) 　② [chu] (　　)
　③ [nyo] (　　) 　④ [gyu] (　　)
　⑤ [ja] (　　) 　⑥ [pyo] (　　)

2 박자 쓰기
　① [じゆう] (　　) 　② [じゅう] (　　)
　③ [ひゃく] (　　)

③ 2박자
② 2박자
2. ① 3박자
④ ぎゅ ⑤ じゃ ⑥ ぴょ
정답 1. ① きゃ ② ちゅ ③ にょ

- みっか 3일
- いっしょ 함께
- きって 우표
- さっぽろ 삿포로
- しんぶん 신문
- けんだま 겐다마
- おんがく 음악
- ふじさん 후지산

촉음

'つ'를 작게 'っ'로 나타내며 한 박자의 길이로 발음한다.

❶ 촉음 'っ' 뒤에 か행이 올 때 촉음은 [k]로 발음한다.

  예 みっか[mikka] 3일(3박자)

❷ 촉음 'っ' 뒤에 さ행이 올 때 촉음은 [s]로 발음한다.

  예 いっしょ[issyo] 함께(3박자)

❸ 촉음 'っ' 뒤에 た행이 올 때 촉음은 [t]로 발음한다.

  예 きって[kitte] 우표(3박자)

❹ 촉음 'っ' 뒤에 ぱ행이 올 때 촉음은 [p]로 발음한다.

  예 さっぽろ[sapporo] 삿포로(4박자)

  (*촉음 뒤에 오는 자음을 한 번 더 반복한다.)

발음

'ん'은 단독으로 쓰이지 않으며, 뒤에 오는 음의 영향을 받는다.

발음 'ん'은 한 박자의 길이를 갖는다.

❶ 발음 'ん' 뒤에 'ま, ば, ぱ'행이 올 때 'ん'은 [m]으로 발음한다.

  예 しんぶん[shimbuN] 신문(4박자)

  えんぴつ[empitsu] 연필(4박자)

❷ 발음 'ん' 뒤에 'さ, ざ, た, だ, な, ら'행이 올 때 'ん'은 [n]으로 발음한다.

  예 けんだま[kendama] 겐다마(4박자)

  せんせい[sense:] 선생님(4박자)

❸ 발음 'ん' 뒤에 'か, が'행이 올 때 'ん'은 [ŋ]으로 발음한다.

  예 おんがく[oŋgaku] 음악(4박자)

  ぎんこう[giŋko:] 은행(4박자)

❹ 발음 'ん' 뒤에 'あ, は, や, わ'행이 오거나, 맨 뒤에 올 때 'ん'은 [N]으로 발음한다.

  예 ふじさん[fujisaN] 후지산(4박자)

  ほんや[hoNya] 서점(3박자)

---

5 촉음 잘 듣고 촉음에 유의하여 따라 읽어 봅시다. 🎧07

촉음(っ)은 つ를 작게 쓰고 한 박자로 발음합니다.

みっか　　いっしょ　　きって　　さっぽろ

6 발음 잘 듣고 발음에 유의하여 따라 읽어 봅시다. 🎧08

발음(ん)은 한 박자로 발음합니다.

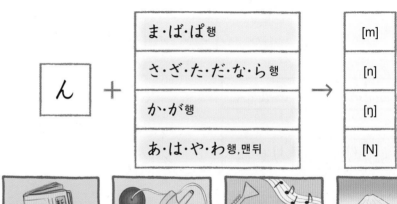

しんぶん　　けんだま　　おんがく　　ふじさん

クイズ　MINI QUIZ

1 밑줄 친 부분 발음 쓰기

  ① さっぽろ (　) ② みっか (　) ③ えんぴつ (　)

2 박자 쓰기

  ① おんがく (　) ② でんわ (　) ③ きって (　)

정답 1.① p ② k ③ m
2.① 4박자 ② 3박자 ③ 3박자

7 **장음** 잘 듣고 장음에 유의하여 따라 읽어 봅시다. 🎧09

> 장음은 앞 글자의 모음을 한 박자 늘여서 길게 발음합니다.

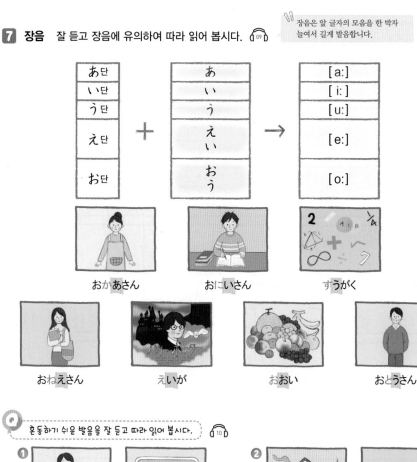

あ단		あ		[a:]
い단		い		[i:]
う단	+	う	→	[u:]
え단		えい		[e:]
お단		おう		[o:]

おかあさん　おにいさん　すうがく

おねえさん　えいが　おおい　おとうさん

> 혼동하기 쉬운 발음을 잘 듣고 따라 읽어 봅시다. 🎧10

❶ ここ　ごご　❷ かじ　かんじ

❸ おじさん　おじいさん

교과서 단어

- おかあさん 엄마
- おにいさん 형, 오빠
- すうがく 수학
- おねえさん 누나, 언니
- えいが 영화
- おおい 많다
- おとうさん 아빠
- ここ 여기
- ごご 오후
- かじ 화재
- かんじ 한자
- おじさん 아저씨
- おじいさん 할아버지

장음
같은 모음이 이어서 나올 때는 앞 글자의 모음을 길게 발음하며 한 박자의 길이를 갖는다.
❶ あ단 뒤에 'あ'가 올 때 [a]를 길게 발음한다.
　예 おかあさん[oka:saN] 엄마(5박자)
❷ い단 뒤에 'い'가 올 때 [i]를 길게 발음한다.
　예 おにいさん[oni:saN] 형, 오빠(5박자)
❸ う단 뒤에 'う'가 올 때 [u]를 길게 발음한다.
　예 すうがく[su:gaku] 수학(4박자)
❹ え단 뒤에 'え'나 'い'가 올 때 [e]를 길게 발음한다.
　예 おねえさん[one:saN] 언니, 누나(5박자)
　　えいが[e:ga] 영화(3박자)
❺ お단 뒤에 'お'나 'う'가 올 때 [o]를 길게 발음한다.
　예 おおい[o:i] 많다(3박자)
　　おとうさん[oto:saN] 아빠(5박자)

혼동하기 쉬운 발음
❶ 탁점(˚)의 유무에 따라 의미가 달라진다.
　예 ここ 여기　ごご 오후
❷ 발음(ん)의 유무에 따라 의미가 달라진다.
　예 かじ 화재　かんじ 한자
❸ 장음의 유무에 따라 의미가 달라진다.
　예 おじさん 아저씨　おじいさん 할아버지

クイズ MINI QUIZ

1 박자 쓰기
① おじさん (　)　② おじいさん (　)
③ かんじ (　)　④ えいが (　)
⑤ すうがく (　)　⑥ おにいさん (　)

정답 1. ① 4박자 ② 5박자 ③ 3박자 ④ 3박자 ⑤ 4박자 ⑥ 5박자

교과서 단어

- アニメ 애니메이션
- トイレ 화장실
- サッカー 축구
- コンビニ 편의점
- スマホ 스마트폰

가타카나

- 한자의 자획 일부를 생략하거나 모방해서 만든 글자로, 히라가나와 달리 대부분 직선으로 이루어져 있다.
- 주로 외래어 표기나, 외국의 인명·지명, 의성어·의태어 등을 표기할 때 쓰이며, 강조를 할 경우에 사용하기도 한다.
- 가타카나의 장음은 '一'로 나타내며 한 박자의 길이를 갖는다.

 クイズ **MINI QUIZ**

1 가타카나로 바꾸어 쓰기
　① こんびに (　　　　　)
　② あにめ (　　　　　)

2 어휘를 읽고 의미 쓰기
　① トイレ　② サッカー

정답
2. ① 화장실　② 축구
1. ① コンビニ　② アニメ

가타카나(カタカナ) 오십음도

잘 듣고 필순을 보며 따라 읽어 봅시다.

가타카나의 장음은 「一」로 나타내며, 한 박자로 발음합니다.

 アニメ　 トイレ　 サッカー　 コンビニ　 スマホ

혼동하기 쉬운 히라가나를 잘 듣고 써 봅시다. 🎧12

❶  あ お ┆ あ ┆ お

❷ い り ┆ い ┆ り

❸  う ら ┆ う ┆ ら

❹ る ろ ┆ る ┆ ろ

❺  き さ ち ┆ き ┆ さ ┆ ち

❻ ぬ の め ┆ ぬ ┆ の ┆ め

❼ ね れ わ ┆ ね ┆ れ ┆ わ

❽ は ほ ま ┆ は ┆ ほ ┆ ま

혼동하기 쉬운 히라가나
각 글자의 특징에 주목하여 소리 내어 읽어 본다.
❶ あ[a] お[o]
❷ い[i] り[ri]
❸ う[u] ら[ra]
❹ る[ru] ろ[ro]
❺ き[ki] さ[sa] ち[chi]
❻ ぬ[nu] の[no] め[me]
❼ ね[ne] れ[re] わ[wa]
❽ は[ha] ほ[ho] ま[ma]

혼동하기 쉬운 가타카나
각 글자의 특징에 주목하여 소리 내어 읽어 본다.
❶ ア[a] マ[ma]
❷ ウ[u] ワ[wa]
❸ ク[ku] タ[ta]
❹ コ[ko] ユ[yu]
❺ シ[shi] ツ[tsu]
❻ ス[su] ヌ[nu]
❼ ソ[so] ン[n]
❽ チ[chi] テ[te]

혼동하기 쉬운 가타카나를 잘 듣고 써 봅시다. 🎧13

❶  ア マ ┆ ア ┆ マ

❷ ウ ワ ┆ ウ ┆ ワ

❸ ク タ ┆ ク ┆ タ

❹ コ ユ ┆ コ ┆ ユ

❺ シ ツ ┆ シ ┆ ツ

❻ ス ヌ ┆ ス ┆ ヌ

❼ ソ ン ┆ ソ ┆ ン

❽ チ テ ┆ チ ┆ テ

クイズ MINI QUIZ

1 히라가나로 써 보기
  ① [ki] (   ) [sa] (   ) [chi] (   )
  ② [ne] (   ) [re] (   ) [wa] (   )

2 가타카나로 써 보기
  ① [ku] (   ) [ta] (   )
  ② [shi] (   ) [tsu] (   )

정답 1. ① き さ ち
    ② ね れ わ
  2. ① ク タ
    ② シ ツ

かくにんしよう

잘함 ☐ 보통 ☐ 노력 ☐

문제 도우미

1 듣기 대본 & 해석

① かぞく 가족
② はなび 불꽃놀이
③ えいが 영화

3

① ふじさん 후지산
② さっぽろ 삿포로
③ サッカー 축구
④ コンビニ 편의점

1 잘 듣고 빈칸에 들어갈 글자를 보기 에서 골라 써 봅시다. 🎧14

① [ ] ぞ く ② は な [ ] ③ え [ ] が

보기: い が り か び

학습TIP

주의 깊게 듣고 빈칸에 들어갈 글자를 골라 본다.
① かぞく: 첫 음에 오는 か행을 が행으로 잘못 발음하지 않도록 유의한다.
③ えいが: え단 뒤에 い가 오면 장음이 되므로 앞의 음을 한 박자 더 끌어 발음한다.

2 발음이 같은 글자끼리 연결해 봅시다. 📱

そ る ね え め

ル エ ソ メ ネ

3 다음 사진 속 글자를 조합하여 알맞은 낱말을 써 봅시다. ✏

① ふ / さ / ん
[ ] [ ] [ ]

② ぽ / さ / ろ
[ ] [ ] [ ]

③ ー / ッ / カ / サ
[ ] [ ] [ ]

④ コ / ビ / ニ
[ ] [ ] [ ]

학습TIP

① ふじさん: 발음(ん)은 한 박자의 길이를 가지므로 'さん'을 우리말의 '산'처럼 한 박자로 발음하지 않도록 한다.
② さっぽろ: 촉음(っ)은 한 박자의 길이를 가지므로 4박자로 읽는다.
③ サッカー: 가타카나의 장음은 'ー'로 표현하며 한 박자의 길이를 갖는다.
④ コンビニ: 편의점(Convenience Store)을 'コンビニエンス・ストア'라고 읽으나, 일반적으로 박자를 줄여 'コンビニ(4박자)'라고 나타낸다.

정답 1. ① かぞく ② はなび ③ えいが
2. そ ― ソ
る ― ル
ね ― ネ
え ― エ
め ― メ
3. ① ふじさん ② さっぽろ
③ サッカー ④ コンビニ

たのしく あそぼう

가나를 이용하여 그림 그리기

학습TIP
'へのへのもへじ'는 가나를 이용하여 그린 그림을 지칭하여 사용하기도 한다.

① 다음 그림에 사용한 글자를 모두 찾아 써 봅시다.

정답 へ, の, へ, の, も, へ, じ

학습TIP
학생 작품에 사용된 글자
も, じ, つ, へ, の, ひ 등

② 보기 와 같이 가나를 이용하여 자신만의 그림을 그려 봅시다.

보기

학생 작품

학생 작품

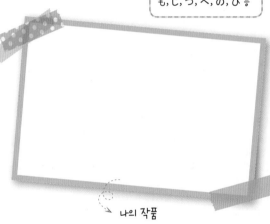

↳ 나의 작품

이구동성 게임

① 4~5명이 한 모둠을 이룹니다.

② 한 모둠씩 앞에 나와 교사가 제시한 어휘를 보고 자신의 위치에 해당하는 문자를 동시에 발음합니다.

③ 다른 모둠의 학생들은 동시에 발음한 단어를 히라가나로 적습니다.

④ 정답을 맞춰 보고 의미도 함께 생각해 봅니다.

⑤ 모둠을 돌아가면서 진행합니다.

 단어의 길이를 길게 하거나, 가타카나로 진행해도 좋습니다.

- おはようございます 안녕하세요 〈아침 인사〉
- おはよう 안녕 〈아침 인사〉
- こんにちは 안녕, 안녕하세요 〈낮 인사〉
- こんばんは 안녕, 안녕하세요 〈저녁 인사〉

아침 인사

- 'おはようございます'는 'おはよう'의 정중한 표현으로, 아침에 하는 인사이다.
- 'おはよう'의 'う'는 장음이므로 앞 글자인 'よ'를 한 박자 더 끌어 발음한다.
- 'おはよう'를 'おはいよ'로 잘못 발음하는 경우가 많으므로 주의한다.

낮 인사

- 'こんにちは'는 오후에 사용하는 기본이 되는 인사말이다.
- 처음에 오는 か행을 が행으로 잘못 발음하지 않도록 한다.
- 'こんにちは'는 '오늘은 (어떠십니까?)'의 의미에 해당하며, 'は'는 '~은/는'의 의미인 조사로 사용되어 [wa]라고 발음한다. 'こんにちわ'로 잘못 표기하지 않도록 한다.

저녁 인사

- 'こんばんは'는 저녁에 만났을 때 사용하는 인사말이다.
- 'こんばんは'는 '오늘 밤은 (어떠십니까?)'의 의미에 해당하며, 'は'는 '~은/는'의 의미인 조사로 사용되어 [wa]라고 발음한다. 'こんばん わ'로 잘못 표기하지 않도록 한다.

  MINI QUIZ

1 옳은 표현으로 고쳐 쓰기

① おはいよ (   )

② こんにちわ (   )

정답 1. ① おはよう
② こんにちは

인사말

● 만났을 때의 인사말을 잘 듣고 친구와 말해 봅시다. 🎧15

교과서 단어

- **じゃあね** (그럼) 잘 가
- **また、あした** 내일 봐
- **バイバイ** 잘 가
- **さようなら** 잘 가
- **ごめん** 미안해
- **ごめんなさい** 미안합니다
- **すみません** 죄송합니다

● 헤어질 때의 인사말을 잘 듣고 친구와 말해 봅시다. 🎧16

헤어질 때의 인사말

- '**じゃあね**', '**また、あした**', '**バイバイ**'는 주로 친구들 사이에서 헤어질 때 사용한다.
- '**さようなら**'는 친구가 외국으로 떠나 다시 못 볼지도 모를 경우 등, 이별의 상황에서 사용하는 것이 일반적이지만, 학교 수업이 끝나고 학생과 선생님이 헤어지는 인사로 사용하기도 한다.

사과할 때의 인사말

- '**ごめん**'은 친구끼리, 윗사람이 아랫사람에게 미안함을 표현할 때 사용한다.
- '**ごめんなさい**'는 '**ごめん**'보다 정중한 표현이다.
- '**すみません**'은 부딪히거나 발을 밟는 등 타인에게 사과할 때 사용한다.
  또, 말을 걸거나 사람을 부를 때, 선물을 받는 등의 감사함을 전할 때 사용하기도 한다.

● 사과할 때의 인사말을 잘 듣고 친구와 말해 봅시다. 🎧17

クイズ **MINI** QUIZ

1 빈칸 채우기(친구끼리의 대화)

　A: **じゃあね**。

　B: _____。

1과 단원 평가

▶ 예시 답안 및 해설은 230쪽

01 같은 행의 히라가나로만 묶인 것은?

① ぬ - れ - に - の - な　② み - め - ま - む - も
③ そ - す - し - ち - せ　④ う - り - え - あ - お
⑤ て - と - た - さ - つ

02 그림과 단어를 바르게 연결한 것은?

①  すし
② いち
③  やま
④ きもの
⑤  さくら

03 발음에 해당하는 일본어를 바르게 나타낸 것은?

① [ame] - あぬ　② [neko] - れこ
③ [kao] - かお　④ [watashi] - ねたし
⑤ [kuruma] - くろま

04 탁음을 만들 수 없는 행은?

① な행　② さ행　③ は행
④ た행　⑤ か행

05 밑줄 친 부분의 발음과 같은 것은?

けんだま

① ほんや　② おんがく　③ ふじさん
④ べんとう　⑤ しんぶん

06 박자가 나머지와 다른 것은?

① かんじ　② かしゅ　③ えいが
④ いっしょ　⑤ しょくじ

07 다음은 가타카나 오십음도의 일부이다. ㉠~㉤에 들어갈 문자로 알맞은 것은?

㉠	イ	ウ	エ	オ
カ	キ	ク	ケ	㉡
サ	㉢	ス	セ	ソ
タ	チ	㉣	テ	ト
ナ	ニ	ヌ	㉤	ノ

① ㉠ - マ　② ㉡ - ユ　③ ㉢ - シ
④ ㉣ - ミ　⑤ ㉤ - レ

08 인사말이 사용되는 상황이 다른 것은?

① バイバイ。　② じゃあね。　③ おはよう。
④ さようなら。　⑤ また、あした。

② はじめまして

처음 뵙겠습니다.

はじめまして。イ・ハナです。
처음 뵙겠습니다. 이하나입니다.

> 칠판에 날짜나 알림 사항을 적을 때는 보통 세로 쓰기를 한다.

학습 내용

의사소통 기본 표현 🎧18

자기소개	はじめまして。イ・ハナです。 처음 뵙겠습니다. 이하나입니다.
타인 소개	こちらは イ・ハナさんです。 이쪽은 이하나 씨입니다.
취미	しゅみは りょうりです。 취미는 요리입니다.

문화

학교생활

こちらは イ・ハナさんです。
이쪽은 이하나 씨입니다.

> 칠판 오른쪽은 우리나라와 비슷하게 일반적으로 시간표나 게시판이 붙어 있다.

しゅみは りょうりです。
취미는 요리입니다.

일본 고등학교 교실 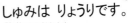 **교과서(28쪽) 사진**

우리나라와 거의 비슷하고 칠판 오른쪽에 대부분 날짜가 적혀 있다. 교복과 체육복만 학교에서 정한 옷을 입는 우리나라에 비해 일본은 가방, 신발도 학교에서 지정하는 경우가 많다.

교실 창문

교실 출입구 앞쪽의 빨간 역삼각형 표시는 지진이나 화재 등 비상사태가 발생했을 때 소방관이 진입할 수 있다는 것을 나타낸다.

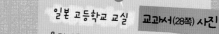

きいて はなそう

교과서 단어

・なんばん 몇 번
・はじめまして 처음 뵙겠습니다
・～です ～입니다
・かんこく 한국
・～から ～에서
・きました 왔습니다
・どうぞ 아무쪼록
・よろしく 잘 부탁합니다
・ちゅうごく 중국
・アメリカ 미국
・にほん 일본

듣기 대본 & 해석

1

なんばん? 몇 번?

いち 일, 1	に 이, 2
さん 삼, 3	よん 사, 4
ご 오, 5	ろく 육, 6
なな 칠, 7	はち 팔, 8
きゅう 구, 9	ゼロ 영, 0

2

❶ はじめまして。ナ・ユミです。
   처음 뵙겠습니다. 나유미입니다.

   かんこくから きました。한국에서 왔습니다.
   どうぞ よろしく。아무쪼록 잘 부탁합니다.

❷ はじめまして。ワン・ミンです。
   처음 뵙겠습니다. 왕밍입니다.

   ちゅうごくから きました。중국에서 왔습니다.
   どうぞ よろしく。아무쪼록 잘 부탁합니다.

❸ はじめまして。トム・スミスです。
   처음 뵙겠습니다. 톰 스미스입니다.

   アメリカから きました。미국에서 왔습니다.
   どうぞ よろしく。아무쪼록 잘 부탁합니다.

❹ はじめまして。きむら みほです。
   처음 뵙겠습니다. 기무라 미호입니다.

   にほんから きました。일본에서 왔습니다.
   どうぞ よろしく。아무쪼록 잘 부탁합니다.

정답 2. ❶ ナ・ユミ
        ❷ ワン・ミン
        ❸ トム・スミス
        ❹ きむら みほ

1 그림을 보면서 잘 듣고 숫자를 따라 말해 봅시다. 🎧19

なんばん?

1 いち	2 に	3 さん
4 よん	5 ご	6 ろく
7 なな	8 はち	9 きゅう
＊	0 ゼロ	＃

학습TIP

숫자 '0'은 'ゼロ, れい, まる'로 다양하게 읽는데 우리도 숫자 '0'을 '제로, 영, 공'으로 말하는 것과 비슷하다.

2 잘 듣고 내용에 알맞은 번호를 지도에 써넣어 봅시다. 🎧20

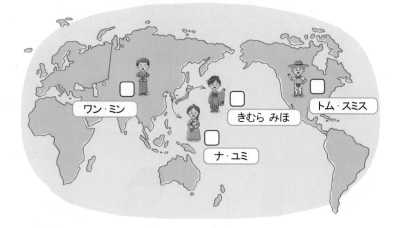

ワン・ミン   きむら みほ   トム・スミス

ナ・ユミ

학습TIP

- 다음은 자기를 소개하는 기본 문형이다.
  はじめまして。
  이름+です。
  출신지(소속)+から きました。
  どうぞ よろしく(おねがいします)。
- 외국인의 이름은 기본적으로 가타카나로 표기한다. 표기할 때는 성과 이름 사이에 가운뎃점(・)을 찍어 표기하는 것이 일반적이다.

3 그림을 보면서 보기 와 같이 타인 소개를 해 봅시다.

보기

❷ はじめまして。キムです。
처음 뵙겠습니다. 김입니다.

かんこくから きました。
한국에서 왔습니다.

どうぞ よろしく。
아무쪼록 잘 부탁합니다.

❶ こちらは キムさんです。
이쪽은 김 씨입니다.

❸ こちらこそ よろしく。
저야말로 잘 부탁합니다.

ヤン / ちゅうごく
양/중국

たかはし / にほん
다카하시/일본

ルカ / フランス
루카/프랑스

학습TIP

다른 사람을 소개하는 문형이다. 'こちらは ～さんです'라고 'さん'을 붙여 소개한다. 자신을 소개할 때 는 'さん'을 빼고 소개한다. 소개를 받은 사람은 자기소개를 한 후 'こちらこそ' 직역하면 '이쪽이야말로' 즉, 저야말로 잘 부탁한다고 인사한다.

4 그림을 보면서 보기 와 같이 취미를 말해 봅시다.

보기

A しゅみは なんですか。
취미는 무엇입니까?

B りょうりです。
요리입니다.

❶ やきゅう
야구

보기 りょうり
요리

❷ サッカー
축구

❸ りょこう
여행

❹ ピアノ
피아노

❺ ゲーム
게임

학습TIP

취미 표현을 나타내는 문형이다. 'しゅみは ～です(취미는 ～입니다)'와 같이 '～は(은/는) ～です (～입니다)' 구문을 사용하여 나타낸다.

 ことば Plus⁺

・インターネット 인터넷 ・うた 노래 ・ダンス 댄스 ・どくしょ 독서
・ギター 기타 ・バスケットボール 농구

교과서 단어

・こちら 이쪽
・～さん ～씨
・フランス 프랑스
・なんですか 무엇입니까
・りょうり 요리
・サッカー 축구
・ピアノ 피아노

・～は ～은, ～는
・こちらこそ 저야말로
・しゅみ 취미
・やきゅう 야구
・りょこう 여행
・ゲーム 게임

예시 대화 & 해석

3

❶ A こちらは ヤンさんです。이쪽은 양 씨입니다.

B はじめまして。ヤンです。ちゅうごくから きました。どうぞ よろしく。
처음 뵙겠습니다. 양입니다. 중국에서 왔습니다. 아무쪼록 잘 부탁합니다.

C こちらこそ よろしく。저야말로 잘 부탁합니다.

❷ A こちらは たかはしさんです。
이쪽은 다카하시 씨입니다.

B はじめまして。たかはしです。にほんから きました。どうぞ よろしく。
처음 뵙겠습니다. 다카하시입니다. 일본에서 왔습니다. 아무쪼록 잘 부탁합니다.

C こちらこそ よろしく。저야말로 잘 부탁합니다.

❸ A こちらは ルカさんです。이쪽은 루카 씨입니다.

B はじめまして。ルカです。フランスから きました。どうぞ よろしく。
처음 뵙겠습니다. 루카입니다. 프랑스에서 왔습니다. 아무쪼록 잘 부탁합니다.

C こちらこそ よろしく。저야말로 잘 부탁합니다.

4

❶ A しゅみは なんですか。취미는 무엇입니까?

B やきゅうです。야구입니다.

❷ A しゅみは なんですか。취미는 무엇입니까?

B サッカーです。축구입니다.

❸ A しゅみは なんですか。취미는 무엇입니까?

B りょこうです。여행입니다.

❹ A しゅみは なんですか。취미는 무엇입니까?

B ピアノです。피아노입니다.

❺ A しゅみは なんですか。취미는 무엇입니까?

B ゲームです。게임입니다.

하나가 일본 고등학교로 유학 온 첫날입니다.

・せんせい 선생님
・みなさん 여러분
・よろしく おねがいします 잘 부탁합니다
・よろしくね 잘 부탁해

ことば Plus

・みなみこうこう 미나미 고등학교
・わたし 나

せんせい　みなさん、こちらは イ・ハナさんです。
여러분, 이쪽은 이하나 씨입니다.

ハナ　はじめまして。イ・ハナです。
처음 뵙겠습니다. 이하나입니다.

かんこくから きました。
한국에서 왔습니다.

しゅみは りょうりです。
취미는 요리입니다.

どうぞ よろしく おねがいします。
아무쪼록 잘 부탁드립니다.

わたし、さとう なみ。
よろしくね。
나, 사토 나미야. 잘 부탁해.

こちらこそ
よろしく。
나야말로 잘 부탁해.

Q 하나의 취미는 무엇입니까?

본문 해설

❶ みなさん
'みな(모두)+さん(〜씨)'이 결합된 단어로 '여러분'으로 해석한다.

❷ こちらは イ・ハナさんです
선생님이 하나를 다른 학생들에게 소개하는 타인 소개 표현이다.

❸ イ・ハナです
좀 더 공손하게 말할 때에는 'です' 대신에 '〜と もうします(〜라고 합니다)'라고도 한다.

❹ から きました
출신이나 소속을 나타내는 표현으로, 조사 'から(〜부터/〜에서)'와 동사 'くる(오다)'의 과거정중형인 'きました(왔습니다)'를 연결하여 나타낸다.

❺ どうぞ よろしく おねがいします
'どうぞ'를 덧붙여 공손하게 자기소개를 마무리하는 표현이다. 이 외에
・よろしく(ね): 친한 사이거나 윗사람이 아랫사람에게 말할 때
・どうぞ よろしく: 같은 또래인 경우
・よろしく おねがいします: 공손하게 말할 때
라고 하기도 한다.

❻ こちらこそ よろしく
다른 사람의 소개를 받은 후 자기소개를 할 때에는 끝에 'こちらこそ(이쪽이야말로)' 즉, '저야말로' 잘 부탁한다고 인사한다.

クイズ MINI QUIZ

1 하나는 어디에서 왔는가?
2 하나에게 말을 걸어 자기소개를 한 친구는 누구인가?

정답 1. 한국(かんこく)
2. 사토 나미(さとう なみ)

Q 정답 요리(りょうり)

まとめ きょうしつ ❶

1 소개 표현

학습TIP

> 소개할 때는 'はじめまして'라고 말하는 것이 일반적이지만, 보통 인사말(おはようございます·こんにちは)로 인사하는 경우도 있다.

- はじめまして。 처음 뵙겠습니다.

- どうぞ よろしく おねがいします。 잘 부탁합니다.

- こちらは イ · ハナさんです。 이쪽은 이하나 씨입니다.

2 ～から きました　～에서 왔습니다

학습TIP

> '～から' 앞에 나라 이름, 학교명, 회사명 등을 넣어 자신의 소속을 밝힌다.

- かんこくから きました。 한국에서 왔습니다.

- みなみこうこうから きました。 미나미 고등학교에서 왔습니다.

3 ～は ～です　～은(는) ～입니다

- しゅみは りょうりです。 취미는 요리입니다.

- わたしは なみです。 저는 나미입니다.

> 🎵 'は'가 '은(는)'의 의미로 쓰일 때는 [wa]로 발음한다.

じぶんで チェック

공통 글자 넣기　

よろ◯く おねがい◯ます。
잘 부탁합니다.

알맞은 말에 ✔ 표 하기

ちゅうごく _____ きました。

- ☐ は
- ☐ から
- ☐ さん

중국에서 왔습니다.
～은/는
～에서/～부터
～씨

알맞은 말 넣기

しゅみ◯ やきゅうです。
취미는 야구입니다.

📚 예시 답안 **159**쪽

정답　**1** し　**2** から　**3** は

학습TIP

> 친근감 있게 보통체로 자기를 소개할 때는 조사 'は(～은/는)'와 'です(～ㅂ니다)'를 빼고 말한다.
> 일반적으로 회사에서 처음 만났을 때는 동료 간에 정중체를 사용한다. 오른쪽 장면은 학교 친구들이 처음 만나는 장면인데 처음 만났지만 친근감 있게 표현하기 위해 보통체를 사용하기도 한다.

상황에 맞게 짝과 대화해 봅시다. 🎧 22

わたしは パク · シウです。
저는 박시우입니다.
よろしく おねがいします。
잘 부탁합니다.

こちらこそ よろしく
저야말로 잘
おねがいします。
부탁합니다.

わたし、キム · ジホ。
나, 김지호야.
よろしくね。
잘 부탁해.

2年3組
にねんさんくみ
2年3組 2학년 3반

こちらこそ よろしく。
나야말로 잘 부탁해.

よんで はなそう ②

- ~ちゃん ~야(친밀감을 나타내는 호칭)
- ~の ~의, ~인
- けいたい 휴대 전화
- ばんごう 번호
- ~だ ~이다
- うん 응
- あ 아
- ~くん ~군
- ともだち 친구
- これから 앞으로

'けいたい', 'ばんごう', 'こうこう'에서 밑줄 친 글자의 장음에 유의하여 발음한다.

나미가 하나에게 친구를 소개합니다.

 ハナ なみ ともや

❶ ハナちゃん、わたしの
하나야. 내
けいたいの ばんごう。
휴대 전화 번호야.

❷ ゼロきゅうゼロのいち に さんよんの ごろくななはち
090-1234-5678だね。
090-1234-5678이네.

❸ うん。
응.

❹ あ、ともやくん!
아, 도모야!

❺ ハナちゃん、ともだちの
하나야, 친구
ともやくん。
도모야야.

❻ こんにちは。
안녕하세요.
みなみ こうこうの
미나미 고등학교의
ともやです。
도모야입니다.

❼ はじめまして。
처음 뵙겠습니다.
イ・ハナです。
이하나입니다.

❽ これから よろしくね。
앞으로 잘 부탁해.

Q 하나가 소개받은 사람은 누구입니까?

---

1 나미의 휴대 전화 번호 뒤 네 자리를 일본어로 써 보자.

2 나미와 도모야는 어떤 사이인가?
① 선배 ② 후배 ③ 친구

정답 1. ゼロななはち 2. ③

Q 정답 도모야(ともや)

본문 해설

❶ ハナちゃん
'~ちゃん'은 보통 상대방의 성이나 이름 뒤에 붙여 친근함을 나타내는 호칭이다. 'おにいちゃん(오빠, 형), おねえちゃん(언니, 누나)'처럼 가족 호칭에 쓰이기도 한다.

❷ 090-1234-5678だね。
'だ'는 '~이다'의 뜻이다. 'ね'는 나미의 전화번호를 확인하는 의미로 쓰였기 때문에 끝을 올려 발음한다.

❸ うん
친한 사이에 긍정의 대답을 할 때 사용한다. 좀 더 공손하게 말할 때는 'ええ'나 'はい'를 쓴다.

❹ ともやくん
'~くん'은 원래 또래나 손아래 남자에게 사용하는 호칭인데 여성을 부를 때 사용하기도 한다.

❺ ともだちの ともやくん
'친구인 도모야야'라는 뜻으로 명사와 명사를 연결하는 조사 'の'는 동격을 나타낸다.

❻ みなみ こうこうの ともやです
우리나라에서는 '고등학교'라는 단어를 많이 사용하지만 일본에서는 줄여서 'こうこう(高校)'라고 말한다.
'の'는 명사와 명사를 연결하는 조사로 우리말로 해석은 따로 하지 않는 편이 자연스럽다.

まとめ きょうしつ ②

1 〜の 〜의, 〜인

・わたしの けいたいの ばんごうです。
제 휴대 전화 번호입니다.

・ともだちの ともやくん。
친구인 도모야 군.

 학습TIP

조사 の는 다양한 의미를 가진 조사이다.
①은 '나의 휴대 전화'라는 소유의 의미로, ②는 명사와 명사를 연결하는 용법으로 우리말로는 해석하지 않는 편이 더 자연스럽다. ③은 '〜인'의 의미로 친구와 도모야는 같은 대상이므로 동격임을 나타낸다.

✎ 명사와 명사를 연결할 때는 'の'를 사용한다.

2 숫자 세기

 학습TIP

일본인은 손가락으로 숫자를 셀 때 6~9까지는 우리와 달리 한쪽 손바닥에 다른 쪽 손가락을 얹어서 세는 경우가 많다. 주로 식당에서 인원수를 묻고 답할 때나 주위가 소란스러울 때 등 말보다는 수신호가 편할 때 사용한다.

| いち | に | さん | し・よん | ご |
| ろく | しち・なな | はち | きゅう・く | じゅう |

・090-1234-5678 :
ゼロきゅうゼロの いちにさんよんの ごろくななはち

✎ 전화번호에서 '-'는 'の'로, '4, 7, 9'는 'よん, なな, きゅう'로, '0'은 'ゼロ, れい, まる'로 읽는다.

 じぶんで チェック

 알맞은 말 넣기

みなみこうこう☐ ともやです。
미나미 고등학교의 도모야입니다.

 학습TIP

다양한 숫자 읽기
・3939 さんきゅうさんきゅう(Thank you thank you)
・4649 よろしく
・82 はちに(한국 국가번호)

 숫자로 쓰기

090- はちななよんさん-1235

☐

 ➱ 예시 답안 **159**쪽

 〜さん 〜씨

 학습TIP

우리나라에서는 자기를 소개할 때 이름만 말하기도 하지만 일본에서는 대체로 이름과 성을 모두 말한다. 아울러, '〜さん'은 보통 성에 붙여 사용하고, 친한 사이이거나 친근감을 표현할 때는 이름에 붙여 사용하기도 한다.

정답 **1** の
2 8743

はじめまして。
처음 뵙겠습니다.
わたしは ユミさんです。
저는 유미 씨입니다.
よろしくね。
잘 부탁해요.

ユミさん?
유미 씨?

'〜さん'은 다른 사람을 부를 때 성이나 이름에 붙여 사용하고, 자기 자신에게는 사용하지 않아요.

かいて みよう

교과서 단어

- こちら 이쪽
- けいたい 휴대 전화
- ばんごう 번호
- こちらこそ 저야말로
- よろしく おねがいします 잘 부탁합니다
- はじめまして 처음 뵙겠습니다
- わたし 나, 저
- ～です ～입니다
- ～から きました ～에서 왔습니다
- しゅみ 취미
- どうぞ よろしく おねがいします
  아무쪼록(부디) 잘 부탁합니다
- やきゅう 야구
- りょこう 여행
- ゲーム 게임
- サッカー 축구
- ピアノ 피아노

예시 답안 & 해석

1

① こちらは イ・ハナさんです。
이쪽은 이하나 씨입니다.

② わたしの けいたいの ばんごうです。
저의 휴대 전화 번호입니다.

③ こちらこそ よろしく おねがいします。
저야말로 잘 부탁합니다.

2 예시

はじめまして。
처음 뵙겠습니다.

わたしは イ・ジウです。
저는 이지우입니다.

かんこくから きました。
한국에서 왔습니다.

しゅみは ゲームです。
취미는 게임입니다.

どうぞ よろしく おねがいします。
아무쪼록 잘 부탁드립니다.

 예시

わたしの けいたいの ばんごうは ゼロいちゼロ
の いちにさんよんの ごろくななはちです。
저의 휴대 전화 번호는 010-1234-5678입니다.

1 빈칸에 들어갈 알맞은 말을 [보기]에서 골라 문장을 완성해 봅시다.

① ☐☐☐☐ イ・ハナさんです。

② ☐☐☐☐ けいたいの ばんごうです。

③ こちらこそ ☐☐☐☐ おねがいします。

보기
よろしく
こちらは
わたしの

2 주어진 낱말을 참고하여 자기소개하는 글을 쓰고 말해 봅시다.

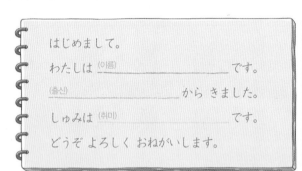

はじめまして。
わたしは (이름)＿＿＿＿＿＿ です。
(출신)＿＿＿＿＿＿ から きました。
しゅみは (취미)＿＿＿＿＿＿ です。
どうぞ よろしく おねがいします。

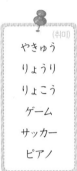

(취미)
やきゅう
りょうり
りょこう
ゲーム
サッカー
ピアノ

 학습TIP

- 외국인 이름을 쓸 때는 성과 이름 사이에 가운
  뎃점(・)을 찍어서 구분한다.
- '출신'은 국가 이외에 고등학교나 중학교, 지
  역명 등 다양하게 쓸 수 있다.

✎ 자신의 전화번호를 일본어로 써 봅시다.

わたしの けいたいの ばんごうは
＿＿＿＿＿＿＿＿＿＿ です。

 학습TIP

- 'ゼロ'는 외래어이므로 가타카나로 표기한다.
- 전화번호를 연결할 때의 '-'는 'の'로 발음한다.

いっしょに やって みよう

친구를 소개해 봅시다.

① 카드에 [보기] 와 같이 친구의 이름, 전화번호, 취미를 씁니다.

[보기]

❀ なまえ : イ・ジウ

❀ けいたい : 010-1234-5678

❀ しゅみ : テコンドー

わたしの ともだち

♡ なまえ :

♡ けいたい :

♡ しゅみ :

なまえ 이름
テコンドー 태권도

② 작성한 카드를 보고 다음과 같이 친구를 소개합니다.

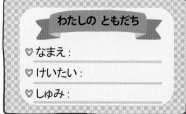

みなさん、こんにちは。
こちらは ともだちの イ・ジウさんです。
けいたいの ばんごうは ゼロいちゼロの
いちにさんよんの ごろくななはちです。
しゅみは テコンドーです。

해석

[보기]

なまえ: イ・ジウ
이름: 이지우

けいたい: 010-1234-5678
휴대 전화: 010-1234-5678

しゅみ: テコンドー
취미: 태권도

みなさん、こんにちは。
여러분, 안녕하세요.

こちらは ともだちの イ・ジウさんです。
이쪽은 친구인 이지우 씨입니다.

けいたいの ばんごうは ゼロいちゼロの
いちにさんよんのごろくなななはちです。
휴대 전화 번호는 010-1234-5678입니다.

しゅみは テコンドーです。
취미는 태권도입니다.

예시 대화 & 해석

わたしの ともだち
나의 친구

なまえ: キム・ジホ
이름: 김지호

けいたい: 010-9876-5432
휴대 전화: 010-9876-5432

しゅみ: りょこう
취미: 여행

みなさん、こんにちは。
여러분, 안녕하세요.

こちらは ともだちの キム・ジホさんです。
이쪽은 친구인 김지호 씨입니다.

けいたいの ばんごうは ゼロいちゼロの
きゅうはちななろくの ごよんさんにです。
휴대 전화 번호는 010-9876-5432입니다.

しゅみは りょこうです。
취미는 여행입니다.

ようこそ 日本!

일본의 학교생활에 대해 알아봅시다.

일본의 학제는 초등학교 6년, 중학교 3년, 고등학교 3년으로 이루어집니다.
주로 3학기제이지만, 2학기제를 채택한 학교도 있습니다.

일본 고등학교의 연간 일정

4월	입학식, 개학식
5월	지필평가, 소풍
6월	체육대회
7월	지필평가, 종업식
8월	여름방학

入学式

9월	개학식, 학교 축제
10월	지필평가, 수학여행
12월	지필평가, 종업식, 겨울방학

1월	개학식, 학년말시험(3학년)
3월	학년말시험, 종업식, 봄방학(1,2학년), 졸업식(3학년)

문화TIP

- 입학식 일본의 입학식은 벚꽃의 개화 시기인 4월에 행해진다. 입학식의 의상은 초등학교(小学校^{しょうがっこう})는 학교의 교복이나 어린이 정장, 전통의상 등을 입고, 중학교와 고등학교는 학교의 교복을 입는다. 대학교는 대체로 검은 정장을 단정하게 입는다.
- 교실 학급 표시는 보통 '～年～組(～학년～반)'로 표시하는 경우가 많다.
  - 예 2年 D組(2학년 D반)
- 졸업식 3월에 졸업식을 하며 중・고등학교는 교복을 입고, 대학교는 대체로 여학생은 전통의상인 기모노를, 남학생은 정장을 입는다. 일본은 한 명 한 명씩 단상에 올라가 졸업장을 받는다.
- 매점 초등학교는 대부분 학교 급식을 하지만 중학교부터는 도시락을 싸 오거나 학교 식당이나 매점을 이용한다. 매점에서는 빵이나 샌드위치, 주먹밥 등 간단한 간식을 판매하고 음료수 자동판매기가 비치되어 있다.

卒業証書

→교실

→입학식

→졸업식

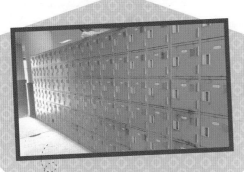

현관에는 신발장이 마련되어 있는
학교가 많습니다.

문화TIP

· **현관 신발장** 대부분 현관
에서 실내화로 갈아 신은
후 신발장에 신발을 넣고
교실로 들어간다.

자전거로 통학하는 학생들이 많아서
자전거 주차장이 마련되어 있습니다.

Quiz

❶ 일본 고등학교의 입학식은 주로 _____ 월에 이루어진다.

❷ 일본에는 _____ (으)로 통학하는 학생들이 많이 있다.

Quiz 정답   ❶ 4   ❷ 자전거

한국과 일본의 다른 모습을 찾아봅시다.

 한국   예시 답안

· 학교에서 원칙적으로 지정한 교복을 입는
 다.
· 신발은 대부분 운동화를 신는다.
· 가방의 형태가 등에 메는 백팩 형태가 많다.

 일본   예시 답안

· 학교에서 지정한 교복, 가방, 양말, 신발 등
 을 착용한다.
· 책가방 이외에 동아리 활동을 위한 가방 등
 여러 개의 가방을 메고 등교한다.
· 가방의 형태가 숄더백이 많다.

한국과 일본 고등학교의 연간 일정을 알아보고 발표해 봅시다.

예시 답안	한국	일본
학기제	2학기제	대부분 3학기제(2학기제도 있음)
여름방학	7월 중순~8월 초	7월 하순~8월 말
겨울방학	12월 말~2월 초	12월 말~1월 중순
봄방학	2월 중순~2월 말	3월 중순~3월 말
졸업식	1월~2월	3월
입학식	3월	4월
방과 후	주로 학원에 다님	주로 동아리 활동에 참여함

かくにんしよう

잘함 ☐ 보통 ☐ 노력 ☐

문제 도우미

1 듣기 대본 & 해석

❶ わたしの しゅみは ゲームです.
제 취미는 게임입니다.

❷ こちらは ソ・ミンさんです.
이쪽은 소민 씨입니다.

❸ はじめまして。イ・ハナです。
よろしく おねがいします。
처음 뵙겠습니다. 이하나입니다. 잘 부탁드립니다.

→ ② 이하나가 자기소개를 하는 장면이다.
③ 소민을 다른 사람에게 소개하고 있는 표현이다.

2

みなさん、はじめまして。
여러분, 처음 뵙겠습니다.

わたしは スミスです。
저는 스미스입니다.

アメリカから きました。
미국에서 왔습니다.

しゅみは サッカーです。
취미는 축구입니다.

どうぞ よろしく おねがいします。
아무쪼록 잘 부탁드립니다.

→ ①번은 프랑스가 아니라 미국에서 왔고, ③, ④번은 글의 내용만으로는 알 수 없다.

3

❶ はじめまして。イ・ユリです。
처음 뵙겠습니다. 이유리입니다.

かんこくから きました。
한국에서 왔습니다.

❷ わたしの けいたいの ばんごうは
ゼロきゅうゼロの きゅうはちななろくの
ごよんさんいちです。
제 휴대 전화 번호는 090-9876-5431입니다.

→ ① 자기를 소개할 때 '~から きました' 앞에는 보통 나라 이름이나 출신, 소속을 나타낸다.
② 휴대 전화 번호를 알려주는 장면이다.

정답 1. ❶ 1 ❷ 3 ❸ 2
2. ②
3. ❶ かんこく
❷ ゼロきゅうゼロの きゅうはちなな
ろくの ごよんさんいち

---

1 잘 듣고 내용과 일치하는 그림에 번호를 써 봅시다.

❶  ☐

❷  ☐

❸  ☐

2 스미스의 자기소개 글을 읽고 내용과 일치하는 것을 골라 봅시다.

> みなさん、はじめまして。
> わたしは スミスです。
> アメリカから きました。
> しゅみは サッカーです。
> どうぞ よろしく おねがいします。

① 프랑스에서 왔다.

② 취미는 축구이다.

③ 고등학교 2학년이다.

④ 일본 음식을 좋아한다.

3 빈칸에 들어갈 말을 완성한 후 말해 봅시다.

❶
はじめまして。イ・ユリです。
_____ から きました。

❷
090-9876-5431
わたしの けいたいの ばんごうは
_____ です。

たのしく あそぼう

선 연결하여 그림 완성하기

❶ 자기소개할 때 사용하는 말을 찾아 선으로 연결합니다.

❷ 찾은 말을 빈칸에 써 보고, 선으로 연결한 그림을 색칠합니다.

❸ 완성된 모양이 무엇을 의미하는지 생각해 봅시다.

정답 ❶ よろしく
❷ こちらこそ
❸ こんにちは
❹ はじめまして
❺ おねがいします

く　き　・　こ　ん　し　や

こ　　ち　　　　に　　わ

そ　こ　ら　　き　　ち　は

よ　　　　　　　　　じ　に

ん　　く　　・わ　め　こ

ろ　お　　ち　　　ま　ち

お　し　ぬ　　ん　ろ　し　ん

く　　　ね　　ち　　め

て　　　　　　　　　し

ろ　お　ね　が　い　し　ま　す　て　め

❶ [よ] [　] [し] [　]
잘 부탁해

❷ [　] [ち] [　] [こ]
저야말로

❸ [こ] [　] [　] [　] [は]
안녕하세요 〈낮 인사〉

❹ [　] [　] [め] [　] [　] [て]
처음 뵙겠습니다

❺ [　] [ね] [が] [　] [　] [　] [す]
부탁합니다

학습TIP

완성된 그림은 '에마〈えま〉'를 의미한다.
'えま〈絵馬〉'는 소원을 적어 신사나 절에 기원할 때 걸어두는 오각형으로 된 나무판이다.
본래는 소원을 빌면서 말〈馬〉을 신사나 절에 바쳐오던 것이, 후에 마구간을 나타내는 나무판에 말을 그려서 사용하게 되었다. 이런 이유로 '에마'라 불리게 되었고 현재는 이 나무판에 말이외의 다양한 그림이 그려지고 있다.

▶ 예시 답안 및 해설은 230쪽

01 빈칸에 공통으로 들어갈 말로 알맞은 것은?

> わたし、イ・ユリ。
> どうぞ ＿＿＿＿＿。

> これから ＿＿＿＿＿。

① みなさん　　② よろしく　　③ こちらは
④ はじめまして　　⑤ おねがいします

02 빈칸에 공통으로 들어갈 글자로 알맞은 것은?

```
        こ
        ん
        に
    こ 〇 ら こ そ
        は
```

① さ　　　　② し　　　　③ じ
④ ち　　　　⑤ ん

03 빈칸에 들어갈 말로 알맞지 <u>않은</u> 것은?

> A しゅみは なんですか。
> B ＿＿＿＿＿＿＿＿＿＿です。

① ゲーム　　② りょこう　　③ やきゅう
④ サッカー　　⑤ ばんごう

04 밑줄 친 전화번호를 일본어로 바르게 옮긴 것은?

① ごいちろくきゅ
② ごしちろくきゅう
③ ごおいちろくきゅ
④ ごいちろくきゅう
⑤ ごいちろぐきゅう

[05~06] 다음을 읽고 물음에 답하시오.

なみ	ハナちゃん、わたし＿㉠＿ けいたい ＿㉠＿ ばんごう。
ハナ	090-9876-5432だね。
なみ	うん。あ、ともやくん！ ハナちゃん、ともだちの ともやくん。
ともや	はじめまして。みなみこうこうの ともやです。
ハナ	はじめまして。イ・ハナです。かんこくから きました。
ともや	これから よろしくね。

05 빈칸 ㉠에 공통으로 들어갈 조사로 알맞은 것은?

① の　　② は　　③ か　　⑤ ね　　④ から

06 글의 내용과 일치하는 것은?

① 도모야는 중학생이다.
② 하나는 한국에 살고 있다.
③ 하나와 도모야는 처음 만났다.
④ 나미와 도모야는 선후배 관계이다.
⑤ 하나는 나미에게 휴대 전화 번호를 알려주었다.

07 ㉠~㉤의 일본어 표기가 옳은 것은?

> せんせい みなさん、㉠こちらわ イ・ハナさんです。
> ハナ ㉡はじめまで。イ・ハナです。
> ㉢かんごくから きました。
> しゅみは ㉣りょおりです。
> どうぞ よろしく ㉤おねがいします。

① ㉠　　② ㉡　　③ ㉢　　④ ㉣　　⑤ ㉤

08 빈칸에 들어갈 숫자를 합한 숫자를 히라가나로 쓰시오.

> · 일본의 학제는 초등학교 6년, 중학교 3년, 고등학교 (　)년이다.
> · 일본 고등학교의 입학식은 주로 (　)월에 이루어진다.

③ おじゃまします

실례하겠습니다.

ただいま。
다녀왔습니다.

おかえりなさい。
어서 와(요).

학습 내용

의사소통 기본 표현 🎧25

귀가	**ただいま。/ おかえりなさい。** 다녀왔습니다. / 어서 와(요).
방문	**おじゃまします。** 실례하겠습니다.
권유 1	**おちゃ、どうぞ。** 차, 드세요.
가족 소개	**あねです。** 언니예요.

문화

주거 문화, 방문 예절

おじゃまします。
실례하겠습니다.

おちゃ、どうぞ。
차, 드세요.

あねです。
언니예요.

교과서(42쪽) 사진

일본 주택

일본은 지진이 많아 내진성과 내구성을 고려하여 과거에는 목조 주택을 많이 지었으나 현재는 철근 콘크리트 등 건축 자재가 다양해지고 전통적인 목조 가옥이 줄어들었다.

선물

일본 가정집을 방문할 때는 초콜릿이나 조각 케이크 등 부담되지 않는 정도의 간단한 먹거리를 선물로 가져간다.

きいて はなそう

- ちち 아버지
- はは 어머니
- あに 형, 오빠
- あね 누나, 언니
- おとうと 남동생
- いもうと 여동생
- おとうさん 아버지
- おかあさん 어머니
- おにいさん (남의) 형, 오빠
- おねえさん (남의) 누나, 언니
- おとうとさん (남의) 남동생
- いもうとさん (남의) 여동생

듣기 대본 & 해석

❶ わたしの かぞく 나의 가족
ちち 아버지
はは 어머니
あに 형, 오빠
あね 누나, 언니
わたし 나
おとうと 남동생
いもうと 여동생

❷ みほさんの かぞく 미호 씨의 가족
おとうさん 아버지
おかあさん 어머니
おにいさん 형, 오빠
おねえさん 누나, 언니
みほさん 미호 씨
おとうとさん 남동생
いもうとさん 여동생

1 그림을 보면서 잘 듣고 따라 말해 봅시다. 🎧 26

❶ わたしの かぞく

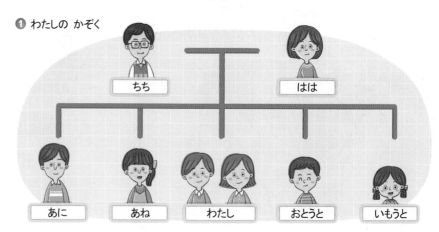

❷ みほさんの かぞく

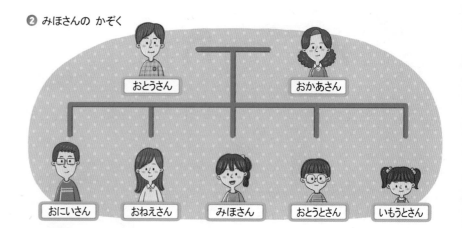

 학습TIP

일본어의 가족 호칭은 상황과 장면에 따라 달라지기 때문에 주의해야 한다. 자신의 가족을 다른 사람에게 이야기할 때는 낮추어 말하며 다른 사람의 가족에 대해 이야기할 때는 높여서 말한다. 예를 들어 자신의 어머니를 남에게 소개할 때는 'はは', 다른 사람의 어머니의 안부를 물을 때는 'おかあさん'이라고 한다. 또한 자신의 어머니를 직접 부를 때는 'おかあさん'이라고 한다.

가족 구성원	~씨의	~씨의 가족 구성원을 직접 부를 때	나의 ~	나의 가족 구성원을 직접 부를 때
아버지	おとうさん	おとうさん	ちち	おとうさん
어머니	おかあさん	おかあさん	はは	おかあさん
형, 오빠	おにいさん	おにいさん	あに	(お)にいさん (お)にいちゃん
누나, 언니	おねえさん	おねえさん	あね	(お)ねえさん (お)ねえちゃん
남동생	おとうとさん	おとうとさん	おとうと	이름+ちゃん 또는 이름만
여동생	いもうとさん	いもうとさん	いもうと	

2 그림을 보면서 보기 와 같이 말해 봅시다.

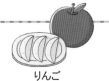

보기

A りんご、どうぞ。
사과, 드세요.

B どうも ありがとうございます。
대단히 감사합니다.

りんご
사과

❶
ケーキ
케이크

❷
ジュース
주스

❸
おかし
과자

 학습TIP

- 음식을 권할 때는 'どうぞ', 이에 대한 감사의 표현으로 '(どうも) ありがとうございます'라고 한다.
- 친한 경우나 손아랫사람에게 편하게 말하는 경우에는 'ありがとう'라고도 한다.

3 그림을 보면서 보기 와 같이 말해 봅시다.

보기

A なんにん かぞくですか。
가족이 몇 명입니까?

B さんにん かぞくです。
가족은 세 명입니다. (3인 가족입니다.)

さんにん
세 명(3인)

❶
よにん
네 명(4인)

❷
ごにん
다섯 명(5인)

❸
ろくにん
여섯 명(6인)

 학습TIP

가족의 인원수를 물어볼 때는 'なんにん かぞくですか' 혹은 'かぞくは なんにんですか'라고 하며 가족의 인원수에 대해 답할 때는 '숫자+にん かぞくです'라고 한다.
만약 가족이 세 명인 경우에는 'さんにん かぞくです', 가족이 네 명인 경우라면 'よにん かぞくです'라고 하면 된다.

교과서 단어

· りんご 사과
· どうぞ 드세요
· どうも 대단히, 매우
· ありがとうございます 감사합니다
· ケーキ 케이크
· ジュース 주스
· おかし 과자
· ~にん ~명

예시 대화 & 해석

2
❶ A ケーキ、どうぞ。
케이크, 드세요.
B どうも ありがとうございます。
대단히 감사합니다.
❷ A ジュース、どうぞ。
주스, 드세요.
B どうも ありがとうございます。
대단히 감사합니다.
❸ A おかし、どうぞ。
과자, 드세요.
B どうも ありがとうございます。
대단히 감사합니다.

3
❶ A なんにん かぞくですか。
가족이 몇 명입니까?
B よにん かぞくです。
가족은 네 명입니다.(4인 가족입니다.)
❷ A なんにん かぞくですか。
가족이 몇 명입니까?
B ごにん かぞくです。
가족은 다섯 명입니다.(5인 가족입니다.)
❸ A なんにん かぞくですか。
가족이 몇 명입니까?
B ろくにん かぞくです。
가족은 여섯 명입니다.(6인 가족입니다.)

よんで はなそう ❶

교과서 단어

- ただいま 다녀왔습니다
- おかえり 어서 와
- いらっしゃい 어서 와
- さあ 자
- おじゃまします 실례하겠습니다
- おちゃ 차
- あの 저(어)
- これ 이것
- わあ 와(감탄사)

'どうも' 만으로도 감사의 의미를 나타낼 수 있다.

하나가 나미의 집을 방문합니다. 🎧27

なみ	ただいま。
	다녀왔습니다.
なみのはは	おかえり。
	어서 와.
ハナ	こんにちは 。
	안녕하세요.
なみのはは	いらっしゃい。さあ、どうぞ。
	어서 와. 자, 어서 들어와.
ハナ	おじゃまします。
	실례하겠습니다.

⋮

なみのはは	おちゃ、どうぞ。
	차 좀 마셔 보렴.
ハナ	ありがとうございます。
	감사합니다.
	あの、これ、かんこくの おかしです。
	저……. 이거, 한국 과자입니다.
なみのはは	わあ、どうも ありがとう。
	와~, 정말 고마워.

 Q 하나는 나미의 어머니에게 무엇을 선물했습니까?

クイズ MINI QUIZ

1 나미의 어머니가 하나에게 마시라고 권한 것은?

2 'おじゃまします'의 우리말 의미는?

[정답]
1. 차(おちゃ)
2. 실례하겠습니다

Q [정답] 한국 과자(かんこくの おかし)

🐱 본문 해설

❶ ただいま
외출에서 돌아왔을 때의 표현으로 겸손하게 말하는 경우는 'ただいま まいりました'라고 한다.

❷ おかえり
집에 있는 사람이 외출에서 돌아온 사람을 맞이하는 표현으로 'おかえりなさい'라고 하기도 한다.

❸ おじゃまします
직역하면 '방해를 좀 하겠습니다.'라는 의미로 흔히 상대방의 집을 방문했을 때 겸손의 의미를 담아 사용하는 표현이다. 'しつれいします(실례하겠습니다)'라고 하기도 한다.

❹ おちゃ、どうぞ
일본에서 차는 흔히 '녹차'를 가리키며 앞에 붙이는 'お～'는 부드러우면서도 공손한 표현이다.
'どうぞ'는 상대방에게 뭔가 행동을 하도록 겸손하게 권할 때 사용한다.

❺ ありがとう
상대방에게 감사를 나타낼 때 쓰는 표현으로 정중하게 말할 때는 '～ございます'를 붙인다.

まとめ きょうしつ ❶

1 귀가 표현

- ただいま。다녀왔습니다.
- おかえり。어서 와.

   정중하게 말할 때는 'おかえりなさい'라고 한다.

2 방문 표현

 학습TIP

일본인의 집을 방문했을 때 들어오라는 의미로 'どうぞ おあがり ください'라는 말을 듣는 경우가 있는데, 이는 일본의 가옥이 현관에서 실내로 들어갈 때 한 턱(계단)을 올라가야 하는 구조가 대부분으로 그에 따라 자연스럽게 생겨난 표현이라 할 수 있다.

- いらっしゃい。 さあ、どうぞ。어서 와. 자, 들어와.
- おじゃまします。실례하겠습니다.

 학습TIP

こ: 말하는 사람에게 가까이 있는 것
そ: 듣는 사람에게 가까이 있는 것
あ: 말하는 사람과 듣는 사람 모두에게 떨어져 있는 것
ど: 정해져 있지 않은 것

3 こ・そ・あ・ど

사물	장소	방향	명사 수식
これ 이것	ここ 여기	こちら 이쪽	この 이
それ 그것	そこ 거기	そちら 그쪽	その 그
あれ 저것	あそこ 저기	あちら 저쪽	あの 저
どれ 어느것	どこ 어디	どちら 어느쪽	どの 어느

 상황에 맞게 짝과 대화해 봅시다. 28

じぶんで チェック

알맞은 말 넣기

A: ☐☐いま。
B: おかえりなさい。
A: 다녀왔습니다.
B: 어서 오세요.

빈칸 채우기

A: いらっしゃい。
　　さあ、どうぞ。
B: お ＿＿＿＿＿ します。
A: 어서 와요. 자, 들어와요.
B: 실례하겠습니다.

 예시 답안 **159**쪽

정답 ❶ ただ ❷ じゃま

 학습TIP

- 상대방에게 감사를 표현할 때 친한 사이의 경우에는 'ありがとう'라고 하며 정중하게 말할 때는 '～ございます'를 붙여서 'ありがとうございます'라고 말한다.
- 'どうも'를 붙여서 말하거나 'どうも'만으로 감사의 표시를 하기도 한다.
  예) どうも。고마워(요).
  　　どうも ありがとう。정말 고마워(요).
  　　どうも ありがとうございます。대단히 감사합니다.

ケーキ、どうぞ。
케이크, 들어요.

どうも ありがとう
ございます。
대단히 감사합니다.

ケーキ、どうぞ。
케이크, 먹어.

ありがとう。
고마워.

よんで はなそう ❷

교과서 단어

- しゃしん 사진
- そう 그래
- ～と ～와, ～과
- はい 네, 예
- ～も ～도
- こうこうせい 고등학생
- いいえ 아니요
- ～じゃ ありません ～이(가) 아닙니다
- だいがくせい 대학생
- ふたり 두 명
- そして 그리고

'だいが<u>く</u>せい'에서 '<u>く</u>'의 발음에 유의
한다.

하나가 자신의 가족을 소개합니다.

なみ　これ、ハナちゃんの かぞくの しゃしん?
이거, 하나의 가족 사진?

ハナ　うん、そう。
응, 그래.

なみのはは　おとうさんと、おかあさんと……、おねえさん?
아버지와, 어머니와 ……, 언니?

ハナ　はい、あねです。
네, 언니예요.

なみのはは　おねえさんも こうこうせい?
언니도 고등학생?

ハナ　いいえ、こうこうせいじゃ ありません。だいがくせいです。
아니요, 고등학생이 아니예요. 대학생이에요.

　　　なみちゃんは なんにん かぞく?
나미는 가족이 몇 명이야?

なみ　ちち、はは、おとうと ふたり、そして わたしの
아빠, 엄마, 남동생 두 명, 그리고 나

　　　5にん かぞく。
5인 가족이야.

Q 나미는 남동생이 몇 명 있습니까?

본문해설

❶ かぞくの しゃしん
일반적으로 명사와 명사 사이에는 '～の'를 붙인다.
예 **わたしの ともだち** 내 친구 　**つくえの うえ** 책상 위

❷ おねえさん
상대방의 언니(누나)를 언급하거나 자신의 언니(누나)를 부를 때 쓰는 표현이다. 자신의 언니(누나)를 타인에게 소개하는 경우에는 '**あね**'라고 하여 자신의 식구들을 겸손하게 표현하는 것이 예의이다.

❸ こうこうせい
'高校生'는 高等学生(고등학생)의 줄임말이다.

❹ ～じゃ ありません
명사를 부정할 때 사용하는 표현으로 회화체에서 주로 사용한다.
예 **アメリカ人じゃ ありません。** 미국인이 아닙니다.
　さとうさんじゃ ありません。 사토 씨가 아닙니다.

❺ なんにん かぞく?
가족의 수를 물어보는 경우 흔히 '**なんにん かぞくですか**' 혹은 '**ご家族は なんにんですか**'라고 한다.

❻ 5にん
'한 명, 두 명'은 '**ひとり, ふたり**'로 읽으며 세 명부터는 숫자에 '～にん'을 붙여서 읽는다. 네 명의 경우 '**し にん**'이라고 하면 '死人(죽은 사람)'을 연상하게 하여 보통 사용하지 않으므로 '**よにん**'이라고 읽는 것에 주의해야 한다. 또한 몇 명, 몇 사람이라고 물어보는 경우에는 '**なんにん(何人)**'이라고 한다.

クイズ MINI

1 하나가 나미에게 보여 준 것은?
2 나미의 가족 구성원은 모두 몇 명인
　가?

정답 1. 가족 사진
　　(かぞくの しゃしん)
　　2. 5명(ごにん)

Q 정답　두 명(ふたり)

まとめ きょうしつ ❷

1 ～じゃ ありません　～이(가) 아닙니다

- こうこうせいじゃ ありません。 고등학생이 아닙니다.
- ちゅうごくじんじゃ ありません。 중국인이 아닙니다.

> 'じゃ'는 'では'가 변한 말로 주로 회화체에서 사용한다.

> **학습TIP**
> - 명사 긍정: '～です' / 명사 의문문: 'か'를 붙여서 '～ですか' / 명사 부정
>   표현: '～では ありません' 또는 '～じゃ ありません'
> - '～では ありません'은 문장체나 격식을 차려 말하는 경우에, '～じゃ あり
>   ません'은 주로 회화체로 사용한다.

2 사람 수 세기

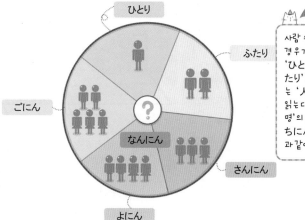

ひとり / ふたり / さんにん / よにん / ごにん / なんにん / ?

> **학습TIP**
> 사람 수를 한자로 나타내는
> 경우가 있는데 '一人'은
> 'ひとり', '二人'는 'ふ
> たり'로 읽고 세 명 이후로
> 는 '人'을 '～にん'으로
> 읽는다. 따라서 '11명, 12
> 명'의 경우에도 'じゅうい
> ちにん, じゅうににん'
> 과 같이 읽는다.

じぶんで チェック

빈칸 채우기

だいがくせい ＿＿＿＿＿ ＿＿＿＿＿＿＿。
대학생이 아닙니다.

사람 수 써 보기

① ＿＿＿＿＿＿

② ＿＿＿＿＿＿

> **학습TIP**
> 성씨 뒤에 붙는 호칭
> (～さん・～さま・～ちゃん・～くん)
> - **～さん** 우리말의 '～씨'와 비슷한 표현이다.
> - **～さま** '～さん'을 높이는 말로 '～님'과 비슷한 표현이
>   며 사람의 이름에 붙이거나 '王様(임금님)' 등의 표현에
>   사용되기도 한다.
> - **～ちゃん** 대개 친한 사람이나 어린아이에게 사용한다.
> - **～くん** 주로 남자들끼리 사용하는 말로 동년배나 손아랫
>   사람의 이름에 붙인다.
>   또한 남학생이나 손 아래 여성에게 사용하기도 한다.

日本語 アップ 　**가족 호칭**

> **학습TIP**
> '우리 엄마'라고 할 때 일본어의 경우 'わたしの 母'
> 외에 'うちの 母'라는 표현도 사용한다.

예시 답안 **160**쪽

정답 **1** じゃ ありません
2 ① ひとり
② よにん

おかあさんですか。 어머니예요?

はい、わたしの ははです。 네, 우리 엄마예요.

おかあさん！ 엄마~!

はは？ 엄마?
おかあさん？ 어머니?
おかあさん？ 어머니?
はは？ 엄마?

일본에서는 자신의 가족을 직
접 부를 때와 다른 사람에게
소개할 때, 그리고 상대방의
가족에 대해 말할 때 호칭이
달라지므로
주의해야
해요.

교과서 단어

- ただいま 다녀왔습니다
- おかえりなさい 어서 와요
- なんにん 몇 명
- かぞく 가족
- いらっしゃい 어서 와(요)
- さあ 자
- どうぞ 들어와요, 드세요
- おじゃまします 실례하겠습니다
- ジュース 주스
- ありがとうございます 감사합니다
- あの 저(어)
- これ 이것
- かんこく 한국
- おかし 과자
- どうも ありがとう 정말 고마워

예시 답안 & 해석

1

❶ **A** ただいま。다녀왔습니다.

B おかえりなさい。어서 와.

❷ **A** なんにん <u>かぞく</u>ですか。가족이 몇 명입니까?

B <u>ごにん</u> かぞくです。5인 가족입니다.

2

A ❶ <u>いらっしゃい</u>。어서 와.

さあ、どうぞ。자, 어서 들어와.

B おじゃまします。실례하겠습니다.

A ジュース、❷ <u>どうぞ</u>。주스, 마시렴.

B ありがとうございます。감사합니다.

あの、これ。❸ <u>かんこく</u>の おかしです。
저, 이거. 한국 과자입니다.

A ❹ <u>どうも</u> ありがとう。정말 고마워.

ひとり 한 명

ふたり 두 명

さんにん 세 명

よにん 네 명

ごにん 다섯 명

---

1 빈칸에 들어갈 알맞은 말을 보기 에서 골라 문장을 완성해 봅시다.

❶ A: ただいま。

B: お ◻◻◻ なさい。

❷ A: なんにん ◻◻◻◻ ですか。

B: ◻◻◻ かぞくです。

보기
- かぞく
- かえり
- ごにん

2 주어진 낱말을 이용하여 빈칸을 완성하고 친구와 대화해 봅시다.

❶ _____
さあ、どうぞ。

おじゃまします。

ジュース、❷ _____。

ありがとう ございます。

あの、これ。❸ _____の おかしです。

❹ _____
ありがとう。

どうぞ　どうも　かんこく　いらっしゃい

학습TIP

- 'どうぞ'와 'どうも'의 의미와 쓰임을 생각하며 문제를 풀도록 한다.
- 표기할 때 촉음, 장음, 탁음에 유의하도록 한다.

예 いらっしゃい 표기 시 흔히 하는 실수: いらつしやい(×)
　どうぞ 표기 시 흔히 하는 실수: とおぞ(×) どうじょ(×)
　どうも 표기 시 흔히 하는 실수: とうも(×) どおも(×)

✏ 빈칸에 들어갈 사람 수를 순서에 맞게 히라가나로 써 봅시다.

ひとり 　◯　 さんにん 　◯　 ごにん

いっしょに やって みよう

가족 소개 표현을 익혀 봅시다.

① 보기 와 같이 그림의 주인공이 되어 자신의 가족을 소개하는 글을 써 봅시다.

보기

わたし は さんにん かぞくです。
ちち、はは、そして わたしです。

わたし は _____

_____

わたし は _____

_____

② 완성된 글을 이용하여 자신이 주인공이 되어 짝에게 가족을 소개해 봅시다.

わたしは さんにん かぞくです。
ちち、はは、そして わたしです。

<학습TIP>

한국과 일본의 문장 부호 비교

	문장 마침표	문장 쉼표	물음표	띄어쓰기
한국	.	,	?	사용함
일본	。	、	원칙적으로 사용하지 않음	

해석

わたしは さんにん かぞくです。
나의 가족은 세 명입니다.

ちち、はは、そして わたしです。
아빠, 엄마, 그리고 나입니다.

예시 답안

わたしは よにん かぞくです。
나는 4인 가족입니다. (나의 가족은 네 명입니다.)

ちち、はは、いもうと そして わたしです。
아빠, 엄마, 여동생, 그리고 나입니다.

わたしは ごにん かぞくです。
나는 5인 가족입니다. (나의 가족은 다섯 명입니다.)

ちち、はは、あに、おとうと そして わたしです。
아빠, 엄마, 오빠, 남동생, 그리고 나입니다.

예시 대화

わたしの かぞくは ごにんです。
나의 가족은 5명입니다.

そぼ、ちち、はは、いもうと そして わたしです。
할머니, 아빠, 엄마, 여동생 그리고 나입니다.

わたしの かぞくは ちち、はは、あね ひとり、いもうと ひとり そして わたしの ごにんです。
나의 가족은 아빠, 엄마, 누나(언니) 한 명, 여동생 한 명 그리고 나 (이렇게) 5명입니다.

<ことば Plus>

가족 구성원	~ 씨의	~ 씨의 가족 구성원을 직접 부를 때	나의 ~	나의 가족 구성원을 직접 부를 때
할아버지	おじいさん	おじいさん	そふ	おじいさん
할머니	おばあさん	おばあさん	そぼ	おばあさん

ようこそ 日本!

일본의 주거 문화에 대해 알아봅시다.

일본의 일반적인 주거 형태로는 단독주택(いっこだて), 아파트(マンション), 연립주택(アパート) 등이 있습니다.

단독주택
주로 2층이며 주차장이 있습니다.

아파트
3층 이상의 건물로 한국의 고층 아파트나 고급빌라와 비슷합니다.

연립주택
2층 이하로 한국의 다가구 주택이나 연립주택을 말합니다.

요즘에도 전통 방식의 와시쓰를 갖추고 있는 가정이 있으며 겨울에는 온열기가 달린 탁자를 이불로 덮어놓은 형태의 난방 기구인 고타쓰를 사용합니다.

 문화TIP

- **다다미(たたみ)** 짚과 왕골을 엮어 만든 사각형 돗자리로 너비 90cm, 길이 180cm, 두께는 6cm 정도이다. 통기성과 보온성이 우수하고 쿠션이 있어 좌식 생활에 유리하다. 일본에서는 방의 크기를 다다미 장수로 나타내는데 다다미 두 장(畳)이 약 3.3㎡ (1평) 정도이다.

- **후스마(ふすま)** 일본 가옥에서 방과 방의 경계를 구별 짓는 벽과 같은 역할을 한다. 나무틀에 두꺼운 종이를 붙인 형태이며 칸막이 기능을 주목적으로 하며 채광은 고려하지 않는다.

- **쇼지(しょうじ)** 출입문과 창문의 역할을 하는 미닫이문이다. 격자 문양의 문에 우리의 창호지문처럼 종이나 화선지를 바른 형태로 채광을 고려하였다.

- **도코노마(とこのま)** 다다미방의 정면에 다른 바닥보다 조금 높게 만든 공간으로 이곳에 도자기나 꽃꽂이 등을 두고 벽에는 족자 등을 걸어 장식한다.

와시쓰(わしつ)
일본의 전통적인 방으로 다다미가 깔려 있습니다.

 문화TIP

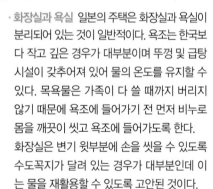

- **화장실과 욕실** 일본의 주택은 화장실과 욕실이 분리되어 있는 것이 일반적이다. 욕조는 한국보다 작고 깊은 경우가 대부분이며 뚜껑 및 급탕 시설이 갖추어져 있어 물의 온도를 유지할 수 있다. 목욕물은 가족이 다 쓸 때까지 버리지 않기 때문에 욕조에 들어가기 전 먼저 비누로 몸을 깨끗이 씻고 욕조에 들어가도록 한다. 화장실은 변기 윗부분에 손을 씻을 수 있도록 수도꼭지가 달려 있는 경우가 대부분인데 이는 물을 재활용할 수 있도록 고안된 것이다.

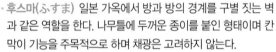
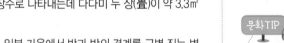

 문화TIP

- **난방 장치** 일본은 한국과 달리 방바닥에 온돌 시설을 갖추지 않은 경우가 대부분이며 겨울에는 전기히터를 사용하거나 고타쓰(こたつ)라는 난방 기구를 사용한다. 고타쓰는 전통적인 일본의 난방 기구로 히터가 붙어 있는 탁자에 이불을 덮어 사용하는 형태로 작은 열원으로 보온 기능을 유지할 수 있다. 여기에서 식구들이 둘러앉아 밥을 먹거나 차를 마시는 등 식탁과 책상으로 사용하며 겨울이 지나 이불을 치우면 테이블로 사용이 가능하다.

 문화TIP

부동산업자의 광고를 보면 흔히 '2LDK', '3LDK' 등의 용어가 등장하는데 여기서 L은 '거실 Living room', D는 '식당 Dining room', K는 '부엌 Kitchen'을 뜻한다. 그리고 맨 앞의 숫자는 '방의 개수'이다. 즉 '3LDK'는 방이 세 개에 거실, 식당, 부엌의 구조로 되어 있는 것이다.

일본의 방문 예절

일본 가정을 방문할 때는 과자, 케이크 등의 간단한 선물을 가지고 갑니다.

신발을 벗고 들어갈 때는 현관문 방향으로 가지런히 돌려놓습니다.

바닥에 앉을 때는 정좌를 하는 것이 예의입니다.

문화TIP

• **선물 준비** 일본인들은 선물을 할 때 서로에게 부담이 되지 않는 정도의 물건을 고르는 것이 일반적이며 작은 선물이라도 정성껏 포장을 해서 상대방에 대해 예의를 갖춘다.

• **현관에서** 집주인의 안내에 따라 신발을 벗고 집안으로 들어가며 신발 앞 끝이 바깥쪽을 향하도록 하여 가지런히 한 후 가장자리 쪽에 둔다. 코트나 모자 등은 집안으로 들어가기 전에 미리 벗는다.

• **방에 들어가서** 주인이 앉기를 권할 때 앉으며 보통 정좌를 하는 것이 예의이고 주인이 편하게 앉으라고 권할 때 정좌를 풀고 앉는다. 방석에는 집주인과 인사를 나눈 후 앉도록 하며 방석 위에 두 발로 올라서는 행동 등은 실례가 되므로 주의한다. 일본 가정에서는 다다미 방 이외에서는 대부분 슬리퍼를 신지만 다다미방으로 들어갈 경우에는 슬리퍼를 벗는다. 다다미방에는 가능한 맨발로 들어가지 않으며 여름이라도 스타킹이나 양말을 신도록 한다. 또한 문턱이나 다다미의 가장 자리를 밟지 않도록 주의한다. 화장실이나 주방 등을 이용하게 되는 경우에는 집주인에게 미리 양해를 구한다.

정답
❶ マンション
❷ 고타쓰(こたつ)

Quiz

❶ 한국의 고층 아파트와 같은 주거 형태를 일본어로 ＿＿＿＿＿＿＿＿＿ (이)라고 한다.

❷ 온열기가 달린 탁자를 이불로 덮어 놓은 일본의 대표적인 난방 장치를 ＿＿＿＿＿＿＿＿＿ (이)라고 한다.

한국과 일본의 다른 모습을 찾아봅시다.

 한국

예시 답안
• 전통 가옥이 안채와 바깥채로 구분되어 있다.
• 마당이 있다.
• 지붕이 낮다.

 일본

예시 답안
• 통집식 형태이다.
• 마당에 나무, 돌, 식물 등으로 정원이 조성되어 있다.
• 지붕의 경사가 심하다.

한국과 일본의 주택의 특징을 알아보고 발표해 봅시다.

예시 답안

한국 전통 가옥의 특징	일본 전통 가옥의 특징
지붕을 볏짚으로 잇는다.	지붕을 보릿대로 잇는다.
지붕이 낮은 편이다.	지붕의 경사가 심한 편이다.
안채와 바깥채로 이루어지며 방과 마루의 구조에 방이 더 필요하면 옆으로 붙여나가는 방식이다.	통집 형태로 이루어졌으며 큰 방을 필요에 따라 후스마(미닫이문)로 벽을 만들어 사용한다.
마당은 결혼식을 하거나 벼를 말리거나 곡식을 널어놓는 용도이다.	마당에 정원을 조성하여 나무, 풀, 연꽃, 폭포 등으로 우주와 자연의 미를 축소하여 이것을 감상한다.
한랭한 북서풍의 영향으로 겨울을 무사히 나기 위한 고민의 결과로 온돌이 발달하였다.	고온다습한 날씨로 인해 통풍이 잘 되도록 골풀을 재료로 한 다다미를 까는 형태로 발전하였다.

かくにんしよう

잘함 □ 보통 □ 노력 □

 문제 도우미

1 듣기 대본 & 해석

❶ A なんにん かぞくですか。
　　가족은 몇 명입니까?

　 B ちち、はは、おとうと、そして わたしの よ
　　にん かぞくです。
　　아버지, 어머니, 남동생, 그리고 나 4인 가족입니다.

❷ A ただいま。다녀왔습니다.

　 B おかえり。어서 와.

❸ A これ、かんこくの おかしです。どうぞ。
　　이거, 한국 과자입니다. 받아주세요.

　 B わあ、どうも ありがとう。와, 정말 고마워.

2

ユミ　これ、わたしの かぞくの しゃしんです。
유미　이거, 저의 가족 사진입니다.

みほ　おとうさんと おかあさんと……、いもうとさ
　　　んですか。
미호　아버지와 어머니와……, 여동생입니까?

ユミ　いいえ、あねです。
유미　아니요, 언니입니다.

みほ　おねえさんは こうこうせいですか。
미호　언니는 고등학생입니까?

ユミ　いいえ、こうこうせいじゃ ありません。
　　　だいがくせいです。
유미　아니요, 고등학생이 아닙니다.
　　　대학생입니다.

3

❶ A いらっしゃい。さあ、どうぞ。
　　어서 와. 자, 어서 들어와.

　 B おじゃまします。
　　실례하겠습니다.

❷ A なんにん かぞくですか。
　　가족은 몇 명입니까?

　 B ろくにん かぞくです。
　　6인 가족입니다.

정답 1. ❶ 2　❷ 3　❸ 1
　　　2. ①
　　　3. ❶ おじゃまします　❷ ろくにん

1 잘 듣고 내용과 일치하는 그림에 번호를 써 봅시다.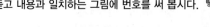

 학습TIP

① 사람 수 세기 표현의 경우 한 명은 'ひとり', 두 명은 'ふたり'이지만 세 명 이후부터는 '숫자+に
ん'의 형태로 말하게 됨에 유의한다.
②, ③ 현관에서 외출하고 돌아온 식구를 맞이하는 표현과 다른 사람의 집을 방문하여 선물을 줄 때
흔히 사용하는 표현을 사용하여 문제를 해결한다.

2 대화를 읽고 내용과 일치하는 것을 골라 봅시다.

> ユミ　これ、わたしの かぞくの しゃしんです。
> みほ　おとうさんと おかあさんと……、
> 　　　いもうとさんですか。
> ユミ　いいえ、あねです。
> みほ　おねえさんは こうこうせいですか。
> ユミ　いいえ、こうこうせいじゃ ありません。
> 　　　だいがくせいです。

① 유미의 언니는 대학생이다.

② 유미는 여동생이 한 명 있다.

③ 미호의 언니는 고등학생이다.

④ 미호의 가족은 모두 네 명이다.

 학습TIP

긍정 표현인 '~です', 의문 표현인 '~ですか', 부정 표현인 '~じゃ ありません'이 대화 중 어
디에서 사용되었는지에 유념하여 문제를 해결한다.

3 자연스러운 대화가 되도록 알맞은 대답을 써넣고 말해 봅시다.

❶ いらっしゃい。さあ、どうぞ。
　　　　　　　　　。
❷ なんにん かぞくですか。
　　　　　かぞくです。

 학습TIP

① 타인의 집을 방문하여 현관에서 집안으로 들어갈 때 흔히 사용하는 표현으로 'おじゃまします',
'しつれいします' 등이 있다.
② 타인의 가족을 물어볼 때는 'なんにん かぞくですか', 'かぞくは なんにんですか' 혹은
'ごかぞくは なんにんですか'라고 하며 대답은 보통 '숫자+にん かぞくです'로 답한다.

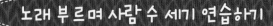
노래 부르며 사람 수 세기 연습하기

 31

❶ 노래를 따라 부르면서 사람 수 세기를 연습해 봅시다.

❷ 연습이 끝나면 돌림노래로도 불러 봅시다.

F

❶ ひ　と　り　ふ　た　り　　さん　にんいる　よ
　　한 명　　　　두 명　　　　세 명　　있어

❷ じゅう　に　んきゅう　に　ん　　はち　にんいる　よ
　　열 명　　　　아홉 명　　　　여덟 명　　있어

C₇　　　　　　　　　F　　　　　C

よ　にん　ご　にん　ろく　にんいるよ　しち　にん　はち　にん
네 명　　　다섯 명　　　여섯 명　　있어　　일곱 명　　여덟 명

しち　にん　ろく　にん　ご　にんいるよ　よ　にんさん　にん
일곱 명　　여섯 명　　　다섯 명　　있어　　네 명　　세 명

F　　　　　　C₇　　　　　　　　F

きゅうにんいるよ　じゅう　にん　いる　よ
아홉 명　　있어　　열 명　　　있어

ふ　たり　いるよ　ひ　と　り　いる　よ
두 명　　있어　　한 명　　　있어

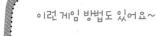
いるよ 있어

さんにん！
세 명!

이런 게임 방법도 있어요~

❶ 원형으로 서서 시계 방향으로 걸으며 박수 치면서 노래를 부릅니다.

❷ 노래가 끝남과 동시에 교사가 일본어로 인원수를 외칩니다.

❸ 학생들은 교사가 말한 인원수에 맞게 주변 사람과 모입니다.

❹ 마지막까지 남은 사람이 이깁니다.

단원 평가

▶ 예시 답안 및 해설은 231쪽

01 빈칸에 공통으로 들어갈 글자로 알맞은 것은?

> ・ただい＿＿。
> ・おじゃ＿＿します。

① あ   ② と   ③ も
④ ま   ⑤ ね

02 빈칸에 들어갈 말로 알맞은 것은?

> **A** なんにん かぞくですか。
> **B** ＿＿＿＿＿ かぞくです。

① ふたり   ② よにん   ③ ごにん
④ ひとり   ⑤ さんにん

03 그림의 일본어 표기가 바르게 연결된 것은?

> a.   b.

	a	b		a	b
①	ケーク	ズーヌ	②	ケキー	ジュスー
③	クーキ	ヌース	④	ケーキ	ジュース
⑤	ターキ	ツュース			

04 빈칸에 들어갈 말로 알맞은 것은?

> **A** いらっしゃい。
>   さあ、＿＿＿＿＿＿。
> **B** おじゃまします。

① どうぞ   ② ごめん   ③ すみません
④ ただいま   ⑤ さようなら

[05~06] 다음 대화문을 읽고 물음에 답하시오.

なみ	これ、ハナちゃんの ＿㉠＿ の しゃしん？
ハナ	うん、そう。
なみの はは	おとうさんと、おかあさんと……、おねえさん？
ハナ	はい、＿㉡＿ です。
なみの はは	おねえさんも こうこうせい？
ハナ	いいえ、こうこうせい ＿㉢＿ ありません。だいがくせいです。

05 빈칸 ㉠에 들어갈 말로 알맞은 것은?

① おかし   ② りんご   ③ かぞく
④ こたつ   ⑤ かんこく

06 빈칸 ㉡에 들어갈 말로 알맞은 것은?

① はは   ② ちち   ③ あね
④ いもうと   ⑤ おとうと

07 빈칸 ㉢에 들어갈 말로 알맞은 것은?

① の   ② も   ③ と
④ ね   ⑤ じゃ

08 다음 제시된 단어를 가장 잘 설명하고 있는 것은?

> こたつ

① 일본의 전통 놀이이다.
② 일본의 전통 음식이다.
③ 일본의 전통적인 바닥 재료이다.
④ 난방 기구로 탁자 아래 온열기가 있다.
⑤ 다른 사람의 집을 방문할 때 사용하는 인사 표현이다.

④ えいがかんは どこ?

영화관은 어디야?

人が たくさん いるね。
사람이 많이 있네.

학습 내용

의사소통 기본 표현 🎧32

존재   人が たくさん いるね。
사람이 많이 있네.

장소   えいがかんは どこ?
영화관은 어디야?

안내   本屋には おもしろい まんがも たくさん あるよ。
서점에는 재밌는 만화도 많이 있어.

문화

대중문화, 스포츠

えいがかんは どこ?
영화관은 어디야?

本屋には おもしろい
서점에는 재밌는
まんがも たくさん あるよ。
만화도 많이 있어.

일본 서점의 만화 코너

일본 만화의 아버지로 불리는 데즈카 오사무의 '우주소년 아톰(鉄腕アトム)'이 전쟁으로 지쳐 있던 사람들에게 희망을 주고, 독자의 세대가 청년층으로 확대되면서 일본 정부는 60년대 중반부터 애니메이션을 국가 전략사업으로 지정하였다. 만화가 TV 애니메이션 제작으로 큰 인기를 누린 예로는 '명탐정 코난'과 '원피스' 등이 있다.

일본의 전통 스포츠 스모(すもう)

스모는 지름 4.55m의 씨름판(どひょう)에서 두 사람의 선수(りきし)가 서로 맞잡고 넘어뜨리거나, 밖으로 밀어내거나 하며 힘과 기술을 겨루는 일본의 전통 스포츠이다.

교과서(56쪽) 사진

きいて はなそう

교과서 단어

- 上(うえ) 위
- 中(なか) 안
- 下(した) 아래
- まえ 앞
- うしろ 뒤
- ひだり 왼쪽
- みぎ 오른쪽
- 本(ほん) 책
- ～に ～에
- ある (사물·식물이) 있다
- ノート 공책
- はこ 상자
- かばん 가방
- いす 의자

듣기 대본 & 해석

1
どこ? 어디?
上 위
うえ
中 가운데
なか
下 아래
した
まえ 앞
うしろ 뒤
ひだり 왼쪽
みぎ 오른쪽

2
❶ A 本は どこに ありますか。
ほん
　책은 어디에 있습니까?
　B つくえの 上に あります。
うえ
　책상 위에 있습니다
❷ A ノートは どこに ありますか。
　노트는 어디에 있습니까?
　B はこの 中に あります。
なか
　상자 안에 있습니다.
❸ A かばんは どこに ありますか。
　가방은 어디에 있습니까?
　B いすの 下に あります。
した
　의자 아래에 있습니다.

정답　2.1 책상 위
　　　　2 상자 안
　　　　3 의자 아래

---

1 그림을 보면서 잘 듣고 따라 말해 봅시다. 🎧33

2 잘 듣고 물건이 어디에 있는지 번호를 써 봅시다. 🎧34

 학습TIP

존재 유무를 나타낼 때 사람이나 동물이 '있다/있습니다'는 'いる/います'를 사용하고, 사물이나 식물이 '있다/있습니다'는 'ある/あります'를 사용한다.
사물/식물/동물의 유무를 묻는 경우 의문사 '何(무엇)'를 사용하고, 사람의 유무를 묻는 경우는 의문사 'だれ(누구)'를 사용한다.
なに
예 A: こうえんの 中に 何が ありますか。 공원 안에 무엇이 있습니까?
　　　　　　なか　　なに
　　B: 木と 花が あります。 나무와 꽃이 있습니다.
　　　き　はな
예 A: こうえんの 中に 何がいますか。 공원 안에 무엇이 있습니까?
　　　　　　なか　　なに
　　B: いぬと ねこが います。 개와 고양이가 있습니다.
예 A: こうえんの 中に だれが いますか。 공원 안에 누가 있습니까?
　　　　　　なか
　　B: ともだちが います。 친구가 있습니다.

3 그림을 보면서 보기와 같이 말해 봅시다.

보기1

A へやの 中に 何が ありますか。
방 안에 무엇이 있습니까?

B はなが あります。
꽃이 있습니다.

보기2

A へやの 中に 何が いますか。
방 안에 무엇이 있습니까?

B いぬが います。
개가 있습니다.

보기1 はな
① 本 책
② かばん 가방
③ ねこ 고양이
보기2 いぬ 개

4 그림을 보면서 보기와 같이 말해 봅시다.

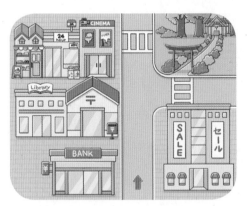

보기

A じんじゃは どこですか。
신사는 어디입니까(신사는 어디에 있습니까)?

B こうえんの 中です。
공원의 안입니다(공원 안에 있습니다).

보기 じんじゃ / こうえん / 中
신사/공원/안

① コンビニ / パン屋 / みぎ
편의점/빵가게/오른쪽

② ゆうびんきょく / ぎんこう / うしろ
우체국/은행/뒤

③ としょかん / ゆうびんきょく / ひだり
도서관/우체국/왼쪽

학습TIP

'何が(무엇이) ありますか'와 '何か(무엇인가) ありますか'의 차이

- '何が'는 무엇인가 있다는 걸 확인한 상태에서 구체적으로 '무엇이' 있는지 물어볼 때는 쓰는 말이고, '何
か'는 '무엇인가' 우선 있는지 없는지 존재 여부를 묻는 표현이다.
- '何が'로 물었을 때는 '~이/가 있다'고 구체적으로 대답하고, '何か'로 물었을 때는 일단 'はい(네)'
나 'いいえ(아니요)'로 존재 여부부터 대답한다.
  예 A: つくえの 上に 何か ありますか。 책상 위에 무엇인가 있습니까?
  B: はい、あります。 네, 있습니다.
  A: 何が ありますか。 무엇이 있습니까?
  B: 本と ペンが あります。 책과 펜이 있습니다.

교과서 단어

· へや 방
· ~が ~이, ~가
· いる (사람·동물이) 있다
· じんじゃ 신사
· こうえん 공원
· パン屋(や) 빵가게
· ゆうびんきょく 우체국
· ぎんこう 은행
· としょかん 도서관

예시 대화 & 해석

3

① A へやの 中に 何が ありますか。
방 안에 무엇이 있습니까?

B 本が あります。
책이 있습니다.

② A へやの 中に 何が ありますか。
방 안에 무엇이 있습니까?

B かばんが あります。
가방이 있습니다.

③ A へやの 中に 何が いますか。
방 안에 무엇이 있습니까?

B ねこが います。
고양이가 있습니다.

4

① A コンビニは どこですか。
편의점은 어디에 있습니까?

B パン屋の みぎです。
빵가게 오른쪽에 있습니다.

② A ゆうびんきょくは どこですか。
우체국은 어디에 있습니까?

B ぎんこうの うしろです。
은행 뒤에 있습니다.

③ A としょかんは どこですか。
도서관은 어디에 있습니까?

B ゆうびんきょくの となりです。
우체국 옆에 있습니다.

 교과서 단어

· たくさん 많이
· おおきい 크다
· おもしろい 재미있다
· まんが 만화
· ほんとう？ 정말?
· ところで 그런데
· えいがかん 영화관
· たてもの 건물
· ～かい ～층
· こども 어린이

명사에 '屋'를 붙이면 '～가게'라는 뜻이
된다.
· 本屋 서점　· パン屋 빵가게

 충읽기

1층	2층	3층
いっかい	にかい	さんがい / さんかい

4층	5층
よんかい	ごかい

クイズ　MINI QUIZ

1 나미가 서점에 있다고 얘기한 서적
　의 종류는?
　① 잡지　② 만화책　③ 교과서

2 건물 영화관에 어린이도 많은 이유
　는?
　① 놀이터가 있어서
　② 큰 서점이 있어서
　③ 애니메이션 영화도 있어서

　　　　　정답　1. ②　2. ③

Q 정답　5층(ごかい)

하나와 나미가 영화관을 찾고 있습니다. 🎧③⑤

ハナ　　人が たくさん いるね。
　　　　사람이 많이 있네.

なみ　　ここには おおきい 本屋が あるよ。
　　　　여기에는 큰 서점이 있어.

　　　　本屋には おもしろい まんがも たくさん あるよ。
　　　　서점에는 재미있는 만화책도 많이 있어.

ハナ　　ほんとう？ ところで、えいがかんは どこ？
　　　　정말? 그런데, 영화관은 어디야?

なみ　　この たてものの 5かいだよ。
　　　　이 건물 5층이야.

ハナ　　こどもも おおいね。
　　　　어린이도 많네.

なみ　　アニメの えいがも あるから。
　　　　애니메이션 영화도 있으니까.

Q 하나와 나미가 찾고 있는 영화관은 몇 층입니까?

⛰️ **본문 해설**

❶ 人が たくさん いるね
사람이 있는 경우 'いる'를 사용한다.

❷ おもしろい まんがも
'おもしろい まんが(재미있는 만화책)'와 같이 い형용사가 명사를 수식할 때는 형태 변화가 없다.

❸ あるよ
– 사물에 해당하는 만화책이 있음을 나타내므로 'ある'를 사용한다.
– 조사 'よ'는 자신의 생각이나 의견, 주장을 나타내며 우리말의 '～어, ～요'로 해석할 수 있다. 말하는 사람
　의 주장이 강하게 드러날 수 있는 표현이어서 말할 때 주의해야 한다.
　예 あるよ。있어.　ありますよ。있어요.

❹ アニメの えいがも あるから
'서술어+から'는 '～니까', '～때문에'의 의미로 원인, 이유 등을 나타낸다.

まとめ きょうしつ ①

1 존재 표현 ある와 いる

	사물/식물	사람/동물
있다	ある	いる
없다	ない	いない

- 人が たくさん いるね。 사람이 많이 있네.
- がっこうは どこに ある? 학교는 어디에 있어?

학습TIP

	사물/식물	사람/동물
있습니다	あります	います
없습니다	ありません 또는 ないです	いません 또는 いないです

2 い형용사의 활용

| おおき | い | | 크다 |

い형용사의 기본형은 ~い 형태이다.

| おおき | い | です | | 큽니다 |

| おおき | い | 本屋 | 큰 서점 |

- おおきい 本屋が あるよ。 큰 서점이 있어.
- この ねこは ちいさいですね。 이 고양이는 작네요.
- あの みせの ケーキ、おいしいですよ。 저 가게의 케이크, 맛있어요.

학습TIP

'~い' 형태의 형용사를 'い형용사'라고 한다.

	형태	의미
기본형	어간 + い	~하다
정중형	기본형 + です	~합니다
명사 수식	기본형 + 명사 * 형태 변화 없이 명사 앞에서 수식한다.	~인(한) 명사

じぶんで チェック

맞는 것에 ○표 하기

① 本屋が (ある·いる)。
② ねこが (ある·いる)。

① 서점이 있다.
② 고양이가 있다.

빈칸 채우기

＿＿＿＿＿＿ こうえんですね。

큰 공원이네요.

➡➡ 예시 답안 **160**쪽

정답 **1** ① ある ② いる
2 おおきい

학습TIP

- 초면이거나 손윗사람에게는 정중한 표현으로 길을 묻는다.
- 'どこですか'를 'どこに ありますか'(어디에 있습니까?)라고 묻기도 한다.
- 보통 서술어의 기본형이나 명사의 끝을 올려 말하면 보통형(반말) 의문문으로 사용할 수 있다.
- 예 これ? 이것?
  ここに ある? 여기에 있어?

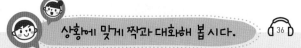

상황에 맞게 짝과 대화해 봅시다. 🎧 36

本屋は どこですか。
서점은 어디입니까?

2かいに ありますよ。
2층에 있어요.

本屋は どこ?
서점은 어디야?

2かいに あるよ。
2층에 있어.

よんで はなそう ❷

교과서 단어

- わたしたち 우리들
- まち 마을
- とても 매우
- にぎやかだ 번화하다
- 駅(えき) 역
- デパート 백화점
- となり 옆, 근처
- 高(たか)い 높다
- たのしい 즐겁다
- しずかだ 조용하다
- きれいだ 깨끗하다, 예쁘다
- ～や ～(이)랑
- ～など ～등
- いい 좋다

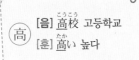

高
[음] 高校(こうこう) 고등학교
[훈] 高(たか)い 높다

하나가 홈스테이하는 마을을 소개하는 글을 누리소통망(SNS)에 올렸습니다. 🎧37

♥ HANA

こんにちは

♥ CATEGORY

JAPAN

INTEREST

FRIENDS

♥ VISIT

상큼이의 블로그

누리우리

쫑아네집

TODAY - 20

TOTAL - 15,431

わたしたちの まちは とても にぎやかです。
우리(들) 마을은 매우 번화합니다.

駅(えき)の 前(まえ)に デパートが あります。
역 앞에 백화점이 있습니다.

デパートの となりに 高(たか)い たてものが あります。
백화점 옆에 높은 건물이 있습니다.

とても たのしい まちです。
매우 즐거운 마을입니다.

 わたしの まちは しずかな まちです。
우리(들) 마을은 조용한 마을입니다.
きれいな こうえんや じんじゃなどが あります。
깨끗한 공원이랑 신사 등이 있습니다.
とても いい まちです。
매우 좋은 마을입니다.

 하나가 사는 마을의 역 앞에는 무엇이 있습니까?

クイズ MINI **QUIZ**

1 하나의 마을과 관련이 없는 것은?
  ① しずかな まち
  ② にぎやかな まち
  ③ たかい たてものが ある

2 하나의 블로그 친구의 마을에 있는 것은?
  ① えき
  ② じんじゃ
  ③ としょかん

정답 1.② 2.①

Ⓠ **정답** 백화점(デパート)

🏔 **본문 해설**

❶ デパートの となりに
となり・よこ・そばの 의미는 모두 '옆'이란 뜻이지만 다른 상황에서 사용된다.

	의미	상황
となり	이웃, 옆	중심과 성질이나 종류가 같은 것 중 좌우에 가장 가까운 '옆', '이웃'이라는 뜻도 있으며 주로 건물이나 가구, 사람 등에 쓴다.
よこ	옆	중심에서 위치적으로 좌우 '옆'을 의미한다.
そば	옆, 곁	중심의 곁, 주변, 바로 옆이 아니더라도 가까이 있다는 느낌이 강하다.

❷ しずかな まちです
い형용사와 な형용사의 명사 수식 형태에 주의한다.
い형용사는 형태 변화가 없지만, な형용사는 だ를 な로 바꾼다.
📖 高(たか)い 높다 → 高(たか)い たてもの 높은 건물
　しずかだ 조용하다 → しずかな まち 조용한 마을

❸ きれいな こうえんや じんじゃなどが
조사 '～や(～(이)랑)'는 여러 가지를 열거할 때 일부만 예를 드는 경우 사용한다. 뒤에 '～など(～등)'를 쓰는 경우가 많다.
📖 つくえの 上(うえ)に 本(ほん)や ノートなどが ある。 책상 위에 책이랑 노트 등이 있다. (다른 것도 있음)

まとめ きょうしつ ❷

1 な형용사의 활용

しずか	だ	조용하다
しずか	です	조용합니다
しずか	な	まち	조용한 마을

> な형용사의 기본형은 ~だ 형태이다. 명사를 연결할 때는 'だ'를 'な'로 바꾸는 데 유의한다.

- ここは しずかな まちです。이곳은 조용한 마을입니다.

- にほんごが じょうずですね。일본어를 잘하네요.

2 조사 정리

> 학습TIP
> 'じょうずだ(잘하다)', 'すきだ(좋아하다)' 등의 な형용사는 '~을/를' 조사로 'が'를 사용한다.

❶ ~が ~이, ~가
  - 人が たくさん いるね。사람이 많이 있네.
❷ ~に ~에
  - 駅の 前に デパートが あります。역 앞에 백화점이 있습니다.
❸ ~も ~도
  - おもしろい まんがも たくさん あるよ。재미있는 만화도 많이 있어.
❹ ~から ~때문에, ~(이)니까
  - アニメの えいがも あるから。애니메이션 영화도 있으니까.
❺ ~や ~など ~(이)랑 / (이)나 ~등
  - こうえんや じんじゃなどが あります。공원이랑 신사 등이 있습니다.

> 학습TIP
> '~だ' 형태의 형용사를 'な형용사'라고 한다.
>
> | | 형태 | 의미 |
> | 기본형 | 어간+だ | ~하다 |
> | 정중형 | 어간+です | ~합니다 |
> | 명사 수식 | 어간+な+명사 * 명사를 수식할 때는 だ를 な로 바꾸는 점에 주의한다. | ~인(한) 명사 |

じぶんで チェック

빈칸 채우기

_____ まちです。
번화한 마을입니다.

알맞은 말 넣기

つくえの 上に 本☐
ノート☐☐が あります。
책상 위에 책이랑 노트 등이 있습니다.

➡ 예시 답안 **160**쪽

정답 ❶ にぎやかな
　　 ❷ や, など

> 학습TIP
>
> 일본인들의 맞장구는 꼭 의미가 있는 것이 아니라 맞장구를 침으로써 상대방의 이야기를 잘 듣고 있다는 것을 나타낸다. 일본인과 대화할 때 너무 맞장구를 치지 않으면 상대방이 기분 나빠하거나 자신의 이야기를 잘 듣고 있지 않다고 오해할 수도 있으니 주의해야 한다.
> * 맞장구에 자주 사용하는 표현
> - 공감: そうだね。그렇네. / なるほど。과연(그렇군요).
> - 놀람: すごい！대단해！ / まさか。설마. / 本当(に)? 정말(로)? / うそ。거짓말(말도 안돼)
> - 전개: それで? 그래서?

맞장구

あの みせの パン、おいしいよ。
저 가게 빵, 맛있어.

ほんとう??
정말?

거짓말 아닌데...

일본인은 대화할 때 'そう?', 'ほんとう?'와 같은 맞장구 치는 표현을 자주 사용해요.

かいて みよう

교과서 단어

- ここ 여기
- しずかな 조용한
- まち 마을
- 本屋(ほんや) 서점
- おもしろい 재미있다
- まんが 만화
- えいがかん 영화관
- ゆうびんきょく 우체국
- ぎんこう 은행
- となり 옆, 근처

예시 답안 & 해석

1

① ここは しずかな まちです。
이곳은 조용한 마을입니다.

② 本屋には おもしろい まんがが あるよ。
서점에는 재미있는 만화책이 있어.

2

A えいがかんは ①どこですか。
영화관은 어디입니까?

B えいがかんですか。
영화관 말입니까?
ゆうびんきょくの ②うしろに あります。
우체국 뒤에 있습니다.

A あ、③ぎんこうの となりですね。
ありがとうございます。
아, 은행 옆이군요. 고맙습니다.

---

1 낱말 카드를 바르게 배열하여 문장을 완성해 봅시다.

① | です | ここは | しずかな | まち |

→ _____ 。

② | 本屋には | おもしろい | あるよ | まんがが |

→ _____ 。

2 지도를 보고 문장을 완성하여 대화해 봅시다.

えいがかんは ①_____ ですか。

えいがかんですか。
ゆうびんきょくの ②_____
に あります。

あ、③_____ の となりですね。
ありがとうございます。

✎ 다음 한자를 획순에 유의하여 써 봅시다.

한자(漢字) 한걸음

本屋

읽기 ほんや
뜻 서점

| 本 | 屋 | | | |

한자TIP

本屋는 本(책)과 屋(가게), 두 단어가 결합하여 서점이
라는 뜻이다. '명사+屋'의 형태는 '~가게'이고, '가게'라는
의미로만 사용할 때는 '店'를 사용한다.

いっしょに やって みよう

정보를 나누어 그림을 완성해 봅시다.

준비물 부록 활동 자료 185쪽

① 짝과 교과서 185쪽의 활동지 Ⓐ Ⓑ 를 나누어 갖습니다.

② 활동지에 그려져 있는 사물의 위치를 보기 와 같이 서로 짝에게 설명합니다.

보기

그림 Ⓐ 를 보며

A 本が あります。

B 本は どこに ありますか。

A こたつの 上に あります。

보기

그림 Ⓑ 를 보며

B ねこが います。

A ねこは どこに いますか。

B いすの 下に います。

---

③ 설명을 듣고 각각 자신의 활동지에 사물을 그립니다.

④ 짝과 자신의 그림이 일치하는지 확인해 봅니다.

해석

A 本が あります。
책이 있습니다.

B 本は どこに ありますか。
책은 어디에 있습니까?

A こたつの 上に あります。
고타쓰 위에 있습니다.

A ねこが います。
고양이가 있습니다.

B ねこは どこに いますか。
고양이는 어디에 있습니까?

A いすの 下に います。
의자 아래에 있습니다.

예시 대화 & 해석

〈1〉

A こどもが います。
아이가 있습니다.

B こどもは どこに いますか。
아이는 어디에 있습니까?

A こたつの ひだりに います。
고타쓰 왼쪽에 있습니다.

〈2〉

A スマホが あります。
스마트폰이 있습니다.

B スマホは どこに ありますか。
스마트폰은 어디에 있습니까?

A たたみの うえ(こたつの みぎ)に あります。
다다미 위(고타쓰 오른쪽)에 있습니다.

ことば Plus⁺

• こども 아이(어린이) • いぬ 개 • りんご 사과 • スマホ 스마트폰
• かばん 가방

えいがかんは どこ? **65**

ようこそ 日本!

일본의 대중문화와 스포츠에 대해 알아봅시다.

 만화(まんが)・애니메이션(アニメ)

일본은 현재 세계 애니메이션 시장의 많은 부분을 차지하고 있을 만큼 애니메이션 강대국입니다. 애니메이션 속의 캐릭터의 인기도 상당히 많습니다.

애니메이션이나 게임 속 등장인물로 분장한 것을 '코스프레 (コスプレ)'라고 합니다.

문화TIP

· 명탐정 코난(名探偵コナン) 고교생 명탐정 신이치가 이상한 약의 힘으로 갑자기 어린아이 '코난'이 되어 꼬마 명탐정으로 활약하는 내용의 인기 만화. 1996년부터 현재까지 연재중.

· 교과서 사진은 인기 만화 〈명탐정 코난〉의 등장인물로 코스프레한 사람들과 〈세일러문(美少女戦士セーラームーン)〉 등장인물로 코스프레한 사람들.

J-POP(ジェー・ポップ)

일본에서 유행하는 대중음악을 일반적으로 J-POP이라고 합니다. 한국에서 유행하는 대중음악은 K-POP이라고 불리고 있습니다.

홍백가합전(紅白歌合戦)
'홍백가합전'은 한 해 동안 가장 인기가 많았던 가수들이 출연하는 연말가요대전으로 매년 12월 31일에 개최합니다.

 영화

일본은 영화 관람료가 만 원 이상으로 비싼 편이지만, 다양한 할인 이벤트가 있어서 저렴하게 영화를 관람할 수 있습니다.

문화TIP

일본의 영화 시장은 애니메이션을 포함하여 매년 다량의 영화를 제작할 정도로 거대하며, 아카데미 영화제와 칸 영화제를 비롯한 유수의 영화제에서도 적지 않은 수상 기록을 보유하고 있다. 과거 우리나라는 일본의 만화나 영화, 음악 등 대중문화를 법으로 규제했으나, 1998년 10월 일본 문화 개방 이후 해마다 다양한 일본 영화가 개봉되고 있다.

 스포츠

고시엔(こうしえん)에서 열리는 전국고교 야구선수권대회도 프로야구만큼 인기가 많습니다.

문화TIP

· 일본의 현대 스포츠

❶ 야구(やきゅう) 일본에서 야구는 인기가 매우 높아서, 4,000여 개의 고교 야구팀 중 상위 49개 팀이 참가하는 고교야구선수권대회도 인기가 많다. 프로야구는 우리나라와 다르게 6팀씩 2개 리그로 나뉘어 12개 구단으로 이루어져 있다.

❷ 축구(サッカー) 1993년 출범한 J리그는 1부 리그인 J1과 2부 리그인 J2로 이루어져 있으며, 정식 명칭은 일본프로축구리그(Japan Professional Football League)이다.

문화TIP

· 일본의 전통 스포츠

❶ 검도(劍道) 에도시대 때 무사들의 검술 훈련 과정에서 시작되어 현재는 심신을 단련하는 국민 스포츠로서 자리잡고 있다. 검도는 전통복장인 하카마(はかま)를 입고, 보호구인 멘(面)과 도(道)를 얼굴과 몸에 두르고 죽도를 무기로 하여 두 사람이 겨루는 운동이다.

❷ 유도(柔道) 올림픽 경기로도 지정되어 있는 유도의 기원은 스모에 있으며 무사의 단련법으로 전파되었다고 한다. 두 사람이 맨손으로 맞잡고 상대편이 공격해 오는 힘을 이용해서 던져 넘어뜨리거나 조르거나 눌러 승부를 겨루는 운동으로, 검도와 함께 일본 경찰의 필수 무술로 지정되어 있다.

❸ 스모(すもう) 스모는 씨름판(どひょう)에서 두 사람의 선수(りきし)가 서로 맞잡고 넘어뜨리거나, 밖으로 밀어내거나 하며 힘과 기술을 겨루는 일본의 전통 스포츠이다. 최고 순위의 선수를 'よこづな'라고 한다.

Quiz

❶ 애니메이션이나 게임 속 등장인물로 분장한 것을 ＿＿＿＿＿＿＿＿(이)라고 한다.

❷ 한국의 씨름에 해당하는 일본의 전통 스포츠를 ＿＿＿＿＿＿＿＿(이)라고 한다.

Quiz 정답 ❶ 코스프레(コスプレ) ❷ 스모(すもう)

 한국과 일본의 다른 모습을 찾아봅시다.

한국 예시 답안
· 씨름판의 지름이 8m로 일본보다 넓다.
· 샅바를 잡고 일어서기로 시작한다.

일본 예시 답안
· 씨름판(どひょう)이 지름 4.55m이다.
· 주먹을 바닥에 대고 마주보고 있다가 몸을 부딪히며 격돌하는 방식으로 시작한다.

 J-POP과 일본 영화에 대해 조사하고 발표해 봅시다.

예시 답안

· J-POP: 일반적인 댄스 · 팝 · 포크 · 록 외에도 독특한 소속사 체계를 바탕으로 한 다양한 장르의 음악이 발달하였다. 일본의 졸업식 때 많이 부르는 레미오로멘의 〈3월 9일(3月9日)〉, 스마프(SMAP)의 〈세상에 하나뿐인 꽃(世界に一つだけの花)〉 등은 우리나라에도 많이 알려져 있다.

· 일본 영화: 과거 우리나라는 대한민국의 자국 문화 보호 및 국민 감정 등의 이유로 일본의 만화나 영화, 음악 등 대중문화를 법으로 규제해 왔다. 1998년 10월 일본 문화 개방 후 첫 번째로 우리나라에 소개된 영화는 1997년 베니스 영화제에서 황금사자상을 받은 〈하나비(はなび)〉이다. 두 번째 일본 영화 상영작인 〈러브레터(ラブレター)〉는 영화 속 대사가 유행어가 되었을 정도로 우리나라에서도 큰 인기를 누렸다. 이후 해마다 다양한 장르의 일본 영화와 애니메이션이 소개되고 있다.

かくにんしよう

문제 도우미

1 듣기 대본 & 해석

❶ コンビニの となりに 本屋が あります。
편의점 옆에 서점이 있습니다.

❷ 駅の 前に 人が います。
역 앞에 사람이 있습니다.

❸ 人の 右に いぬが います。
사람의 오른쪽에 개가 있습니다.

2

A 人が たくさん いるね！
사람이 많이 있네!

B ここには おおきい 本屋が あるよ。
여기에는 큰 서점이 있어.

本屋には おもしろい まんがも たくさん あるよ。
서점에는 재미있는 만화책도 많이 있어.

A ほんとう? ところで えいがかんは どこに ある?
정말? 그런데, 영화관은 어디에 있어

3

A こたつの 中に 何が いますか。
고타쓰 안에 무엇이 있습니까?

B ねこが います。
고양이가 있습니다.

A 本は どこに ありますか。
책은 어디에 있습니까?

B こたつの うえに あります。
고타쓰 위에 있습니다.

---

1 잘 듣고 내용과 일치하면 ○표, 일치하지 않으면 ×표를 해 봅시다. 🎧38

❶ [　　　　]
❷ [　　　　]
❸ [　　　　]

학습TIP
・となり (바로) 옆 ・まえ 앞 ・みぎ 오른쪽

2 대화를 읽고 물음에 답해 봅시다.

A	人が たくさん ___①___ ね！
B	ここには おおきい 本屋が ___②___ よ。
	本屋には おもしろい まんがも たくさん ___③___ よ。
A	ほんとう? [そ련데] えいがかんは どこに ___④___ ?

❶ ①～④ 중 들어갈 말이 다른 하나를 골라 봅시다. _____

❷ [　　] 에 들어갈 말을 히라가나로 써 봅시다. _____

학습TIP
- 사람이나 동물이 '있다'는 'いる'를 사용한다.
- 사물이 '있다'는 'ある'를 사용한다.
- 'ところで'는 화제를 전환하는 접속사이다.

3 상황에 맞게 문장을 완성한 후 말해 봅시다.

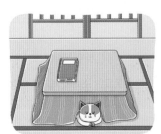

A こたつの 中に 何が ❶ _____ 。
B ねこが ❷ _____ 。
A 本は どこに ありますか。
B こたつの ❸ _____ に あります。

학습TIP
- 사람이나 동물이 '있습니다'는 'います'를 사용한다.
- 사물이 '있습니다'는 'あります'를 사용한다.

정답　1. ❶○　❷×　❸○
　　　2. ❶①　❷ところで
　　　3. ❶います　❷います　❸うえ

たのしく あそぼう

후쿠와라이는 일본의 설날 전통놀이로, 새해 첫날
웃으면 복이 온다는 의미를 갖고 있습니다.

후쿠와라이(ふくわらい)

준비물 눈가리개, 부록 활동 자료 187쪽

① 3～4명이 한 모둠을 이루고, 모둠의 대표를 정합니다.

② 각 모둠별로 교과서 187쪽의 얼굴 그림과 눈, 코, 입, 눈썹 등을 오려 놓습니다.

③ 준비된 얼굴 그림을 책상 위에 놓고, 대표는 눈가리개를 합니다.

④ 나머지 모둠원들은 오려 둔 얼굴의 각 부위를 대표에게 건네주며 위치(上, 下, みぎ, ひだり)를 말해 줍니다.

⑤ 대표 학생은 위치를 듣고 얼굴의 각 부위를 얼굴 위에 붙여 완성합니다.

문화TIP

후쿠와라이(ふくわらい)는 일본의 설날(お正月)에 주로 하는 전통놀이이다. 놀이 방법은 한 사람이 눈을 가리고 오타후쿠(お多福)라고 하는 여자 얼굴의 윤곽을 그린 종이에 눈썹, 눈, 코, 입, 귀 모양으로 오린 종이를 갖다 놓아 얼굴을 완성하면 된다. 감에 의존해서 만들어야 하기 때문에 완성품이 우스운 얼굴 모양이어서 만드는 과정 중 많이 웃게 되어 '웃으면 복이 온다'는 의미를 가지고 있다.

ことば Plus

• 눈 め　　• 눈썹 まゆげ　　• 코 はな　　• 입 くち　　• 귀 みみ

4과 단원 평가

▶ 예시 답안 및 해설은 232쪽

01 빈칸에 들어갈 글자로 만들 수 있는 단어는?

> ·まん□   ·こう□ん   ·おおき□

① 학교   ② 건물   ③ 가게
④ 왼쪽   ⑤ 영화

02 다음 단어에 공통으로 들어가는 글자는?

> ·은행   ·병원   ·우체국

① い   ② び   ③ ゆ
④ う   ⑤ き

[03~04] 그림을 보고 빈칸에 들어갈 말을 고르시오

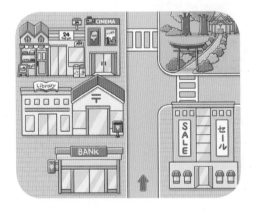

03 パン屋は コンビニの (   )です。

① まえ   ② なか   ③ みぎ
④ うしろ   ⑤ ひだり

04 じんじゃは こうえんの (   )に あります。

① うえ   ② した   ③ なか
④ まえ   ⑤ うしろ

05 다음 중 바른 문장은?

① 本屋が います。
② きれい ねこが います。
③ この ねこは ちいさです。
④ おいしい ケーキが あります。
⑤ わたしの まちは しずかだです。

06 밑줄 친 형용사의 종류가 <u>다른</u> 것은?

① やまが <u>たかい</u>です。
② ゲームは <u>たのしい</u>です。
③ ケーキが <u>おいしい</u>です。
④ まんがは <u>おもしろい</u>です。
⑤ この こうえんは <u>きれい</u>です。

07 보기의 괄호 속 말과 같은 것을 모두 고른 것은?

> ┤ 보기 ├
> スマホが (있다   )。

> ㉠ はなが (   )。
> ㉡ ねこが (   )。
> ㉢ ひとが (   )。
> ㉣ ちちが (   )。
> ㉤ ともだちが (   )。

① ㉠   ② ㉠, ㉡   ③ ㉠, ㉡, ㉢
④ ㉠, ㉡, ㉢, ㉣   ⑤ ㉠, ㉡, ㉢, ㉣, ㉤

08 밑줄 친 ㉠~㉣을 일본어로 쓰시오.

> わたしの まちは ㉠ <u>조용한</u> まちです。
> きれいな こうえん㉡ <u>이랑</u> じんじゃ㉢ <u>등</u> が あります。
> とても ㉣ <u>좋은</u> まちです。

㉠ _____
㉡ _____
㉢ _____
㉣ _____

⑤ いただきます

잘 먹겠습니다.

何に する?
무엇으로 할래?

학습 내용

의사소통 기본 표현 🎧39

선택 **何に する?**
무엇으로 할래?

취향 **ぼくは すしが すきです。**
저는 초밥을 좋아합니다.

식사 **いただきます。 / ごちそうさまでした。**
잘 먹겠습니다. / 잘 먹었습니다.

비교 **水と おちゃと どっちが いい?**
물과 차 중에 어느 쪽이 좋아?

문화

음식 문화

ぼくは すしが すきです。
저는 초밥을 좋아합니다.

すし, 초밥

10%引

표시된 가격에서 10% 할인된 가격으로 판매한다는 의미

いただきます。
잘 먹겠습니다.

ごちそうさまでした。
잘 먹었습니다.

일본인들은 대부분 두 손을 모으고 식전, 식후 인사를 하며, 혼자 식사할 때에도 인사를 하는 것이 일반적이다.

水と おちゃと どっちが いい?
물과 차 중에 어느 쪽이 좋아?

DRINK BAR

음식 견본(見本) 교과서(70쪽) 사진

일본 식당은 음식 견본을 가게 앞에 진열하는 경우가 많다. 대부분 견본과 함께 음식 이름과 가격이 소개되어 있다.

초밥(寿司)

식초에 버무린 밥을 회·채소·달걀 등에 얹거나 채워서 만드는 일본 요리이다.

다코야키(たこやき)

たこ(문어)와 やき(구이)를 합성한 명칭에서 유래했으며 밀가루 반죽 속에 문어를 넣어 둥글게 구운 요리이다.

きいて はなそう

교과서 단어

- いくら 얼마
- ～えん ～엔〈일본 화폐 단위〉
- せん 천
- まん 만
- ～に する? ～(으)로 할래?
- とんカツ 돈가스
- コーラ 콜라
- ぎゅうどん 소고기덮밥
- カレーライス 카레라이스
- コーヒー 커피

듣기 대본 & 해석

1

いくら? 얼마?
いちえん 1엔   ごえん 5엔
じゅうえん 10엔   ごじゅうえん 50엔
ひゃくえん 100엔   ごひゃくえん 500엔
せんえん 1,000엔   にせんえん 2,000엔
ごせんえん 5,000엔
いちまんえん 10,000엔

2

① A 何^{なに}に する?
　무엇으로 할래?
　B わたしは とんカツと コーラに する。
　나는 돈가스와 콜라로 할게.
② A 何^{なに}に する?
　무엇으로 할래?
　B わたしは ぎゅうどんと おちゃに する。
　나는 소고기덮밥과 차로 할게.
③ A 何^{なに}に する?
　무엇으로 할래?
　B わたしは カレーライスと コーヒーに する。
　나는 카레라이스와 커피로 할게.

---

1 그림을 보면서 잘 듣고 따라 말해 봅시다. 🎧40

いくら?

숫자 읽기
부록 179쪽 학습 자료 참고

| いちえん | ごえん | じゅうえん | ごじゅうえん | ひゃくえん | ごひゃくえん |

| せんえん | にせんえん | ごせんえん | いちまんえん |

'만 엔'은 'まんえん'이 아니라
'いちまんえん'으로 말한다.

TIP 숫자 읽기

1	2	3	4	5	6	7	8	9	10
いち	に	さん	し・よん	ご	ろく	しち・なな	はち	きゅう・く	じゅう

100	200	300	400	500	600	700	800	900
ひゃく	にひゃく	さんびゃく	よんひゃく	ごひゃく	ろっぴゃく	ななひゃく	はっぴゃく	きゅうひゃく

1,000	2,000	3,000	4,000	5,000	6,000	7,000	8,000	9,000	10,000
せん	にせん	さんぜん	よんせん	ごせん	ろくせん	ななせん	はっせん	きゅうせん	いちまん

2 잘 듣고 주문한 음식의 기호를 써 봅시다. 🎧41

メニュー たべもの
ⓐ とんカツ　ⓑ ぎゅうどん
ⓒ カレーライス　ⓓ ラーメン

のみもの
ⓔ コーラ　ⓕ おちゃ
ⓖ コーヒー　ⓗ ジュース

① 　,
② 　,
③ 　,

 학습TIP

'～に する(～으로 하다)'는 무언가를 선택할 때 사용하는 표현으로 끝을 올려서 말하면 상대방에게 선택을 묻는 문장이 된다. 대답할 때 두 가지 이상을 열거할 때는 '～と(～와/～과)'를 사용하여 말한다.

 ことば Plus

- メニュー 메뉴
- たべもの 음식
- のみもの 마실 것, 음료
- おすすめ 추천 (메뉴)

3 그림을 보면서 보기 와 같이 좋아하는 것을 골라 말해 봅시다.

> 보기
>
> **A** どんな スポーツが すきですか。
> 어떤 스포츠를 좋아합니까?
>
> **B** わたしは やきゅうが すきです。
> 저는 야구를 좋아합니다.

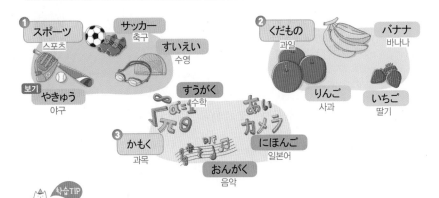

① スポーツ
스포츠
サッカー
축구
すいえい
수영

보기 やきゅう
야구

すうがく
수학

あい
カメラ

③ かもく
과목
にほんご
일본어
おんがく
음악

② くだもの
과일
バナナ
바나나
りんご
사과
いちご
딸기

> 학습TIP
> 취향을 묻는 표현으로, 'すきだ(좋아하다)'는 좋아하는 대상이 되는 단어에 '〜を(을/를)'가 아니라 '〜が(이/가)'를 붙여 '〜が すきだ(〜을/를 좋아하다)'의 형태로 나타낸다. 'どんな'는 대상을 좀 더 구체적으로 물어볼 때 사용한다.

4 그림을 보면서 보기 와 같이 말해 봅시다.

550円 850円

> 보기
>
> **A** そばと ラーメンと どちらが 高(たか)いですか。
> 메밀국수와 라면 중에 어느 쪽이 비쌉니까?
>
> **B** ラーメンの ほうが 高(たか)いです。
> 라면 (쪽)이 비쌉니다.

そば / ラーメン / 高(たか)い
메밀국수/라면/비싸다

① えいご / すうがく / むずかしい
영어/수학/어렵다

ほっかいどう
ほんしゅう
きゅうしゅう
しこく

② ほっかいどう / きゅうしゅう / おおきい
홋카이도/규슈/크다

> 학습TIP
> '〜と 〜と どちらが 〜ですか'는 두 가지 대상을 비교할 때 사용하는 표현이다. 대답할 때 우리말로는 대부분 '〜을(를) 좋아합니다'라고 하기 때문에 '〜が すきです'라고 대답하기 쉽지만, 일본어로는 '〜の ほう(〜쪽)'를 넣어 '〜の ほうが すきです'라고 답한다는 것에 주의한다.

ことば **Plus⁺**

• ほんしゅう 혼슈〈지명〉　　　　しこく 시코쿠〈지명〉

교과서 단어

- どんな 어떤
- すきだ 좋아하다
- くだもの 과일
- いちご 딸기
- そば 메밀국수
- 高(たか)い 비싸다
- えいご 영어
- ほっかいどう 홋카이도〈지명〉
- きゅうしゅう 규슈〈지명〉
- スポーツ 스포츠
- すいえい 수영
- バナナ 바나나
- かもく 과목
- ラーメン 라면
- ほう 〜쪽, 〜편
- むずかしい 어렵다

예시 대화 & 해석

3

① **A** どんな スポーツが すきですか。
어떤 스포츠를 좋아합니까?

B わたしは やきゅう(サッカー/すいえい)が すきです。
저는 야구(축구/수영)를 좋아합니다.

② **A** どんな くだものが すきですか。
어떤 과일을 좋아합니까?

B わたしは りんご(バナナ/いちご)が すきです。
저는 사과(바나나/딸기)를 좋아합니다.

③ **A** どんな かもくが すきですか。
어떤 과목을 좋아합니까?

B わたしは にほんご(すうがく/おんがく)が すきです。
저는 일본어(수학/음악)를 좋아합니다.

4

① **A** えいごと すうがくと どちらが むずかしいですか。
영어와 수학 중에 어느 쪽이 어렵습니까?

B すうがくの ほうが むずかしいです。
수학 (쪽)이 어렵습니다.

② **A** ほっかいどうと きゅうしゅうと どちらが おおきいですか。
홋카이도와 규슈 중에 어느 쪽이 큽니까?

B ほっかいどうの ほうが おおきいです。
홋카이도 (쪽)가 큽니다.

よんで はなそう ❶

교과서 **74**쪽

- ぼく 나(남성어)
- みそラーメン 된장라면
- あまり 별로, 그다지
- ふたつ 두 개
- それから 그 다음에, 그리고 (또)
- ひとつ 한 개
- 水(みず) 물
- ～より ～보다

'どっち'는 'どちら'보다 편하고 스스럼 없는 사이에서 쓰이는 표현이다.

ことば Plus

- ビビンバ 비빔밥
- どっちでも 어느 쪽도(둘 다)
- そば 메밀국수

クイズ MINI QUIZ

1 나미가 별로 좋아하지 않는 음식은 무엇인가?

2 하나는 (물/차)을(를) 더 좋아한다.

정답 1. 라면(ラーメン)
2. 물

Q 정답 된장라면 두 개, 소고기덮밥 한 개
(みそラーメン ふたつ, ぎゅうどん ひとつ)

하나, 도모야, 나미 세 사람이 점심을 먹으러 왔습니다.

ハナ	何に する? 뭘로 할래?
ともや	ぼくは みそラーメンに する。 나는 된장라면으로 할게.
ハナ	わたしも。 나도.
なみ	わたしは ぎゅうどんに する。 나는 소고기덮밥으로 할래.
	ラーメンは あまり すきじゃ ないから。 라면은 별로 좋아하지 않으니까.
ともや	あの、すみません。 저, 여기요.
	みそラーメン ふたつ、それから ぎゅうどん 된장라면 두 개, 그리고 소고기덮밥
	ひとつ おねがいします。 한 개 부탁합니다.

なみ	ハナちゃん、水と おちゃと どっちが いい? 하나야, 물과 차 중에 어느 쪽이 좋아?
ハナ	わたしは おちゃより 水の ほうが いい。 나는 차보다 물 (쪽)이 좋아.

Q 세 사람이 주문한 음식은 무엇입니까?

본문 해설

❶ いらっしゃいませ
'어서 오세요'라는 뜻으로 음식점이나 가게에서 손님을 맞이할 때 쓰는 표현이다. 가정에서 손님을 맞이할 때는 보통 'いらっしゃい'라고 한다.

❷ 何に する?
'무엇으로 할래?'라는 뜻으로 상대방에게 선택을 묻는 표현이다. 정중하게 말할 때는 '何に しますか(무엇으로 하겠습니까?)'라고 묻는다.

❸ ぼく
'나'를 의미하며 남성이 자신과 동등하거나 자신보다 아래인 상대에게 사용한다.

❹ ～に する
선택할 때 사용하는 표현으로 '～(으)로 하다'의 뜻이다. 정중하게 말할 때는 '～に します(～로 하겠습니다)'라고 한다.

❺ あまり すきじゃ ないから
'あまり'는 '별로, 그다지'라는 뜻으로 뒤에 부정 표현이 동반된다. 'すきじゃ ない(좋아하지 않다)'는 'すきだ(좋아하다)'의 부정 표현이다. 'から'는 '원인·이유'를 나타내어 '～니까, ～ 때문에'의 뜻으로 쓰인다.

❻ すみません
기본적으로는 미안함을 나타내는 사과 표현이지만 식당이나 가게에서 주인이나 점원을 부르거나 주문할 때는 우리말의 '여기(저기)요!'의 의미로도 사용한다.

❼ おねがいします
주문할 대상 뒤에 'おねがいします(부탁합니다)'를 말하면 좀 더 정중하고 공손한 느낌을 줄 수 있다.

❽ 水と おちゃと どっちが いい?
두 가지를 비교하는 표현으로 '～と ～と どちら(どっち)が ～?(～와/과 ～와/과 어느 쪽이 ～?)'라고 묻고, '～の ほうが ～(～ 쪽이 ～)'라고 답한다.

まとめ きょうしつ ❶

1 〜に する 〜(으)로 하다

학습TIP
'〜に する'를 정중하게 말할 때는 '〜に します(〜로 하겠습니다)'로 표현한다.

・A: 何に する? 무엇으로 할래?

　B: ぼくは みそラーメンに する。나는 된장라면으로 할게.

・わたしは ビビンバに します。저는 비빔밥으로 하겠습니다.

학습TIP
'どっちでも いい' 직역하면 '어느 쪽이라도 좋다' 즉, '둘 다 좋다'는 의미이다. 정중하게 말할 때는 'どっち(どちら)でも いいです(둘 다 좋습니다)'라고 말한다.

2 〜と 〜と どっち(どちら)が 〜?
〜와(과) 〜와(과) 어느 쪽이 〜? / 〜와(과) 〜 중에 어느 쪽이 〜?

・A: 水と おちゃと どっちが いい? 물과 차 중에 어느 쪽이 좋아?

　B1: おちゃより 水の ほうが いい。차보다 물 (쪽)이 좋아.

　B2: どっちでも いい。어느 쪽도(둘 다) 좋아.

두 가지를 비교하는 질문에는 '〜の ほうが(〜 쪽이)'를 넣어 대답한다.

TIP 물건 개수 세기

ひとつ	ふたつ	みっつ	よっつ	いつつ
한 개	두 개	세 개	네 개	다섯 개
むっつ	ななつ	やっつ	ここのつ	とお
여섯 개	일곱 개	여덟 개	아홉 개	열 개

いくつ
몇 개?

학습TIP
물건의 개수를 셀 때에는 '일, 이, 삼…'이 아니라 '하나, 둘, 셋…'에 해당하는 표현을 사용한다. 개수를 물어볼 때는 'いくつ(몇 개)?', 또는 'いくつですか(몇 개입니까?)'라고 묻는다.

 상황에 맞게 짝과 대화해 봅시다. 🎧43

학습TIP
- 'どちら'를 편하고 스스럼없는 사이에서 말할 때는 'どっち'라고 한다.
- い형용사의 공손한 표현은 '〜い+です'로 나타낸다.

じぶんで チェック

공통 글자 넣기

A: 何□ しますか。

B: わたしは ぎゅうどん□ します。

A: 뭘로 하겠습니까?
B: 나는 소고기덮밥으로 하겠습니다.

알맞은 말 넣기

A: ラーメンと そばと
　どっちが すき?

B: そば□□ ラーメンの
　ほうが すき。

A: 라면과 메밀국수 중에 어느 쪽을 좋아해?
B: 메밀국수보다 라면 쪽을 좋아해.

➡ 예시 답안 160쪽

정답 ❶に ❷より

やきゅうと サッカーと
どちらが おもしろいですか。
야구랑 축구 중에 어느 쪽이 재미있습니까?

やきゅうの ほうが
おもしろいです。
야구 (쪽)가 재미있습니다.

やきゅうと サッカーと
どっちが おもしろい?
야구랑 축구 중에 어느 쪽이 재미있어?

やきゅうの ほうが
おもしろい。
야구 (쪽)가 재미있어.

- いただきます 잘 먹겠습니다
- からい 맵다
- でも 하지만
- やすい 싸다
- ～て ～하고
- たべもの 음식, 먹을 것
- 中(なか)で 중에서
- いちばん 가장, 제일
- ごちそうさまでした 잘 먹었습니다
- ぜんぶで 전부 합해서

中
[음] 中国 중국
[훈] かばんの 中 가방 안

ことば Plus

- スポーツ 스포츠
- やきゅう 야구
- おもしろい 재미있다

하나, 도모야, 나미 세 사람이 식당에서 이야기합니다. ハナ なみ ともや 店の 人

❶ いただきまーす。
잘 먹겠습니다.

❷ おいしいですね。
맛있네요.
日本の ラーメンは からく
일본 라면은 맵지 않네요.
ないですね。

❸ 韓国の ラーメンは からいですか。
한국 라면은 매워요?

❹ はい、からいです。でも、
네, 매워요.
やすくて おいしいです。
하지만, 싸고 맛있어요.
ともやくんは、たべものの 中で
도모야는 음식 중에서
何が いちばん すきですか。
무엇을 가장 좋아해요?

❺ ぼくは すしが いちばん すきです。
저는 초밥을 가장 좋아해요.

❻ ごちそうさまでした。
잘 먹었습니다.

❼ いくらですか。
얼마예요?

❽ はい、ぜんぶで 2,300円です。
네, 전부 합해서 2,300엔입니다.

Q 도모야가 가장 좋아하는 음식은 무엇입니까?

クイズ MINI **QUIZ**

1 하나는 한국 라면에 대해서 어떻게 생각하는가?

2 가격을 묻는 표현을 일본어로 쓰시오.

2 いくらですか (いくらですか)
1 맵고 싸있다
(やすくて おいしい)

Q 정답 초밥(すし)

🐾 **본문 해설**

❶ からくないですね
い형용사의 정중한 부정 표현은 어미 い를 く로 바꾸고 'ないです'나 'ありません'을 붙인다. 일상 회화에서는 '～く ないです'를 많이 사용하는 편이다.
例 からい 맵다 → からくないです(=からく ありません) 맵지 않습니다

❷ やすくて おいしいです
い형용사를 연결하여 말할 때는 기본형 어미 い를 くて로 바꾼다.
例 おおきい+たかい → おおきくて たかい 크고 높다(비싸다)

❸ たべものの 中で 何が いちばん すきですか
세 가지 이상을 비교하는 표현으로 '～の 中で 何が いちばん ～ですか?(～ 중에서 무엇이/가 가장 ～입니까?)'의 형태로 나타내고, 대답은 '～の 中で ～が いちばん ～です(～ 중에서 ～이/가 가장 ～입니다)'로 말한다.

❹ いくらですか
가격을 묻는 표현으로 보통체는 'いくら?'로 나타낸다.

❺ ぜんぶで
'전부 합해서'라는 뜻으로, 'で'는 수량이나 양을 나타내는 명사에 붙어서 수량의 합계를 나타낸다.

1 형용사의 활용

학습TIP

형용사의 공손한 부정 표현인 'おいしくないです'는 'お
いしくありません'으로, 'すきじゃありません'은 'す
きじゃないです'로 나타낼 수도 있다.

い형용사	な형용사
おいしい 맛있다	すきだ 좋아하다
おいしく ない 맛있지 않다	すきじゃ ない 좋아하지 않는다
おいしく ないです 맛있지 않습니다	すきじゃ ありません 좋아하지 않습니다
おいしくて 맛있고(맛있어서)	すきで 좋아하고(좋아해서)

2 ～の 中で ～が いちばん ～です

～중에서 ～이/가 가장 ～입니다

학습TIP

최상급 비교를 나타내는 표현에서
'～の 中(～중)'는 생략할 수 있고,
상대방에게 물을 때는 비교 대상에
따라 '何/どこ/だれ/いつ …(무
엇/어디/누구/언제…)'와 같이 의문
사를 달리하여 나타낸다.

- たべものの 中で 何が いちばん すきですか。

  음식 중에서 무엇을 가장 좋아합니까?

- スポーツの 中で やきゅうが いちばん おもしろいです。

  스포츠 중에서 야구가 가장 재미있습니다.

학습TIP

- 일본뿐만 아니라 최근 우리나라에서도 혼자 식사하는 이른바 '혼밥'
문화가 발달하면서 혼자 먹으면서 인사를 하는 사람들이 늘고 있다.
- 'ごちそうさまでした'는 'でした'를 생략하여 'ごちそうさま'라
고 말하기도 한다.

日本語 アップ **いただきます/ごちそうさまでした**

잘 먹겠습니다 / 잘 먹었습니다

じぶんで チェック

빈칸 채우기

① 日本の ラーメンは

_____。

일본 라면은 맵지 않습니다.

② 韓国の ラーメンは

_____ やすいです。

한국 라면은 맛있고 쌉니다.

알맞은 말에 ✔표 하기

A: くだものの 中で 何が

_____ すき?

B: りんごが _____ すき。

☐ いくつ

☐ なんばん

☐ いちばん

A: 과일 중에서 무엇을 가장 좋아해?
B: 사과를 가장 좋아해.
몇 개
몇 번
가장

➡ 예시 답안 **160**쪽

정답 **1** ① からくないです
② おいしくて

2 いちばん

いただきま～す。
잘 먹겠습니다.

ごちそうさまでした。
잘 먹었습니다.

혼자 먹는데도
인사를 하네…

일본 사람들은 혼자 식사
할 때에도 두 손을 모으고
식전, 식후 인사를
하기도 해요.

かいて みよう

- ぼく 나(남성어)
- すし 초밥
- すきだ 좋아하다
- ぜんぶで 전부 합해서
- いくら 얼마
- やすい 싸다
- おいしい 맛있다
- スポーツ 스포츠
- 中(なか)で 중에서
- いちばん 가장, 제일
- おもしろい 재미있다
- ぎゅうどん 소고기덮밥
- ～にします ～(으)로 하겠습니다

 예시 답안 & 해석

1

가로 열쇠

❶ ぼくは すしが すきです。
저는 초밥을 좋아합니다.

❷ ぜんぶで いくらですか。
전부 해서 얼마입니까?

세로 열쇠

❶ 韓国の ラーメンは やすくて おいしいです。
한국 라면은 싸고 맛있습니다.

❷ スポーツの なかで 何が いちばん
おもしろい?
스포츠 중에서 뭐가 가장 재미있어?

❸ わたしは ぎゅうどんに します。
저는 소고기덮밥으로 하겠습니다.

2

いくらですか。얼마입니까?

보기 はっぴゃく円です。
800엔입니다.

❶ ろくせんウォンです。
6,000원입니다.

❷ ひゃくはちじゅう円です。
180엔입니다.

❸ にせんさんびゃくウォンです。
2,300원입니다.

---

1 가로 열쇠와 세로 열쇠를 풀어 십자말풀이를 완성해 봅시다.

가로 열쇠
❶ ぼくは すしが ☐☐☐☐。
(좋아합니다)

❷ ぜんぶで ☐☐☐ ですか。
(얼마)

세로 열쇠
❶ 韓国の ラーメンは ☐☐☐☐ おいしいです。
(싸고)

❷ スポーツの ☐☐☐ 何が いちばん おもしろい?
(중에서)

❸ わたしは ぎゅうどんに ☐☐☐。
(하겠습니다)

2 보기 와 같이 물건 가격을 일본어로 써 봅시다.

いくらですか。

보기 はっぴゃく円です。

❶ ウォンです。

❷ 円です。

❸ ウォンです。

오 픈(개점) 세일

학습TIP

- 100단위 이상의 숫자를 읽을 때는 3, 6, 8에 연결되는 숫자의 발음에 유의하도록 한다.
- 'ウォン'은 외래어이므로 가타카나로 표기한다.

한자(漢字) 한걸음

✏️ 다음 한자를 획순에 유의하여 써 봅시다.

韓国

읽기 かんこく
뜻 한국

韓 国

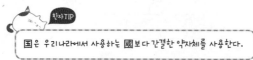

한자TIP

国은 우리나라에서 사용하는 國보다 간결한 약자체를 사용한다.

いっしょに やって みよう

좋아하는 일본 음식을 조사해 봅시다.

준비물 부록 활동 자료 189~190쪽

① 교과서 189쪽에 있는 음식 설문 조사지를 작성합니다.

② 작성한 설문지를 보며 **보기** 와 같이 짝과 함께 묻고 대답합니다.

보기

A ユミさんは 日本の たべものが すきですか。
B1 はい、すきです。

> B2 いいえ、あまり すきじゃ ありません。
> B3 いいえ、すきじゃ ありません。

A ごはんと めんと どちらが いいですか。
B1 めんの ほうが いいです。

> B2 どちらでも いいです。

A めんの 中で 何が いちばん すきですか。
B ラーメンが いちばん すきです。
A デザートは 何が すきですか。
B ケーキが すきです。

> ごはん 밥
> めん 면
> デザート 후식

③ 짝과 역할을 바꾸어 묻고 대답합니다.

④ 교과서 190쪽의 설문 조사에 대한 학급 통계를 내어 친구들이 좋아하는 일본 음식을
알아봅니다.

ことば Plus

• カツどん 가쓰돈(돈가스덮밥)　　• うどん 우동　　• デザート 후식
• プリン 푸딩　　　　　　　　　　• アイスクリーム 아이스크림

해석

A ユミさんは 日本の たべものが すきですか。
　유미 씨는 일본 음식을 좋아합니까?

B1 はい、すきです。
　네, 좋아합니다.

B2 いいえ、あまり すきじゃ ありません。
　아니요, 별로 좋아하지 않습니다.

B3 いいえ、すきじゃ ありません。
　아니요, 좋아하지 않습니다.

A ごはんと めんと どちらが いいですか。
　밥과 면 중에 어느 쪽이 좋습니까?

B1 めんの ほうが いいです。
　면 (쪽)이 좋습니다.

B2 どちらでも いいです。
　둘 다 좋습니다.

A めんの 中で 何が いちばん すきですか。
　면 중에서 무엇을 가장 좋아합니까?

B ラーメンが いちばん すきです。
　라면을 가장 좋아합니다.

A デザートは 何が すきですか。
　후식은 무엇을 좋아합니까?

B ケーキが すきです。
　케이크를 좋아합니다.

설문 조사지 해석

Q1 日本の たべものが すきですか。
　일본 음식을 좋아합니까?
　□ はい 네
　□ あまり すきじゃ ない 별로 좋아하지 않다
　□ いいえ 아니요

Q2 どちらが いいですか。어느 쪽이 좋습니까?
　□ ごはん (☞Q3-1) 밥
　□ めん (☞Q3-2) 면
　□ どちらでも いい 둘 다 좋다

Q3-1 何が いちばん すきですか。
　무엇을 가장 좋아합니까?
　□ すし 초밥
　□ カツどん 가쓰돈(돈가스덮밥)
　□ ぎゅうどん 소고기덮밥
　□ カレーライス 카레라이스

Q3-2 何が いちばん すきですか。
　무엇을 가장 좋아합니까?
　□ そば 메밀국수
　□ うどん 우동
　□ ラーメン 라면
　□ やきそば 야키소바

Q4 デザートは 何が すきですか。
　후식은 무엇을 좋아합니까?
　□ ケーキ 케이크
　□ くだもの 과일
　□ プリン 푸딩
　□ アイスクリーム 아이스크림

ようこそ 日本!

일본의 음식 문화에 대해 알아봅시다.

일본인 식생활에서 주식은 쌀이며, 생선 요리가 발달했습니다. 또한 요리를 담을 때 용기와 공간, 색상의 예술적 조화를 추구합니다. 일본에서는 숟가락을 거의 사용하지 않고 젓가락을 주로 사용합니다.

일본인은 젓가락을
가로로 놓습니다.

밥그릇은 들고 먹고, 국그릇은 들어서 입에 대고
마시고, 건더기는 젓가락으로 건져 먹습니다.

문화TIP

일본인은 젓가락을 가로로 놓는다. 세로로 놓으면 마주앉은 상대방을 칼로 찌르는 것을 연상하게 하여 실례라고 생각하기 때문이다.

 ### 일본의 식사 문화

 문화TIP

- **에키벤** 에키벤(えきべん)이란 '에키우리벤토(駅売り弁当, 역에서 파는 도시락)'의 줄임말로 일본의 철도역에서 판매하는 도시락을 말한다. 주로 해당 노선 및 지역 특유의 특산품을 재료로 만든다.
- **가이세키 요리** 작은 그릇에 조금씩 담겨 나오는 일본의 연회용 코스 요리를 말한다. 료칸의 저녁 상차림에서 흔히 볼 수 있다.
- **혼자서 먹는 라면 가게** 1인 가구가 늘어나고 혼자서 음식을 먹는 문화가 발달한 일본에서는 혼자서 먹는 라면 가게가 어색하지 않다. 자동판매기에서 식권을 구입하거나 면의 굵기, 단단함, 음식에 들어가는 토핑 재료도 선택할 수 있다.
- **식권 자동판매기** 자동판매기가 발달한 일본에서는 식당에서도 식권 자동판매기를 흔히 볼 수 있다. 음식 사진이나 메뉴명을 보고 선택한 후 돈을 넣고 식권을 구매한 다음 직원에게 주면 음식을 가져다주는 형태가 일반적이다.

 ### やき(구이)가 붙는 음식

문화TIP

- **다코야키**(たこやき) 1935년경 오사카에서 시작된 음식으로, 밀가루 반죽에 잘게 자른 문어, 파, 생강 절임, 간장 등을 넣고 다코야키 전용 틀에서 구운 후 소스, 마요네즈를 바르고, 가쓰오부시, 김가루를 뿌려 먹는 음식이다.
- **야키소바**(やきそば) 일본의 대중적인 음식으로 일본 어디서나 쉽게 맛볼 수 있으며 특히 축제에서는 빠지지 않는 음식이다. 삶은 국수에 야채·고기 등을 넣고 볶은 일본 요리로 볶음우동과 비슷하다.
- **오코노미야키**(おこのみやき) 오코노미야키의 오코노미(おこのみ)는 '기호, 좋아함'을 뜻하며, 야키(やき)는 '구이, 구운 것'이라는 뜻이다. 보통 밀가루 반죽에 고기, 오징어, 양배추, 달걀 등 원하는 재료를 넣고 철판에서 구운 후 오코노미야키 전용 소스와 마요네즈를 바르고 가쓰오부시를 뿌려 먹는 것이 일반적이다.
- **다이야키**(たいやき) 다이는 '도미(たい, 鯛)', 야키는 '구이'라는 뜻이다. 묽게 갠 밀가루 반죽을 철판 구이틀에 붓고 속에 팥소를 넣어 도미 모양으로 구운 빵으로 우리나라의 붕어빵과 비슷하다.
- **스키야키**(すきやき) 스키야키는 일본의 대표적인 쇠고기전골 요리이다. 간장과 설탕을 섞어 만든 다레(タレ)에 고기(주로 쇠고기), 대파, 두부, 배추, 실곤약 등의 재료를 넣고 자작하게 졸이면서 익혀 만든다. 기본적으로 옴폭하고 조그마한 앞 접시에 날달걀을 풀어 고기와 채소 등을 찍어 먹는다.

일본의 젓가락 사용법

화장 후 유골을 옮기는 모습을 연상
시키므로 금기시합니다.

식사 도중 젓가락을 그릇 위에
얹어 놓으면 식사를 마쳤다는 뜻
이 되므로 주의합니다.

Quiz

❶ 일본에서는 밥그릇이나 국그릇을 들고 먹는 것이 예의이다.

❷ 일본은 젓가락 문화가 발달해서 젓가락으로 반찬을 주고받기도 한다.

Quiz 정답 ❶ ○ ❷ ×

한국과 일본의 다른 모습을 찾아봅시다.

한국 | 예시 답안
- 밥그릇은 왼쪽에, 국그릇은 오른쪽에 놓는다.
- 숟가락과 젓가락은 세로로 놓는다.
- 김치 반찬이 있다.

일본 | 예시 답안
- 밥그릇은 왼쪽에, 국그릇은 오른쪽에 놓는다.
- 젓가락은 가로로 놓는다.
- 장아찌 반찬이 있다.

세계 여러 나라의 식사 예절을 알아보고 발표해 봅시다.

예시 답안
- 중국: 중국은 둥근 테이블에 음식을 올려놓고 시계 방향으로 돌리며 개인 접시에 음식을 덜어 먹는다. 숟가락은 국물 음식을 먹을 때만 사용하고, 먹고 난 후에는 숟가락 안이 보이지 않게 뒤집어 놓는다.
- 미국: 냅킨은 무릎 위에 올려놓고, 식탁 위에 팔꿈치를 올려놓지 않는다. 기본적으로 식사 비용의 15~20% 정도의 팁을 건네는 것이 일반적이다.
- 인도: 식전과 식후 손을 씻고, 오른손으로만 음식을 먹어야 한다.

문제 도우미

1 듣기 대본 & 해석

❶ A くだものの 中で 何が いちばん
　　すきですか。
　　과일 중에서 무엇을 가장 좋아합니까?

　 B わたしは りんごが いちばん すきです。
　　저는 사과를 가장 좋아합니다.

❷ A 何に しますか。
　　무엇으로 하겠습니까?

　 B とんカツ ひとつと ぎゅうどん
　　ふたつ おねがいします。
　　돈가스 한 개와 소고기덮밥 두 개
　　부탁합니다.

2

ユミ 韓国の ラーメンは やすくて
　　おいしいです。
유미 한국 라면은 싸고 맛있어요.

けんじ ぼくも 韓国の ラーメンが すきです。
겐지 저도 한국 라면을 좋아해요.

ユミ けんじくんは 韓国の たべものの 中で
　　何が いちばん すきですか。
유미 겐지는 한국 음식 중에서 무엇을 가장 좋아해요?

けんじ ぼくは ビビンバが いちばん すきです。
겐지 저는 비빔밥을 가장 좋아해요.

3

❶ A どうぞ。
　　드세요.

　 B いただきます。
　　잘 먹겠습니다.

❷ A えいがと まんがと どっちが すき?
　　영화랑 만화 중에 어느 쪽을 좋아해?

　 B わたしは まんがより えいがの
　　ほうが すき。
　　나는 만화보다 영화 쪽을 좋아해.

정답 1. ❶ ☑ □ ❷ □ ☑
　　　2. ❶ 싸고 맛있다(やすくて おいしい)
　　　　❷ ②
　　　3. ❶ いただきます ❷ まんがより

---

1 잘 듣고 내용과 일치하는 그림에 ✔표를 해 봅시다.

❶ 　□　□

❷ 　□　□

 학습TIP

① 과일 중에서 무엇을 가장 좋아하는지 묻고 있다.
② B가 무엇을 주문하는지 주의해서 듣는다. ひとつ와 ふたつ 발음의 차이를 잘 구분하여 듣는다.

2 대화를 읽고 물음에 답해 봅시다.

> ユミ 　　韓国の ラーメンは やすくて おいしいです。
>
> けんじ 　ぼくも 韓国の ラーメンが すきです。
>
> ユミ 　　けんじくんは 韓国の たべものの 中で 何が いちばん すきですか。
>
> けんじ 　ぼくは ビビンバが いちばん すきです。

❶ 유미는 한국 라면에 대해 어떻게 말하고 있습니까? ＿＿＿＿＿

❷ 겐지가 좋아하는 한국 음식은 무엇입니까? ① 불고기　② 비빔밥　③ 삼계탕　④ 떡볶이

 학습TIP

① 유미는 한국 라면에 대해 싸고 맛있다고 말했다.
② 겐지가 한국 음식 중에서 가장 좋아하는 것은 비빔밥이다.

3 빈칸에 들어갈 말을 완성한 후 말해 봅시다.

❶ どうぞ。

＿＿＿＿＿＿＿＿＿＿。

❷ えいがと まんがと どっちが すき?

わたしは ＿＿＿＿＿
えいがの ほうが すき。

 학습TIP

① 식사하기 전에 하는 인사는 'いただきます'이다. 식후 인사는 'ごちそうさま(でした)'이다.
② 두 가지를 비교하는 질문에 어느 한쪽을 좋아한다고 답하는 경우는 비교 대상에 'より(~보다)'를
붙여 나타낸다.

다코야키 만들기
<(1인분 기준)>

준비물 다코야키 전용 팬, 밀가루 110g, 물 200ml, 데친 문어 50g, 다진 쪽파 20g, 달걀 1개,
생강 절임, 튀김가루, 소금, 간장, 다코야키 소스, 마요네즈, 가쓰오부시, 파래 가루, 식용유 적당량

·다코야키 전용 팬 たこやき専用フライパン		·밀가루 小麦粉	·물 水
·데친 문어 ゆでだこ	·다진 쪽파 わけぎ	·달걀 1개 たまご ひとつ	·생강 절임 べにしょうが
·튀김가루 てんかす	·소금 しお	·간장 しょうゆ	·다코야키 소스 たこやきソース
·마요네즈 マヨネーズ	·가쓰오부시 かつおぶし	·파래 가루 あおのり	·식용유 적당량 サラダ湯適量

준비

❶ 그릇에 물, 밀가루, 달걀, 소금,
간장을 넣고 잘 섞습니다.

❷ 데친 문어를 먹기 좋은 크기로
자릅니다.

만들기

❸ 다코야키 팬을 미리 달군 후
팬에 식용유를 두르고 팬이 달
궈지면 ❶의 반죽을 구멍의
50~60%까지 채웁니다.

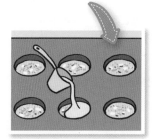

❹ 팬 위에 잘라 놓은 문어, 튀김
가루, 생강 절임, 다진 쪽파를
고루 뿌리고 그 위에 반죽을
조금 더 부어 줍니다.

완성!

❻ 잘 구워진 다코야키를 그릇에
담고 다코야키 소스와 마요네즈
를 바른 후, 가쓰오부시와 파래
가루를 뿌리면 완성!

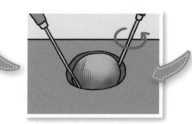

❺ 대나무 꼬치 등으로 반죽을 구멍
에 잘 밀어넣으며 완전히 익기
전에 조금씩 돌려가며 굽습니다.

단원 평가

▶ 예시 답안 및 해설은 232쪽

01 다음은 식사와 관련된 인사말이다. 빈칸에 공통으로 들어갈 글자로 알맞은 것은?

> ・いただき__す。
> ・ごちそうさ__。

① き   ② ま   ③ ち
④ む   ⑤ ん

02 빈칸에 들어갈 말로 알맞은 것만을 [보기]에서 고른 것은?

> **A** ほっかいどうと きゅうしゅうと _____が
> おおきいですか。
> **B** ほっかいどうの ほうが おおきいです。
>
> | 보기 |　a. なに　　b. どっち　　c. どちら

① b   ② a, b   ③ a, c
④ b, c   ⑤ a, b, c

03 빈칸에 들어갈 말로 알맞지 <u>않은</u> 것은?

> **A** どんな かもくが すきですか。
> **B** わたしは _____が すきです。

① いちご   ② おんがく   ③ にほんご
④ すうがく   ⑤ ちゅうごくご

04 빈칸에 들어갈 말로 알맞은 것은?

> **A** みそラーメン ふたつと ぎゅうどん ひとつ
> おねがいします。
> **B** はい、ぜんぶで _____円です。

① せんさんびゃく   ② にせんろくひゃく
③ にせんはっぴゃく   ④ にせんろくびゃく
⑤ にせんろっぴゃく

05 빈칸 ㉠과 ㉡에 들어갈 조사로 알맞은 것은?

> ・わたしは とんカツ____㉠____ する。
> ・おちゃ____㉡____ 水の ほうが いい。

	㉠	㉡		㉠	㉡
①	に	は	②	と	より
③	に	より	④	も	から
⑤	から	は			

[06~07] 다음을 읽고 물음에 답하시오.

> ハナ　日本の ラーメンは からいですか。
> ともや　いいえ、_____㉠_____です。
> 　　　韓国の ラーメンは からいですか。
> ハナ　はい、からいです。でも、㉡<u>싸고</u> おいしい
> 　　　です。

06 빈칸 ㉠에 들어갈 말로 알맞은 것은?

① からい   ② からく ない
③ からいく ない   ④ からじゃ ない
⑤ からいじゃ ない

07 밑줄 친 ㉡에 들어갈 말로 알맞은 것은?

① やすい   ② やすくで   ③ やすくて
④ たかくて   ⑤ やすいくて

08 일본의 음식 문화에 대한 설명으로 알맞지 <u>않은</u> 것은?

① 국은 들어서 입에 대고 마신다.
② 젓가락은 가로 방향으로 놓는다.
③ 젓가락으로 반찬을 주고받지 않는다.
④ 에키벤은 기차 안에서 뿐만 아니라 역에서도 판매한다.
⑤ 식사 도중 자리를 비울 때는 젓가락을 그릇 위에 얹어
　놓는다.

6 何時に あいますか
なん じ

몇 시에 만납니까?

何時に あいますか。
몇 시에 만납니까?

きんぎょすくい どう?
긴교스쿠이(금붕어낚시)는 어때?

金魚すくい(금붕어 뜨기)
높이가 낮고 넓은 수조에 풀어놓은
금붕어를 동그란 종이 뜰채(포이)로 뜨는
놀이로, 마쓰리 등에서 흔히 볼 수 있다.

학습 내용

의사소통 기본 표현 🎧46

시간 · 때	何時に あいますか. 몇 시에 만납니까?
조언 · 제안	きんぎょすくい どう? 긴교스쿠이(금붕어낚시)는 어때?
칭찬	上手ですね. 잘하는군요.
권유 2	たこやき、たべましょう. 다코야키 먹읍시다.

문화

의복 문화, 마쓰리

上手ですね。
잘하는군요.

たこやき(다코야키)
'다코(たこ)'는 '문어', '야키(やき)'는
'구이'라는 뜻으로, 밀가루 반죽에 잘게 썬
문어와 파를 넣고 동글동글하게 구운 후
가쓰오부시, 소스 등을 뿌려서 먹는 일본의
대표적인 간식이다. 야키우동(やきうどん),
오코노미야키(おこのみやき)와 함께 屋
台(거리에서 파는 매대)의 주 메뉴이다.

たこやき、たべましょう。
다코야키 먹읍시다.

미코시(みこし)를
나르고 있는 마쓰리 풍경

교과서(84쪽) 사진

마쓰리 때 미코시(신을 모시는 가마)를 여
러 사람들이 함께 들고 이동하는 모습을
볼 수 있는데, 이 행렬이 마을 거리나 시가
지를 돌면서 각 가정과 상점에 축복을 내
린다고 한다.

일본의 전통 복장 기모노(きもの)

기모노는 일본의 전통 의복으로 설날(お
正月), 대학 졸업식, 성인식(成人式),
しょうがつ　　　　　　　　　　せいじんしき
결혼식, 시치고산(七五三) 등 특별한
　　　　　　しちごさん
행사 때 주로 입는다.

きいて はなそう

교과서 단어

- 今(いま) 지금
- 何時(なんじ) 몇 시
- おきます 일어납니다
- たべます 먹습니다
- いきます 갑니다
- かえります 돌아옵(갑)니다
- みます 봅니다
- よみます 읽습니다
- ねます 잡니다

듣기 대본 & 해석

1

今、何時? 지금 몇 시야?

いちじ 1시	にじ 2시
さんじ 3시	よじ 4시
ごじ 5시	ろくじ 6시
しちじ 7시	はちじ 8시
くじ 9시	じゅうじ 10시
じゅういちじ 11시	じゅうにじ 12시

2

① 6時 – おきます 6시 – 일어납니다
② 7時 – たべます 7시 – 먹습니다
③ 8時 – いきます 8시 – 갑니다
④ 4時 – かえります 4시 – 돌아옵니다
⑤ 9時 – みます 9시 – 봅니다
⑥ 10時 – よみます 10시 – 읽습니다
⑦ 11時 – ねます 11시 – 잡니다

ことば Plus

- あらう 씻다
- いく 가다
- のむ 마시다
- まつ 기다리다
- たべる 먹다
- みる 보다
- する 하다
- あるく 걷다
- つくる 만들다
- のる 타다
- おきる 일어나다
- ねる 자다
- くる 오다

1 그림을 보면서 잘 듣고 따라 말해 봅시다. 🎧47

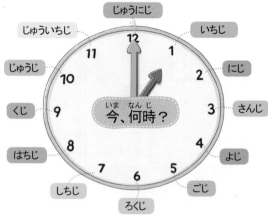

じゅうにじ / じゅういちじ / いちじ / じゅうじ / にじ / くじ / 今、何時? / さんじ / はちじ / よじ / しちじ / ごじ / ろくじ

'4時(よじ), 7時(しちじ), 9時(くじ)' 의 발음에 유의한다.

학습TIP

일본어 시간 읽기는 기본적으로 'いちじ, にじ, さんじ…'와 같이 아라비아 숫자 읽기 뒤에 '시(時)'를 붙여 읽지만, '4시(よじ), 7시(しちじ), 9시(くじ)'는 읽는 법에 특히 주의한다.

2 그림을 보면서 잘 듣고 따라 말해 봅시다. 🎧48

① AM6:00 おきます
② AM7:00 たべます
③ AM8:00 いきます
④ PM4:00 かえります
⑤ PM9:00 みます
⑥ PM10:00 よみます
⑦ PM11:00 ねます

학습TIP

– 일본어 동사는 끝 음이 모두 う단으로 끝난다. 형태에 따라 1류(5단 활용) 동사, 2류(1단 활용) 동사, 3류(불규칙 활용) 동사라고 한다.

	구별법
1류 동사	①る로 끝나지 않는 모든 동사 예) 洗う 씻다 歩く 걷다 飲む 마시다 ②る로 끝나지만 る 앞 글자가 い단이나 え단이 아닌 동사 예) 作る 만들다 乗る 타다 ③る 앞 글자가 い단이나 え단이지만 예외인 1류 동사 예) 知る 알다 入る 들어가다 走る 달리다 帰る 돌아가다
2류 동사	る로 끝나고 る 앞 글자가 い단이나 え단인 동사 예) 起きる 일어나다 食る 먹다 寝る 자다 見る 보다
3류 동사	불규칙 활용을 하는 동사 来る 오다 する 하다 두 개뿐이다.

3 그림을 보면서 보기와 같이 말해 봅시다.

보기

A 日本語、上手ですね。
일본어 잘하는군요.

B1 いいえ、まだまだです。
아니요, 아직 서툽니다.

B2 そうですか。ありがとうございます。
그렇습니까? 감사합니다.

日本語
일본어

① うた
노래

② え
그림

③ りょうり
요리

 학습TIP

칭찬에 대한 대답으로는 'まだまだです(아직 서툽니다)', 'ありがとうございます(감사합니다)' 등으로 겸손함을 표시해야 한다. 'はい、そうです'라고 말하지 않도록 주의한다.

4 그림을 보면서 보기와 같이 말해 봅시다.

보기

A たこやきを たべましょう。
다코야키를 먹읍시다.

B いいですね。
좋아요.

たこやきを たべます
다코야키를 먹습니다

① おまつりに
いきます
마쓰리에 갑니다

② おちゃを
のみます
차를 마십니다

③ ゲームを
します
게임을 합니다

 학습TIP

- 동사의 ます형에서 ます 대신에 ましょう를 접속하면 '~합시다'라고 말하는 동사의 권유형이 된다.
예 いく 가다 → いきます 갑니다 → いきましょう 갑시다
　　たべる 먹다 → たべます 먹습니다 → たべましょう 먹읍시다
　　みる 보다 → みます 봅니다 → みましょう 봅시다
　　よむ 읽다 → よみます 읽습니다 → よみましょう 읽읍시다
- ます형에는 ます뿐만 아니라 'ました(~했습니다)', 'ません(~하지 않습니다)' 등 다양한 활용형을 붙일 수 있다.

교과서 단어

- まだまだ 아직
- うた 노래
- え 그림
- ~を ~을, ~를
- たべましょう 먹읍시다
- おまつり 마쓰리
- のみます 마십니다
- します 합니다

예시 대화 & 해석

3

① A うた、上手ですね。
노래 잘하는군요.

B1 いいえ、まだまだです。
아니요, 아직 서툽니다.

B2 そうですか。ありがとうございます。
그렇습니까? 감사합니다.

② A え、上手ですね。
그림 잘 그리는군요.

B1 いいえ、まだまだです。
아니요, 아직 서툽니다.

B2 そうですか。ありがとうございます。
그렇습니까? 감사합니다.

③ A りょうり、上手ですね。
요리 잘하는군요.

B1 いいえ、まだまだです。
아니요, 아직 서툽니다.

B2 そうですか。ありがとうございます。
그렇습니까? 감사합니다.

4

① A おまつりに いきましょう。
마쓰리에 갑시다.

B いいですね。
좋아요.

② A おちゃを のみましょう。
차를 마십시다.

B いいですね。
좋아요.

③ A ゲームを しましょう。
게임을 합시다.

B いいですね。
좋아요.

何時に あいますか **87**

よんで はなそう ①

교과서 단어

- こんど 이번
- 日(にち)ようび 일요일
- 時間(じかん) 시간
- どうして 어째서, 왜
- みんなで 모두
- どうですか 어떻습니까
- ええ 네
- ぜひ 꼭, 부디
- あう 만나다
- はん 반
- 西口(にしぐち) 서쪽 출구
- わかりました 알겠습니다

ことば Plus

- まつり 축제
- しぶや駅(えき) 시부야역
- 東口(ひがしぐち) 동쪽 출구
- 西口(にしぐち) 서쪽 출구
- 南口(みなみぐち) 남쪽 출구
- 北口(きたぐち) 북쪽 출구

📎 의문문은 대개 '～か'를 붙여 표현하는데, 동사의 기본형에 물음표(?)를 붙여서 만들기도 한다.

1 세 사람이 만나기로 한 장소는?
   ① 시부야 역 앞
   ② 시부야 역 동쪽 출구
   ③ 시부야 역 서쪽 출구

2 세 사람이 만나기로 한 요일은?
   ① 일요일 ② 토요일 ③ 금요일

정답 ① 2. ③ 1.

Q 정답 4시 반 (4時 はん)

나미와 도모야가 하나와 함께 마쓰리에 갈 약속을 합니다. 🎧49

> ハナちゃん、こんどの 日ようび、時間 ある?
> 하나야, 이번 일요일 시간 있어?

> うん。どうして?
> 응. 왜?

> みんなで おまつりに いきます。
> 모두 마쓰리에 갑니다.
> ハナさんも いっしょに どうですか。
> 하나 씨도 같이 어떻습니까?

> ええ、ぜひ。何時に あいますか。
> 네, 꼭. 몇 시에 만납니까?

> 4時はんに しぶや駅の 西口で。
> 4시 반에 시부야역 서쪽 출구에서.

> はい、わかりました。
> 네, 알겠습니다.

Q 세 사람은 몇 시에 만나기로 했습니까?

본문 해설

❶ こんどの 日ようび
'こんど(今度)'는 '이번에, 다음번에'라는 의미로, 행해지고 있는 일이나 일어난 지 얼마 지나지 않은 일을 가리킬 때도 쓰지만, 가까운 장래의 일을 가리킬 때도 쓴다.
📖 こんどの 日ようびに あそびに いく。 이번 일요일에 놀러 간다. 〈가까운 장래의 일〉

❷ 時間 ある?
'시간 있니?'라고 묻는 표현으로 동사의 기본형 'ある(있다)'의 끝을 올려 읽으면 친근한 사이에서 반말로 물어보는 표현이 된다. 정중한 질문은 'ありますか(있습니까)'이다.

❸ おまつりに いきます
1류 동사의 ます형은 끝 글자 う단을 い단으로 바꾸면 된다. 따라서 1류 동사 いく(가다)의 ます형은 끝 글자 く를 き로 바꾸고 ます를 붙여서 'いきます(갑니다)'가 된다.

❹ どうですか
'～하는 것은 어떻습니까?'라고 상대에게 제안하는 표현으로 '～は どうですか'라고 한다.
반말로는 '～は どう?(～는 어때?)'라고 한다.

❺ ええ、ぜひ
'ぜひ'는 '꼭'이라는 의미로 '꼭 가고 싶다'고 상대의 제안에 수락을 나타내는 의미를 포함하고 있다.

❻ わかりました
1류 동사 わかる(알다)에 ました(～했습니다)를 접속한 형태로 직역하면 '알았습니다'이지만, '설명 덕분에 알게 되었다'라는 의미이므로, '알겠습니다'라고 해석한다.

まとめ きょうしつ ❶

① 동사의 종류 및 동사의 ます형 ~ㅂ니다

	구별법	기본형	~ます
1류 동사 (5단 활용 동사)	る로 끝나지 않는 동사	あう 만나다 いく 가다	あいます 만납니다 いきます 갑니다
	る로 끝나는 동사 중 る 앞이 あ·う· お단인 동사	ある 있다	あります 있습니다
	*예외	かえる 돌아가(오)다	かえります 돌아갑(옵)니다
2류 동사 (1단 활용 동사)	る로 끝나는 동사 중 る 앞이 い·え 단인 동사	みる 보다 たべる 먹다	みます 봅니다 たべます 먹습니다
3류 동사 (불규칙 활용 동사)	불규칙하게 활용 하는 동사	くる 오다 する 하다	きます 옵니다 します 합니다

🖊 'はいる' (들어가다), 'はしる' (달리다) 등은 예외 1류 동사이다.

じぶんで チェック

ます형으로 바꾸기

① よむ → _____ ます
② みる → _____ ます
③ くる → _____ ます

① 읽다(1류 동사) → 읽습니다
② 보다(2류 동사) → 봅니다
③ 오다(3류 동사) → 옵니다

▶▶ 예시 답안 **161**쪽

정답 ❶ ① よみます
　　　② みます
　　　③ きます

학습TIP

동사의 ます형에 접속할 수 있는 활용형
- ·~ます ~ㅂ니다　例 よむ → よみます 읽습니다
- ·~ました ~했습니다　例 よむ → よみました 읽었습니다
- ·~ましょう ~ㅂ시다　例 よむ → よみましょう 읽읍시다
- ·~ません ~(하)지 않습니다　例 よむ → よみません 읽지 않습니다
- ·~ませんでした ~(하)지 않았습니다　例 よむ → よみませんでした 읽지 않았습니다

TIP

요일

月	火	水	木	金	土	日	?
げつようび	かようび	すいようび	もくようび	きんようび	どようび	にちようび	何ようび
월요일	화요일	수요일	목요일	금요일	토요일	일요일	무슨 요일

 상황에 맞게 짝과 대화해 봅시다. 🎧50

학습TIP

동사의 의문문 만들기
- ·보통체: 기본형에 의문 부호(?)를 붙인다.
- ·정중체: ます형으로 바꾸고 か를 붙인다.

❶ 何時に あいますか。
몇 시에 만납니까?

❷ 7時は どうですか。
7시는 어떻습니까?

❸ はい、いいですよ。
네, 좋아요.

❶ 何時に あう?
몇 시에 만나?

❷ 7時は どう?
7시는 어때?

❸ うん、いいよ。
응, 좋아.

よんで はなそう ❷

교과서 단어

- ゆかた 유카타
- よく 잘
- にあう 어울리다
- きんぎょすくい 긴교스쿠이

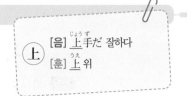

[음] 上手だ 잘하다
上
[훈] 上 위

하나, 도모야, 나미 세 사람이 마쓰리에 왔습니다. 🎧51

なみ	ハナちゃん、ゆかた よく にあうね。
	하나야, 유카타 잘 어울리네.

ハナ	ありがとう。
	고마워

なみ	きんぎょすくい どう？ おもしろいよ。
	긴교스쿠이 어때? 재미있어.

ハナ	うん、いいね。
	응. 좋아.

⋮

ハナ	むずかしい〜。ともやくん、上手ですね。
	어렵네〜. 도모야, 잘하는군요.

ともや	そうですか。ありがとうございます。
	그렇습니까? 감사합니다.

	あ、たこやき、たべましょう。
	아, 다코야키 먹읍시다.

ハナ	たこやき、いいですね。
	다코야키, 좋아요.

Q 세 사람은 마쓰리에 가서 무엇을 했습니까?

 본문 해설

❶ きんぎょすくい どう？
'〜は どう？(〜는 어때?)'는 상대방에게 무언가를 제안할 때 쓰는 표현이다.
정중한 표현으로는 '〜は どうですか(〜은 어떻습니까?)'로 쓸 수 있다.

❷ 上手ですね
'잘하는군요'라고 하는 칭찬의 표현으로 '〜을 잘합니다'라는 표현을 할 때 '〜が 上手です'라고 쓴다.
* 'すきだ(좋아하다)', '上手だ(잘하다)' 등의 な형용사는 '〜을/를' 조사로 'が'를 사용한다.

❸ たべましょう
'먹읍시다'라는 표현으로 상대방에게 무언가를 권유할 때 쓰는 표현이다. 동사의 ます형 자리에 ましょう를
접속시키면 '〜합시다'라는 권유의 표현이 된다.
예 いく 가다(1류 동사) → いきます 갑니다 → いきましょう 갑시다
  みる 보다(2류 동사) → みます 봅니다 → みましょう 봅시다
  する 하다(3류 동사) → します 합니다 → しましょう 합시다

 クイズ MINI QUIZ

1 긴교스쿠이를 잘 하는 사람은?
 ① 하나 ② 나미 ③ 도모야

2 마쓰리에서 세 사람이 먹은 음식은?
 ① 다이야키
 ② 다코야키
 ③ 오코노미야키

1.③ 2.②

 Q 정답 긴교스쿠이(きんぎょすくい)

1 ～ましょう　～ㅂ시다

- ・たこやき、たべましょう。다코야키 먹읍시다.
- ・コンサートに いきましょう。콘서트에 갑시다.
- ・4時はんに あいましょう。4시 반에 만납시다.
- ・すこし やすみましょう。조금 쉽시다.

2 どう？ / どうですか　어때? / 어떻습니까?

- ・A: きんぎょすくい どう？ 긴교스쿠이 어때?
  B: うん、いいね。응, 좋아.
- ・A: いっしょに カラオケ、どうですか。함께 노래방 어떻습니까?
  B: はい、ぜひ。네, 꼭 (가고 싶네요).

학습TIP

～ましょう(권유형) 바꾸는 방법 *～ます(정중형) 바꾸기와 방법이 같다.	
1류 동사 (5단 활용 동사)	끝 글자 う단을 い단으로 바꾼 후 ましょう를 붙인다. いく → いきましょう 갑시다　よむ → よみましょう 읽읍시다
2류 동사 (1단 활용 동사)	끝 글자 る를 없애고 ましょう를 붙인다. みる → みましょう 봅시다　たべる → たべましょう 먹읍시다
3류 동사 (불규칙 활용 동사)	불규칙하게 바뀌기 때문에 그냥 외운다. くる → きましょう 옵시다　する → しましょう 합시다

じぶんで チェック

빈칸 채우기

えいが、_____。
영화, 봅시다.

알맞은 말에 ✓표 하기

A: おまつり、いっしょに
_____ですか。

B: はい、ぜひ。

- ☐ どう
- ☐ なに
- ☐ どこ

A: 마쓰리, 함께 어떻습니까?
B: 네, 꼭.
어떻게
무엇
어디

　예시 답안 **161**쪽

정답 1 みましょう
2 どう

日本語 アップ
上手だ
잘한다

わあ、ハナさん。
りょうり、上手ですね。
와, 하나 씨. 요리, 잘하는군요.

はい、上手です。
네. 잘합니다.

AAAAAAA……

학습TIP

일본인들은 어떤 일을 잘한다고 칭찬을 할 때 '上手ですね'라고 하고, 대답은 'いいえ、まだまだです(아니에요, 아직 멀었습니다)'나 'そんな ことないです(그렇지 않습니다)' 등으로 겸손하게 표현한다. 'はい、そうです(네 그렇습니다)', 'はい、上手です(네, 잘합니다)'라고 대답하지 않도록 주의한다.

'上手だ'는 보통 남을 칭찬할 때 사용하므로, 칭찬을 들었을 때는 'いいえ、まだまだです', '아, ありがとうございます'와 같이 표현해요.

かいて みよう

교과서 단어

- えいが 영화
- みる 보다
- かえる 돌아가(오)다
- ともだち 친구
- あう 만나다
- はなび 불꽃놀이

예시 답안 & 해석

1

① **えいがを みる** 영화를 보다
→ **えいがを みます。** 영화를 봅니다

② **がっこうから かえる** 학교에서 돌아오다
→ **がっこうから かえります。**
학교에서 돌아옵니다

③ **ともだちに あう** 친구를 만나다
→ **ともだちに あいます。** 친구를 만납니다

2 예시

A こんどの 土ようび 時間 ある？
이번 토요일 시간 있어?

B うん。
응.

A いっしょに はなび いく？
함께 불꽃놀이 갈래?

B うん。何時？
응. 몇 시?

A 7時は どう？
7시는 어때?

B いいよ。じゃ、こうえんの 前で。
좋아. 그럼 공원 앞에서.

1 보기와 같이 바꿔 써 봅시다.

보기
おまつりに いく → おまつりに いきます。

① えいがを みる → _____。

② がっこうから かえる → _____。

③ ともだちに あう → _____。

학습TIP
'あう(만나다)', 'のる(타다)' 등의 동사는 '~을/를' 조사로 'に'를 사용한다.

2 주어진 낱말을 참고하여 친구와 누리소통망(SNS)으로 약속을 정하는 글을 써 봅시다.

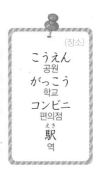

(장소)

こうえん 공원
がっこう 학교
コンビニ 편의점
駅 역

한자(漢字) 한 걸음

✏ 다음 한자를 획순에 유의하여 써 봅시다.

時間 読기 じかん 뜻 시간 | 時 | 間 |

한자TIP
일본어는 한자 읽기가 다양하다. '時間'은 음독으로 'じかん'이라고 읽었지만, 훈독으로 '時'는 'とき(때)', '間'은 'あいだ(사이)'라고 읽을 수도 있다.

いっしょに やって みよう

친구의 일과를 알아봅시다.

준비물 부록 활동 자료 191쪽

① 짝과 함께 주어진 낱말을 참고하여 교과서 191쪽의 자신의 하루 일과표를 완성합니다.

② 보기 와 같이 짝의 일과를 물어 봅니다.

③ 짝은 시간과 동사 ます형이 들어간 문장으로 대답합니다.

④ 역할을 바꾸어 묻고 대답합니다.

보기

A ユミさん、何時に おきますか。

B 7時に おきます。

A それから、何を しますか。

B ごぜん 11時に ともだちに あいます。

A それから、何を しますか。

- ごぜん 오전
- べんきょうする 공부하다
- おんがくを きく 음악을 듣다
- ピアノを ひく 피아노를 치다
- ごご 오후
- テレビを みる 텔레비전을 보다
- ともだちと あそぶ 친구와 놀다
- としょかんに いく 도서관에 가다
- ごはんを たべる 밥을 먹다
- しんぶんを よむ 신문을 읽다
- うちへ かえる 집으로 돌아오(가)다

 학습TIP

'いく(가다)'는 목적지가 다른 사람의 영역으로 이동한다는 의미이고, 'かえる(돌아가다)'는 자신의 영역으로 이동한다는 의미여서 자기 집, 고향, 고국 등으로 간다고 할때는 'かえる'를 사용한다.

 해석

A ユミさん、何時に おきますか。
유미 씨, 몇 시에 일어납니까?

B 7時に おきます。
7시에 일어납니다.

A それから、何を しますか。
그 다음에 무엇을 합니까?

B ごぜん 11時に ともだちに あいます。
오전 11시에 친구를 만납니다.

A それから、何を しますか。
그 다음에 무엇을 합니까?

 예시 대화 & 해석

A ジヒョンさん、何時に うちへ かえりますか。
지현 씨, 몇 시에 집으로 돌아갑니까?

B よじはんに うちへ かえります。
4시 반에 집으로 돌아갑니다.

A それから、何を しますか。
그 다음에 무엇을 합니까?

B ろくじに ごはんを たべます。
6시에 밥을 먹습니다.

A それから、何を しますか。
그 다음에 무엇을 합니까?

B しちじに としょかんに いきます。
7시에 도서관에 갑니다.

ようこそ 日本!

일본의 의복 문화에 대해 알아봅시다.

기모노(きもの)
일본의 대표적인 전통 의상으로, 주로 결혼식, 성인식, 졸업식 때 입습니다.

문화TIP
- 기모노(きもの) 기모노는 일본의 전통 의복으로 요즘에는 대학 졸업식, 성인식, 결혼식, 다도 등 특별한 행사 때 주로 입는다. 미혼 여성은 소맷자락이 긴 후리소데(ふりそで)를 입고, 결혼한 여성은 소맷자락이 짧은 도메소데(とめそで)를 입는다.
- 남성들의 기모노는 화려한 여성 기모노에 비해 단조롭고 검은색 계통이 많은 편이다. 공식적인 자리에서는 기모노 위에 상의인 하오리(はおり)와 하의인 하카마(はかま)를 입는다.
- 다비(たび)와 조리(ぞうり) 기모노를 입을 때는 우리나라의 버선과 비슷한 다비를 신고 조리라는 신발을 신는다.

유카타(ゆかた)
기모노의 일종으로 평상복으로 입을 수 있는 간편한 옷입니다.
목욕 후, 또는 불꽃놀이, 본오도리(ぼんおどり) 등의 여름 축제 때 주로 입습니다.

문화TIP
- 유카타(ゆかた) 기모노가 실크로 만든 의식용 옷인데 비해 유카타는 면으로 만든 옷으로, 주로 마쓰리나 불꽃놀이를 구경할 때 입는다. 유카타를 입을 때는 맨발에 게다(げた)를 신는다. 게다는 비가 올 때 신는 나무로 만든 굽이 높은 나막신이다.

불꽃놀이
'하나비 다이카이(花火大会)'라고 하며, 여름이 되면 전국 각지에서 불꽃놀이가 열리며 밤하늘에 아름답게 피어나는 불꽃을 즐길 수 있습니다.

🏮 일본의 마쓰리에 대해 알아봅시다.

마쓰리(まつり)는 신에게 바치는 제사 의식에서 시작된 것으로 전국 각지에서 1년 내내 열립니다.

문화TIP **3대 마쓰리**
- 도쿄 간다마쓰리 도쿄의 간다 지역에서 5월 14~15일에 열리는 축제로, 약 90여 개의 미코시가 등장하는 대규모 축제이다. 도쿠가와 이에야스가 세키가하라 전투에서 승리한 것을 기념하기 위해서 열린 것이 기원이다.
- 오사카 덴진마쓰리 억울한 죽음을 당한 당대의 뛰어난 문장가였던 스가와라 미치자네를 위로하기 위해 시작되었으며 7월 24~25일에 열린다. 약 100여 척의 화려한 배들이 강을 거슬러 올라가는 선상축제이다. 이 마쓰리의 절정은 마지막 날 저녁 때의 후나토교(船渡御) 행사로, 어두운 강물에 비친 불꽃놀이와 등불의 불빛으로 물과 불의 축전이라고도 불린다.
- 교토 기온마쓰리 천 년의 역사를 지닌 마쓰리로, 7월 1일부터 약 한 달간에 걸쳐 다양한 행사가 열리는 민속 축제이다. 기온마쓰리는 역병 퇴치를 기원하는 위령제로 시작되었는데, 일본 사람들은 기온마쓰리가 열려야 비로소 여름이 시작된다고 생각할 정도로 중요한 의미를 지니는 민속 축제이다.

긴교스쿠이(きんぎょすくい)

요요쓰리(ヨーヨーつり)

Quiz

❶ 목욕 후, 또는 불꽃놀이 등의 여름 축제 때 입는 옷은 _____(이)다.

❷ 일본의 3대 마쓰리에는 덴진마쓰리, 간다마쓰리, _____ 이/가 있다.

정답
❶ 유카타(ゆかた)
❷ 기온마쓰리

6 한국과 일본의 다른 모습을 찾아봅시다.

 한국

예시 답안

· 과거에는 신부의 집 마당에서 마을 잔치로 행해졌다.
· 전통혼례 때 신랑의 복장은 청색의 '단령' 옷에다 '사모', '관대' 차림이며, 신부는 '녹의홍상' 즉 '녹색저고리에 다홍치마' 차림 위에 겉옷인 '원삼'을 입고 머리에는 '족두리'를 쓴다.
· 신부 화장은 붉은 색의 염료로 두 볼과 이마에 손톱만한 크기의 붉은 점(연지 곤지)을 찍는다.

 일본

예시 답안

· 보통 신사(神社じんじゃ)에서 아주 가까운 친족이나 친구 몇 명만 초대하여 행한다.
· 전통혼례 때 신랑은 몬즈키하오리하카마(羽織袴, 집안의 문장을 넣은 검은색 전통의복)를 입고, 신부는 시로무쿠(しろむく)라고 하는 흰 기모노를 걸치고 쓰노카쿠시(角隠かくし, 머리에 쓰는 배 모양 모자)를 쓴다.
· 신부 화장은 얼굴을 전체적으로 흰색으로 칠한 후 빨간 입술을 하며, 머리스타일은 전통 가발을 하거나 단정한 올림머리를 한다.

 각 나라의 축제 문화에 대해 조사하고 발표해 봅시다.

예시 답안

· **일본 삿포로 눈 축제** 제2차 세계대전에 시달린 삿포로 시민들을 위로하고, 춥고 긴 겨울을 즐겁게 보내자는 의도로 시작되었으며, 1972년 삿포로 동계 올림픽과 같은 기간에 개최되며 전 세계적인 축제로 자리매김하였다.
· **이탈리아 베니스 카니발** 베네치아인들이 아퀼레이아 대주교에 대한 승리를 기뻐하며 산 마르코 광장에 모여 춤을 추며 축제를 벌인 것에서부터 시작되었다. 1월말에서 2월 초에 시작되어 사순절 전날까지 진행되고, 산 마르코 광장을 중심으로 베네치아 전역에서 가면축제, 가장행렬, 연극공연, 불꽃 축제 등이 열리고, 특히 패션의 나라 이탈리아답게 화려한 가면과 의상이 볼거리이다.
· **브라질 리우 카니발** 사탕수수 경작을 위해 아프리카에서 넘어온 흑인들이 힘든 노동을 끝내고 고향에서 즐겼던 노래와 춤을 추며 고통과 향수를 달랬던 것에서 시작되었다. 2월 말부터 3월초까지 4일간 진행되는데 리우 카니발의 삼바 퍼레이드와 각 삼바스쿨 간의 경연대회는 엄청난 규모로 이루어지며 큰 볼거리이다.
· **스페인 라토마티나(토마토 축제)** 토마토 축제 '라토마티나'의 유래는 축제 때 소년들이 토마토를 들고 나와 던지면서 싸운 것이라고 하며, 축제의 하이라이트인 '토마토 던지기' 행사에는 해마다 전 세계에서 거의 3만여 명의 인파가 모인다고 한다.

잘함 ☐　보통 ☐　노력 ☐

문제 도우미

1 듣기 대본 & 해석

① **A** はなびに いきましょう。
불꽃놀이하러 갑시다.

B いいですね。
좋아요.
何時に どこで あいますか。
몇 시에 어디에서 만납니까?

A 7時に かんだ駅で あいましょう。
7시에 간다역에서 만납시다.

② **A** 日本語、上手ですね。
일본어, 잘하네요.

B そうですか。どうも ありがとう。
그래요? 정말 감사해요.

2

みほ こんどの 土ようび、時間 ありますか。
미호 이번 토요일 시간 있습니까?

ユミ はい。どうしてですか。
유미 네, 어째서입니까?

みほ みんなで おまつりに いきます。
ユミさんも いっしょに いきましょう。
미호 모두 마쓰리에 갑니다. 유미 씨도 같이 갑시다.

ユミ はい、ぜひ。
유미 네, 꼭. (가고 싶어요.)

3

① **A** 4時に あいましょう。
4시에 만납시다.

B ええ、いいですよ。
네, 좋아요.

② **A** サッカー、上手ですね。
축구 잘하네요.

B いいえ、まだまだです。
아닙니다. 아직 멀었습니다.

---

1 잘 듣고 내용과 일치하는 그림에 ✓표를 해 봅시다. 🎧52

①
☐　☐

②
☐　☐

> **학습TIP**
> 1류 동사 끝 글자 う단 → い단+ます(합니다)/ましょう(합시다)
> 예 いく 가다+~ましょう → いきましょう 갑시다
> あう 만나다+~ましょう → あいましょう 만납시다

2 대화를 읽고 물음에 답해 봅시다.

> みほ こんどの 土ようび、時間 ありますか。
> ユミ はい。どうしてですか。
> みほ みんなで おまつりに いきます。ユミさんも いっしょに ＿＿＿＿＿＿＿＿。
> ユミ はい、ぜひ。

① 밑줄 친 부분에 들어갈 말을 골라 써 봅시다.

① きましょう　② いきましょう　③ はいりましょう

② 미호가 유미에게 권한 것은 무엇입니까? ＿＿＿＿＿＿＿＿＿＿＿

> **학습TIP**
> - おまつり: 축제
> - ぜひ: 꼭, '꼭 가고 싶다'고 상대의 제안에 수락을 나타내는 의미를 포함하고 있다.

3 우리말을 참고하여 문장을 완성하고 말해 봅시다.

① **A** 4時に ＿＿＿＿＿＿。
(만납시다)

B ええ、いいですよ。

② **A** サッカー、上手ですね。

B いいえ、＿＿＿＿＿＿。
(아직 멀었습니다)

정답 1. **①** ☑ ☐　**②** ☑ ☐
2. **①** ②　**②** 마쓰리에 함께 가는 것
3. **①** あいましょう　**②** まだまだです

신문지로 만든 유카타 패션쇼

준비물 신문지, 색종이, 가위, 테이프

옷깃 접기

몸통 접기

오비 붙이기

완성 후

1. 신문지의 색깔이 있는 곳을 활용하여 어깨에 두릅니다.
2. 이어지는 부분을 테이프로 고정합니다.
3. 오른쪽 옷깃이 아래로 내려가도록 입습니다.

4. 신문지가 찢어지지 않도록 주의하며 몸통을 만듭니다.

5. 몸통 부분이 흘러내리지 않도록 신문지를 이용하여 오비나 리본을 만들어 붙입니다.

6. 음악에 맞춰 패션쇼를 합니다.

문화TIP

유카타는 원래 목욕 후에 걸쳐 입는 무명 홑옷이었으나 점차 여름의 평상복으로 일반화되다가, 오늘날에는 여름축제 때 입는 등 외출용으로 변화하고 있다.

01 시간 읽기가 바르지 <u>않은</u> 것은?

① 3시 – さんじ ② 4시 – よんじ ③ 7시 – しちじ
④ 8시 – はちじ ⑤ 9시 – くじ

02 요일 읽기가 바른 것을 <u>모두</u> 고른 것은?

┌─ 보기 ┐
a. 토요일 – どようび   b. 수요일 – すうようび
c. 화요일 – がようび   d. 금요일 – きんようび
└────────────────────────────┘

① a, b ② a, c ③ a, d
④ b, c ⑤ c, d

03 다음 단어 중 2류 동사인 것은?

① 가다 ② 오다 ③ 마시다
④ 돌아가다 ⑤ 일어나다

04 동사의 ます형이 <u>잘못</u> 연결된 것은?

① くる – きます
② する – します
③ みる – みます
④ ある – あります
⑤ はしる – はします

05 빈칸에 공통으로 들어갈 말은?

┌────────────────────────────┐
◦ ピアノを ひ__ます。
◦ おんがくを き__ましょう。
└────────────────────────────┘

① か ② き ③ く
④ け ⑤ こ

[06~08] 글을 읽고 물음에 답하시오.

月	火	水	木	金	土	日
	1	2	3	4	5	6
7	8	9	오늘▶10	11	12	13
14	15	16	17	18	19	20

A	こんどの 日ようび、時間 ありますか。おまつりに いきましょう。
B	いいですね。
A	たかはしさんも いっしょに どうですか。
C	わたしも いいですよ。何時 ⑦ あいますか。
A	じゃ、こんどの 日ようび、4時はん ⑦ しぶやえきの 西口で。
B C	はい、ⓛ 알겠습니다 。

06 빈칸 ⑦에 공통으로 들어갈 말로 알맞은 것은?

① に ② が ③ を
④ の ⑤ も

07 대화의 내용으로 옳지 <u>않은</u> 것은?

① 13일에 만나기로 했다.
② 4시 반에 만나기로 했다.
③ 불꽃놀이를 같이 보러 가기로 했다.
④ 같이 만나기로 한 사람은 모두 세 명이다.
⑤ 만나기로 한 장소는 시부야역 서쪽 출구이다.

08 밑줄 친 ⓛ에 들어갈 말을 쓰시오.

_____

⑦ いっしょに しませんか

함께 하지 않을래요?

일본의 학교 축제가
배경이며 '영화 상영
회장' 앞에서 이야기
나누는 모습.

映画を 見せる つもりです。
영화를 보여 줄 예정입니다.

학습 내용

의사소통 기본 표현 🎧39

의지 映画を 見せる つもりです。
영화를 보여 줄 예정입니다.

권유 3 いっしょに しませんか。
함께 하지 않을래요?

희망 わたしも やりたい。
나도 하고 싶어.

문화

동아리 활동

いっしょに しませんか。
함께 하지 않을래요?

わたしも やりたい。
나도 하고 싶어.

일본 문화 체험장 앞에서 이야기
나누는 모습. 그림은
わなげ(고리던지기) 장면.

교과서(98쪽) 사진

학교 축제 풍경

일반적으로 축제에 필요한 구조물이
나 장식물을 축제 몇 주 전부터 학생
들이 집적 기획하고 자체적으로 제
작한다.

다양한 학교 축제 부스

동아리별 부스와 반별 부스를 운영
하는데 전시나 공연, 이벤트, 음식
판매 등 다양하게 준비한다.

きいて はなそう

날짜 읽기
부록 180쪽 학습 자료 참고

1 그림을 보면서 잘 듣고 따라 말해 봅시다. 🎧54

いつ？

교과서 단어

・いつ 언제
・9月(くがつ) 9월
・ついたち 1일
・ふつか 2일
・みっか 3일
・よっか 4일
・いつか 5일
・むいか 6일
・なのか 7일
・ようか 8일
・ここのか 9일
・とおか 10일
・じゅういち日(にち) 11일
・つもり 생각, 예정
・ボランティア 자원봉사

듣기 대본 & 해석

1

いつ 언제?	9月(くがつ) 9월
ついたち 1일	ふつか 2일
みっか 3일	よっか 4일
いつか 5일	むいか 6일
なのか 7일	ようか 8일
ここのか 9일	とおか 10일
じゅういちにち 11일	じゅうににち 12일
じゅうさんにち 13일	じゅうよっか 14일

2

❶ A 火ようびに 何を しますか。
　　화요일에 무엇을 합니까(할 것입니까)?

　 B としょかんへ 行く つもりです。
　　도서관에 갈 예정입니다.

❷ A 水ようびに 何を しますか。
　　수요일에 무엇을 합니까(할 것입니까)?

　 B アニメを 見る つもりです。
　　애니메이션을 볼 예정입니다.

❸ A 日ようびに 何を しますか。
　　일요일에 무엇을 합니까(할 것입니까)?

　 B ボランティアを する つもりです。
　　봉사활동을 할 예정입니다.

2 잘 듣고 내용과 일치하는 그림에 ✓표를 해 봅시다. 🎧55

학습TIP

'つもり'는 동사의 기본형에 붙어서 '~할 예정'이라는 의미를 갖는다.
무엇을 할 것인지 물었으므로 동사의 의미에 주목한다.
① としょかんへ 行くつもりです。도서관에 갈 예정입니다.
② アニメを 見る つもりです。애니메이션을 볼 예정입니다.
③ ボランティアを する つもりです。봉사활동을 할 예정입니다.

정답 2. ❶✓☐ ❷☐✓ ❸☐✓

3 그림을 보면서 보기 와 같이 말해 봅시다.

> 보기
>
> **A** いっしょに やきゅうを しませんか。
> 함께 야구를 하지 않을래요?
>
> **B** いいですね。
> 좋아요.
>
> やきゅうを する
> 야구를 하다

❶

おこのみやきを 食べる
오코노미야키를 먹다

❷

うたを うたう
노래를 부르다

❸

コンサートを 見に 行く
콘서트를 보러 가다

 학습TIP

동사의 ます형에 'ませんか'를 붙이면 '~하지 않을래요?'라는 권유 표현이 된다.
③ '見に 行く'는 '보러 가다'의 의미로 'に'는 목적을 나타내는 조사이다.

4 그림을 보면서 보기 와 같이 말해 봅시다.

> 보기
>
> **A** しゅうまつ、何を したいですか。
> 주말(에) 무엇을 하고 싶어요?
>
> **B** 友だちと あそびたいです。
> 친구와 놀고 싶어요.
>
> しゅうまつ / 友だちと あそぶ
> 주말/친구와 놀다

❶

あした / 買い物に 行く
내일/쇼핑하러 가다

❷

ひるやすみ / サッカーを する
점심시간/축구를 하다

❸

ふゆやすみ / スキーを ならう
겨울방학/스키를 배우다

 학습TIP

동사의 ます형에 'たい'를 붙여 '~(하)고 싶다'라는 희망을 나타낸다.

🌱 ことば Plus⁺

· あさって 모레   · おととい 그저께   · はるやすみ 봄방학   · なつやすみ 여름방학
· スキーを する 스키를 타다

교과서 단어

· うたう 노래 부르다
· しゅうまつ 주말
· ~たい ~(하)고 싶다
· あした 내일
· 買(か)い物(もの) 쇼핑, 물건 사기
· ひるやすみ 점심시간
· ふゆやすみ 겨울방학
· スキー 스키
· ならう 배우다

예시 대화 & 해석

3

❶ **A** いっしょに おこのみやきを 食べませんか。
함께 오코노미야키를 먹지 않을래요?

B いいですね。
좋아요.

❷ **A** いっしょに うたを うたいませんか。
함께 노래를 부르지 않을래요?

B いいですね。
좋아요.

❸ **A** いっしょに コンサートを 見に 行きませんか。
함께 콘서트를 보러 가지 않을래요?

B いいですね。
좋아요.

4

❶ **A** あした、何を したいですか。
내일, 무엇을 하고 싶어요?

B 買い物に 行きたいです。
쇼핑하러 가고 싶어요.

❷ **A** ひるやすみ、何を したいですか。
점심시간(에), 무엇을 하고 싶어요?

B サッカーを したいです。
축구를 하고 싶어요.

❸ **A** ふゆやすみ、何を したいですか。
겨울방학(에), 무엇을 하고 싶어요?

B スキーを ならいたいです。
스키를 배우고 싶어요.

よんで はなそう①

교과서 단어

- クラス 반
- 見(み)せる 보여 주다
- ぼくたち 우리들
- 作(つく)る 만들다
- へえ 어머
- すごい 대단하다
- ちょっと 잠깐
- 〜だけ 〜만, 〜뿐
- 出(で)る 나오(가)다
- 楽(たの)しみ 기대
- 始(はじ)まる 시작되다
- まだ 아직
- ほか 그 외
- ところ 곳(장소)

から

〈장소·시간〉 〜부터
何時(なんじ)<u>から</u> 몇 시부터

〈원인·이유〉 〜때문에
時間(じかん) あるから 시간 있으니까

하나와 나미가 도모야가 다니는 학교 축제에 왔습니다. 🎧56

ハナ	ともやくんの クラスは 何(なに)を しますか。
	도모야 반은 무엇을 해요?

ともや	映画(えいが)を 見(み)せる つもりです。ぼくたちが 作(つく)りました。
	영화를 보여 줄 예정이에요. 우리들이 만들었어요.

ハナ	へえ、すごいですね。
	어머, 대단해요.

ともや	ぼくも ちょっとだけ 出(で)ます。
	나도 잠깐 나와요.

ハナ	楽(たの)しみですね。映画(えいが)は 何時(なんじ)から 始(はじ)まりますか。
	기대되네요. 영화는 몇 시부터 시작돼요?

ともや	3時(さんじ)からです。
	3시부터요.

なみ	まだ 時間(じかん) あるから、ほかの ところも 見(み)に 行(い)く?
	아직 시간 있으니까 다른 곳도 가 볼래?

ハナ	うん。
	응.

튀김
초코바나나
文化祭
프라이드치킨

Q 도모야의 반은 학교 축제에서 무엇을 합니까?

 본문 해설

❶ 映画を 見せる つもりです
'つもり'의 앞에 동사의 기본형(見(み)せる)을 써서 '〜할 예정'의 의미를 나타낸다.

❷ ぼくたちが 作りました
'ぼくたち'는 '나'를 가리키는 'ぼく'에 복수의 의미를 나타내는 'たち'가 붙은 형태이다.
'作(つく)りました'는 '作(つく)る(만들다)'의 정중한 표현인 '作(つく)ります'의 과거 표현으로, '만들었습니다'라는 의미이다.

❸ へえ、すごいですね
'へえ'는 감탄하거나 놀랐을 때 또는 어이없을 때 내는 소리이다.

❹ 映画は 何時から 始まりますか
'から' 앞에 시간이나 날짜(요일) 등을 사용하거나 장소를 사용하여 '〜부터'의 의미가 된다.
'始(はじ)まります'는 1류 동사인 '始(はじ)まる(시작되다)'를 ます형으로 활용한 것이다.

❺ まだ 時間 あるから、ほかの ところも 見に 行く?
'から'가 형용사, 동사 등에 붙을 때에는 '〜때문에'의 의미로 이유를 나타낸다.
'〜に 行(い)く' 앞에 동사의 ます형을 사용하여 '〜러 가다'라는 목적의 의미를 나타내며, 끝을 올려 읽어 '〜(하)러 갈래?'의 의미가 된다.

---

1 본문의 내용과 일치하는 것은?
① 하나도 도모야의 영화에 출연한다.
② 도모야의 영화는 3시부터 시작한다.
③ 나미는 영화를 보고 나서 다른 곳을 보러 갈 것이다.

2 빈칸에 들어갈 알맞은 말은?
映画を 見せる ☐☐☐ です。
(영화를 보여 줄 예정입니다.)

1. ② 2. つもり

Q 정답 영화를 보여 준다(映画(えいが)を 見(み)せる)

1 ～つもりです ～ㄹ 예정입니다

학습TIP
'つもり' 앞에 동사의 기본형이 오면 '~할 예정'의 의미가 된다.

- 映画を 見せる つもりです。

영화를 보여 줄 예정입니다.

- 来月から フランス語を ならう つもりです。

다음 달부터 프랑스어를 배울 예정입니다.

2 ～に 行く ～(하)러 가다

학습TIP
동사의 ます형이나 동작성 명사 뒤에 'に'를 붙여 '~(하)러'의 의미를 나타낸다.

- ほかの ところも 見に 行く?

다른 곳도 보러 갈래?

- しゅうまつ、買い物に 行きます。 주말에 쇼핑하러 갑니다.

 동사의 ます형이나 동작성 명사 뒤에 'に'를 붙이면 목적의 의미가 된다.

3 ～ました ～ㅆ습니다

학습TIP
'~ました'는 '~ます'의 과거형으로 ます형과 활용 방법이 같다

- ぼくたちが 映画を 作りました。

우리들이 영화를 만들었습니다.

- きのう、ひこうきの チケットを 買いました。

어제, 비행기 표를 샀습니다.

じぶんで チェック

알맞은 말 넣기

土ようびに サッカーを
する □□□ です。

토요일에 축구를 할 예정입니다.

공통 글자 넣기

- パン、買い □ 行く?
- 花火 □ 行きます。

- 빵, 사러 갈래?
- 불꽃놀이 하(보)러 갑니다.

알맞은 형태로 바꿔 쓰기

きのう、友だちに
(会う) → ＿＿＿＿＿＿＿。

어제, 친구를 만났습니다.

⟫ 예시 답안 **161**쪽

상황에 맞게 짝과 대화해 봅시다. 〔57〕

학습TIP
- 의문문을 만들 때 정중체는 동사 기본형을 ます형으로 바꾸어 か를 붙여 나타내고, 보통체의 경우는 동사의 기본형의 끝부분을 올려서 나타낸다. 예 しますか。/する?
- つもりです(~할 예정입니다)의 보통체는 'つもり'이며 '~할 예정, 생각'으로 해석한다.

정답
1 つもり
2 に
3 会いました

あした、何を しますか。
내일, 무엇을 할 겁니까?

としょかんに 行く つもりです。
도서관에 갈 예정입니다.

あした、何 する?
내일, 뭐 할 거니?

としょかんに 行く つもり。
도서관에 갈 예정이야.

よんで はなそう ❷

교과서 단어

- ~ながら ~(하)면서
- 文化(ぶんか) 문화
- 10月(じゅうがつ) 10月
- 有名(ゆうめい)だ 유명하다
- あそび 놀이
- やる 하다
- できる 할 수 있다
- もちろん 물론
- だいじょうぶだ 괜찮다
- さる 원숭이
- 木(き) 나무
- おちる 떨어지다

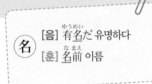

名 [음] 有名(ゆうめい)だ 유명하다
  [훈] 名前(なまえ) 이름

ことば Plus

- ジュース 주스
- 飲(の)む 마시다

クイズ MINI QUIZ

1 일본 문화 체험은 언제부터 언제까지 가능한가?

2 본문의 내용과 일치하는 것은?
  ① 나미는 겐다마를 체험하고 싶어 한다.
  ② 겐다마는 일본의 유명한 전통놀이이다.
  ③ 도모야는 겐다마를 능숙하게 하는 모습을 보여 주었다.

정답 1. 10월 3일(토)~4일(일) 2. ②

Q 정답  겐다마(けんだま)

학교 축제에서 하나와 나미가 일본의 전통 놀이를 체험하고 있습니다. 🎧58

国際交流部(こくさいこうりゅうぶ)
いっしょに しませんか?
함께 하지 않을래요?
あそびながら、日本(にほん)の 文化(ぶんか)が
놀면서 일본 문화를 알 수 있어요.
わかります。

10月(じゅうがつ) 3日(みっか)(土(ど)) ~ 4日(よっか)(日(にち))
10월·3일(토)~4일(일)

わなげ
고리던지기

고이노보리
하네쓰키
다루마오토시
다케톰보
겐다마

Q 도모야가 하나에게 소개한 일본의 전통 놀이 도구는 무엇입니까?

일본의 학교 축제 중 국제교류부의 부스이다. 일본의 전통 놀이 체험을 할 수 있도록 도구가 놓여져 있다.

ハナ   あれは 何(なん)ですか。
       저것은 무엇입니까?

ともや けんだまですよ。日本(にほん)の 有名(ゆうめい)な あそびです。
       겐다마예요. 일본의 유명한 놀이예요.

ハナ   わたしも やりたい！ ともやくんは できますか。
       나도 하고 싶다! 도모야 군은 할 수 있어요?

ともや もちろん。
       물론.

 문화TIP
겐다마(けんだま) 나무 공을 던져 올려 손잡이 양옆의 접시에 올리거나 손잡이 끝의 뾰족한 부분에 끼우는 일본의 전통 놀이.

       あ、あれ？
       어, 이런.

なみ   だいじょうぶ。「さるも 木(き)から おちる」よ。
       괜찮아. '원숭이도 나무에서 떨어진다'잖아.

본문 해설

❶ いっしょに しませんか
동사의 ます형에 '～ませんか'를 붙여서 '～(하)지 않을래요?'의 권유의 의미가 된다.

❷ あそびながら、日本の 文化が わかります
동사의 ます형에 '～ながら'를 붙여 '～(하)면서'의 의미를 나타내며 두 가지 동작을 동시에 하는 경우에 사용한다.
📖 ジュースを 飲(の)みながら テレビを 見(み)ます。 주스를 마시면서 텔레비전을 봅니다.
  '～が わかる'는 '～를 알다, 이해하다'의 의미이며 'わかる' 앞에는 조사 'が'를 사용한다.

❸ わたしも やりたい
동사의 ます형에 'たい'를 붙여서 희망의 의미를 나타낸다.
📖 食(た)べたい 먹고 싶다 見(み)たい 보고 싶다 会(あ)いたい 만나고 싶다 したい 하고 싶다

❹ あ、あれ？
'あれ'는 놀라거나 의외로 여길 때 내는 소리로, '어, 어머나' 등으로 해석한다.

❺ さるも 木から おちる
'원숭이도 나무에서 떨어진다'로 해석하며, 아무리 익숙하여 잘하는 일이라도 때로는 실수할 때가 있다는 것을 의미한다.

まとめ きょうしつ ②

학습TIP
동사의 ます형에 'ませんか'를 붙이면 '~(하)지 않을래요?'의 권유 표현이 된다.

じぶんで チェック

1 〜ませんか　〜(하)지 않을래요?

・いっしょに けんだまを しませんか。함께 겐다마를 하지 않을래요?

・あした、うちで あそびませんか。내일 우리 집에서 놀지 않을래요?

알맞은 형태로 바꿔 쓰기

いっしょに 歌を
(歌う) → ＿＿＿＿＿＿＿＿。
함께 노래 부르지 않을래요?

학습TIP

2 〜ながら　〜(하)면서 / 〜たい　〜(하)고 싶다

- 동사의 ます형에 'ながら'를 붙여 '~(하)면서'라는 동시동작을 나타낸다.
- 동사의 ます형에 'たい'를 붙여 '~(하)고 싶다'라는 희망의 의미를 나타낸다.

・あそびながら、日本の 文化が わかります。
놀면서 일본 문화를 알 수 있습니다.

맞는 것에 O표 하기

音楽を (きき・きく)ながら
本を (よみ・よむ)たいです。
음악을 들으면서 책을 읽고 싶어요.

・わたしも けんだまを やりたい。
나도 겐다마를 하고 싶어.

・ジュースを 飲みながら 友だちと 話したいです。
주스를 마시면서 친구와 이야기하고 싶습니다.

'ながら'와 'たい' 앞에는 모두 동사의 ます형이 온다.

예시 답안 **161**쪽

정답 **1** 歌いませんか
2 音楽を ききながら
本を よみたいです。

학습TIP
월을 나타낼 때는 숫자에 'がつ'를 붙이는데, 숫자 4, 7, 9에 붙을 경우에는 'しがつ, しちがつ, くがつ'로 읽는 것에 유의한다.

날짜 표현 (月・월)

1월	いちがつ	2월	にがつ	3월	さんがつ	4월	しがつ
5월	ごがつ	6월	ろくがつ	7월	しちがつ	8월	はちがつ
9월	くがつ	10월	じゅうがつ	11월	じゅういちがつ	12월	じゅうにがつ
						몇 월	なんがつ

日本語 アップ　한국의 속담 vs 일본의 속담

학습TIP
'花より だんご'는 우리나라 속담의 '금강산도 식후경'에 해당하며, 아무리 재미있는 일이라도 배가 부르고 난 뒤에야 흥이 난다는 것을 비유적으로 이르는 말이다.
'となりの 花は あかい'는 우리나라 속담의 '남의 떡이 커 보인다'에 해당하며 남의 것은 무엇이나 좋아 보인다는 의미이다.

'옆집의 꽃은 빨갛다'이며, '남의 것은 무엇이나 좋아 보인다'는 의미입니다. 한국 속담의 '남의 떡이 커 보인다'에 해당해요.

かいて みよう

교과서 단어

- 友(とも)だち 친구
- あそぶ 놀다
- ボランティア 자원봉사
- 行(い)く 가다
- つもり 예정
- いっしょに 함께
- けんだま 겐다마
- する 하다
- おかし 과자
- 食(た)べる 먹다
- 映画(えいが) 영화
- 見(み)る 보다
- としょかん 도서관
- どうぞ 오세요(권유)

예시 답안 & 해석

1
① 友だちと あそびたいです。
친구와 놀고 싶어요.

② ボランティアに 行く つもりです。
봉사활동 하러 갈 예정입니다.

③ いっしょに けんだまを しませんか。
함께 겐다마를 하지 않을래요?

2
いっしょに おかしを 食べながら 日本の
映画を 見ませんか。
함께 과자를 먹으면서 일본 영화를 보지 않을래요?

おかしを 食べたいですか。
과자를 먹고 싶어요?

日本の 映画を 見たいですか。
일본 영화를 보고 싶어요?

友だちと いっしょに としょかんへ どうぞ。
친구와 함께 도서관으로 오세요.

---

1 알맞은 말을 보기 에서 골라 문장을 완성해 봅시다.

① 友だちと ＿＿＿＿＿＿＿＿＿ です。

② ボランティアに 行く ＿＿＿＿＿＿＿＿＿ です。

③ いっしょに けんだまを ＿＿＿＿＿＿＿＿＿。

보기 しませんか / あそびたい / つもり

학습TIP
- 동사의 ます형+たい: ~(하)고 싶다 <희망 표현>
- 동사의 기본형+つもり: ~(할) 예정
- 동사의 ます형+ませんか: ~(하)지 않을래요? <권유 표현>

학습TIP
동사의 ます형+ながら: ~(하)면서

2 의미를 생각하며 동아리 홍보 포스터를 완성해 봅시다.

映画部

いっしょに おかしを ＿＿＿＿＿ ながら
日本の 映画を ＿＿＿＿＿ ませんか。

おかしを ＿＿＿＿＿ たいですか。
日本の 映画を ＿＿＿＿＿ たいですか。
友だちと いっしょに としょかんへ どうぞ。

 다음 한자를 획순에 유의하여 써 봅시다.

한자漢字 한걸음

有名   읽기 ゆうめい
       뜻 유명

한자TIP
'有名'는 'ゆうめい'로 읽어 '유명'의 의미가 되며, '有名だ'와
같이 な형용사로 나타내어 '유명하다'로 표현할 수 있다.

いっしょに やって みよう

친구에게 권유해 봅시다.

1 보기 와 같이 친구와 함께 가고 싶은 행사의 안내 카드를 만들어 봅시다.

보기

花火(はなび)たいかい

いつ　8月(はちがつ) 9日(ここのか)～10日(とおか)
　　　ごご 7時(しちじ)から

どこ　みなみこうえん

★ いつ:
_____

★ どこ:
_____

- 불꽃놀이 花火(はなび)たいかい
- 생일 파티 たんじょうびパーティー
- 학교 축제 ぶんかさい
- 마쓰리 おまつり

2 작성한 카드를 이용하여 친구에게 함께 가기를 권유해 봅시다.

1 ユミさん、みなみこうえんで
花火(はなび)たいかいが あります。

2 いつですか。

3 8月(はちがつ) 9日(ここのか)から 始(はじ)まります。
いっしょに 行(い)きませんか。

4 ええ、いいですよ。

	구별법	기본형	～ます (ました/ませんか/たい /ながら)
1류 동사 (5단 활용 동사)	る로 끝나지 않는 동사	買(か)う 사다 行(い)く 가다	買(か)います 삽니다 行(い)きます 갑니다
	る로 끝나는 동사 중 る 앞이 あ・う・ お단인 동사	作(つく)る 만들다	作(つく)ります 만듭니다
	*예외	はいる 들어가다	はいります 들어갑니다
2류 동사 (1단 활용 동사)	る로 끝나는 동사 중 る 앞이 い・え 단인 동사	おちる 떨어지다 出(で)る 나가다	おちます 떨어집니다 出(で)ます 나갑니다
3류 동사 (불규칙 활용 동사)	불규칙하게 활용 하는 동사	来(く)る 오다 する 하다	来(き)ます 옵니다 します 합니다

花火(はなび)たいかい
불꽃놀이
8月(はちがつ) 9日(ここのか)～10日(とおか) ごご 7時(しちじ)から
언제: 8월 9일~10일 오후 7시부터

みなみこうえん
어디: 미나미 공원

1 ユミさん、みなみこうえんで 花火(はなび)たいかい
が あります。
유미 씨, 미나미 공원에서 불꽃놀이가 있어요.

2 いつですか。
언제예요?

3 8月(はちがつ) 9日(ここのか)から 始(はじ)まります。
いっしょに 行(い)きませんか。
8월 9일부터 시작돼요. 함께 가지 않을래요?

4 ええ、いいですよ。
네, 좋아요.

예시 대화 & 해석

ぶんかさい
학교 축제
いつ: 11月(じゅういちがつ) 14日(じゅうよっか)(金(きん)) ～
　　11月(じゅういちがつ)16日(じゅうろくにち)(日(にち))
언제: 11월 14일(금)~11월 16일(일)

どこ: ○○学校(がっこう)
어디: ○○학교

1 るなさん、うちの 学校(がっこう)で ぶんかさいが
あります。
루나 씨, 우리 학교에서 축제가 있어요.

2 いつですか。
언제예요?

3 11月(じゅういちがつ) 14日(じゅうよっか)から 始(はじ)まります。
いっしょに 行(い)きませんか。
11월 14일부터 시작됩니다. 함께 가지 않을래요?

4 ええ、いいですよ。
네, 좋아요.

ようこそ 日本!

일본 고등학생의 동아리 활동에 대해 알아봅시다.

동아리 활동 부카쓰(部活)라고 하며, 일반적으로 방과 후나 주말에 학생들이 자율적으로 활동합니다.

문화부 경음악부, 다도부, 취주악부, 합창부, 미술부, 서예부 등

운동부 야구부, 축구부, 농구부, 배드민턴부, 검도부, 유도부, 궁도부, 테니스부, 배구부 등

*특정한 부에 소속되지 않고 일찍 귀가하는 학생들을
'기타쿠부(きたく部, 귀가부)'라고 합니다.

문화TIP

· 문화부 경음악부(軽音楽部) 다도부(茶道部) 취주악부(吹奏楽部) 합창부(合唱部) 미술부(美術部) 서예부(書道部)
· 운동부 야구부(野球部) 축구부(サッカー部) 농구부(バスケットボール部) 배드민턴부(バドミントン部) 검도부(剣道部)
　　　　유도부(柔道部) 궁도부(弓道部) 테니스부(テニス部) 배구부(バレーボール部)

학교 축제 일본 고등학생들의 학교 축제를 주로 '분카사이(文化祭)'라고 합니다.
분카사이는 동아리별 부스와 반별 부스로 운영되며, 일반적으로
9~11월에 주말을 포함하여 3일 정도 진행됩니다.

동아리 발표 장면

학교 축제의 음식점

동아리 활동의 결과물들을
전시합니다.

문화TIP

· 학교 축제 '분카사이'는 학교에 따라 '学園祭', '学校祭', '学院祭'라고 부르기도 한다.

분카사이 포스터

동아리 포스터

 Quiz

❶ 일본 고등학교의 동아리는 크게 문화부와 운동부로 나뉜다.

❷ 일본 고등학생의 학교생활을 발표하는 축제를 '부카쓰'라고 한다.

Quiz 정답 ❶ ○ ❷ ×

 한국과 일본의 다른 모습을 찾아봅시다.

 한국 예시 답안

• 12줄로 이루어진 한국의 전통 현악기인 가야금
• 연주자의 무릎 위에 올려놓고 각 줄을 오른손 손가락으로 뜯고 튕겨서 소리를 낸다.

 일본 예시 답안

• 13줄로 이루어진 일본의 전통 현악기인 고토
• 무릎을 꿇고 바닥에 내려놓은 상태로 오른손 세 손가락에 쓰메(상아로 만든 피크)를 끼고 연주한다.

 한국과 일본의 학교 축제를 조사해 보고 발표해 봅시다.

예시 답안

• 한국의 학교 축제
  – 동아리 발표회 형식으로 축제를 대신하는 경우가 있고, 공연이나 전시를 통해 동아리 활동의 결과를 보여 주는 곳이 많다.
  – 학교 축제가 없거나 있더라도 외부에 공개되지 않는 경우가 많으며, 주제에 맞는 공연보다는 K-POP 노래에 맞추어 댄스를 선보이는 경우가 비교적 많다.
• 일본의 학교 축제
  – 학교마다 축제의 시기, 방법, 테마 등은 모두 다르지만, 대체적으로 9월~11월경에 주말을 포함하여 3일 정도 진행되며 주로 일반인에게 공개된다.
  – 반별, 동아리별로 학생들이 테마에 맞는 행사를 직접 기획하고 준비하며 전시, 공연, 음식 판매 등을 하기도 한다.

かくにんしよう

잘함 □ 보통 □ 노력 □

문제 도우미

1 듣기 대본 & 해석

❶ A 日ようびは 何を しますか。
　　일요일은 무엇을 할 겁니까?
　 B 友だちに 会う つもりです。
　　친구를 만날 예정입니다.

❷ A しゅうまつ、何を したいですか。
　　주말(에) 무엇을 하고 싶습니까?
　 B 買い物に 行きたいです。
　　쇼핑하러 가고 싶습니다.

❸ A コンサートを 見に 行きませんか。
　　콘서트를 보러 가지 않을래요?
　 B ええ、いいですよ。
　　네, 좋아요.

2

ユミ　けんじくんの クラスは 何を しますか。
유미　겐지 씨의 학급은 무엇을 합니까?
けんじ 映画を 見せる つもりです
　　　 ぼくたちが 作りました。
겐지　영화를 보여 줄 예정입니다.
　　　우리들이 만들었습니다.
ユミ　へえ、すごいですね。
유미　어머, 대단하네요.
けんじ ぼくも ちょっとだけ 出ます。
겐지　나도 잠깐 나와요.
ユミ　楽しみですね。
　　　映画は 何時から 始まりますか。
유미　기대되네요.
　　　영화는 몇 시부터 시작되나요?
けんじ 3時からです。
겐지　3시부터요.

3

A あした、何を したいですか。
　내일, 무엇을 하고 싶어요?
B 買い物に 行きたいです。
　いっしょに 行きませんか。
　쇼핑하러 가고 싶어요.
　함께 가지 않을래요?
A ええ、いいですよ。
　네, 좋아요.

정답　1. ❶ 3 ❷ 1 ❸ 2
　　　2. ❶ c ❷ b ❸ a
　　　3. ❶ 行き ❷ 行きませんか

---

1 잘 듣고 내용과 일치하는 그림에 번호를 써 봅시다. 🎧 59

❶  ❷  ❸

 학습TIP

① 友だちに 会う 친구를 만나다　つもり ~(할) 예정
② 買い物に 行きたい 쇼핑하러 가고 싶다
③ コンサートを 見に 行く 콘서트를 보러 가다

2 자연스러운 대화가 되도록 보기 에서 골라 써 봅시다.

ユミ　けんじくんの クラスは 何を しますか。
けんじ ❶ ＿＿＿＿＿＿＿＿＿＿。
　　　 ぼくたちが 作りました。
ユミ　❷ ＿＿＿＿＿＿＿＿＿＿。
けんじ ぼくも ちょっとだけ 出ます。
ユミ　楽しみですね。
　　　 ❸ ＿＿＿＿＿＿＿＿＿＿。
けんじ 3時からです。

보기
ⓐ 映画は 何時から 始まりますか
ⓑ へえ、すごいですね
ⓒ 映画を 見せる つもりです

 학습TIP

・映画を 見せる 영화를 보여 주다　　・作る 만들다
・すごい 대단하다　・楽しみ 기대　・何時から 몇 시부터　・始まる 시작되다

3 상황에 알맞게 문장을 완성하고 친구와 말해 봅시다.

A あした、何を したいですか。
B 買い物に ❶ ＿＿＿＿＿＿ たいです。
　 いっしょに ❷ ＿＿＿＿＿＿＿。
A ええ、いいですよ。

 학습TIP

- 동사의 ます형+たい: ~하고 싶다
- 동사의 ます형+ませんか: ~하지 않을래요?
・買い物に 行きたい 쇼핑하러 가고 싶다
・いっしょに 行きませんか 함께 가지 않을래요?

たのしく あそぼう

일본의 주요 연중행사 책자 만들기

준비물 부록 활동 자료 193쪽, 칼, 색연필

❶ 교과서 193쪽의 자료를 활용하여 연중행사 그림을 예쁘게 색칠합니다.

❷ 자르는 선과 접는 선을 잘 구분하여 만듭니다.

❸ 완성되면 연중행사의 명칭과 날짜를 일본어로 읽어 봅니다.

―――― 자르는 선
------ 안으로 접는 선
―·―·― 밖으로 접는 선

연중행사의 명칭과 날짜 읽어 보기

	연중행사 명칭	날짜		그림 설명
1	오쇼가쓰(おしょうがつ)	1월 1일	いちがつ ついたち	가도마쓰, 가가미모치
2	세쓰분(せつぶん)	2월 3일경	にがつ みっかごろ	오니, 마메, 에호마키
3	히나마쓰리(ひなまつり)	3월 3일	さんがつ みっか	히나닌교
4	단고노셋쿠(たんごのせっく)	5월 5일	ごがつ いつか	고이노보리
5	다나바타(たなばた)	7월 7일	しちがつ なのか	단자쿠
6	오본(おぼん)	8월 15일	はちがつ じゅうごにち	본오도리
7	시치고산(しちごさん)	11월 15일	じゅういちがつ じゅうごにち	아이(3, 5, 7세), 지토세아메

▶ 예시 답안 및 해설은 234쪽

01 대화의 내용과 일치하는 것은?

> A 日ようび、何を しますか。
> B ボランティアを する つもりです。

① ② ③
④ ⑤

02 빈칸에 들어갈 말로 자연스러운 것은?

> A いっしょに やきゅうを しませんか。
> B _____。

① ええ、いいですよ
② やきゅうを しました
③ へえ、すごいですね
④ やきゅうを 見に 行きます
⑤ あした、やきゅうを する つもりです

03 빈칸에 들어갈 형태로 알맞은 것은?

> A しゅうまつ、何を したいですか。
> B _____たいです。

① 歌を 歌う ② 買い物に 行く
③ スキーを ならう ④ 友だちと あそび
⑤ ラーメンを 食べる

04 보기의 문장을 모두 사용하여 한 문장을 만들 때 ㉠에 들어갈 말로 알맞은 것은?

> ┌ 보기 ┐
> はなし　飲み　友だちと　ながら　たい
>
> ジュースを ___ ㉠ ___ ___ ___です。

① たい ② 飲み ③ ながら
④ はなし ⑤ 友だちと

[05~06] 다음을 읽고 물음에 답하시오.

> ハナ　ともやくんの クラスは 何を しますか。
> ともや　映画を _____㉠_____。
> 　　　　ぼくたちが 作りました。
> ハナ　へえ、すごいですね。
> ともや　ぼくも ちょっとだけ 出ます。
> ハナ　楽しみですね。映画は 何時__㉡__ 始まりますか。
> ともや　3時__㉡__です。
> なみ　まだ 時間 ある__㉡__、ほかの ところも
> 　　　見に 行く?
> ハナ　うん。

05 ㉠에 들어갈 말로 알맞은 것은?

① 見せました ② 見せませんか
③ 見せるたいです ④ 見せながらです
⑤ 見せる つもりです

06 ㉡에 공통으로 들어갈 말로 알맞은 것은?

① たい ② から ③ だけ
④ ながら ⑤ つもり

07 빈칸에 들어갈 말로 알맞은 것은?

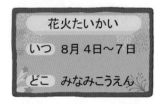

> A 花火たいかいは いつからですか。
> B 8月 _____から 始まります。

① むいか ② ようか ③ みっか
④ なのか ⑤ よっか

08 '이것'에 해당하는 말을 일본어로 쓰시오.

> '이것'은 일본 고등학생의 학교 축제를 가리키는 말로
> 대개 동아리별 부스와 반별 부스로 운영되며, 일반적
> 으로 9~11월에 주말을 포함하여 3일 정도 진행된다.

_____

⑧ どうしたんですか

무슨 일이에요?

> どうしたんですか。
> 무슨 일이에요?

> ちょっと あたまが いたいんです。
> 좀 머리가 아파요.

학습 내용

의사소통 기본 표현 🎧 60

상태	どうしたんですか。
	무슨 일이에요?
상황 설명 1	ちょっと あたまが いたいんです。
	좀 머리가 아파요.
지시	そこに 入れて ください。
	거기에 넣어 주세요.
허가	この カードを 使っても いいですか。
	이 카드를 사용해도 됩니까?

문화

교통 문화

> そこに 入れて ください。
> 거기에 넣어 주세요.

> この カードを 使っても いいですか。
> 이 카드를 사용해도 됩니까?

시내버스 정류장(バス停) 교과서(112쪽) 사진

일본의 시내버스는 역과 역 사이를 잇는 보조 교통 수단의 의미가 강하여 한국의 시내버스에 비해 빠르게 달리지 않는다. 버스를 내릴 때는 버스가 완전히 멈추고 나서 움직여야 하고, 운전 중에 움직이면 운전기사의 주의를 받을 수도 있다.

일본 전철 내부

일본은 전철과 지하철이 매우 발달하였다. 민간 회사, 도(都)나 시(市)에서 운영하는 것 등 여러 가지 경영 형태의 다양한 노선으로 복잡하게 이루어져 있어서 다른 회사의 노선과 연결되어 있을 경우 갈아탈때요금 정산이 번거로운 편이다.

きいて はなそう

교과서 단어

- **自転車**(じてんしゃ) 자전거
- **ちかてつ** 지하철
- **タクシー** 택시
- **バス** 버스
- **船**(ふね) 배
- **のる** 타다
- **〜て ください** 〜해 주세요
- **書**(か)く 쓰다
- **手**(て) 손
- **あげる** (손을) 들다, 올리다
- **立**(た)つ 서다

듣기 대본 & 해석

1

① **自転車に のります。**
자전거를 탑니다.

② **ちかてつに のります。**
지하철을 탑니다.

③ **タクシーに のります。**
택시를 탑니다.

④ **バスに のります。**
버스를 탑니다.

⑤ **ひこうきに のります。**
비행기를 탑니다.

⑥ **船に のります。**
배를 탑니다.

2

① **本を 読んで ください。**
책을 읽어 주세요.

② **ノートに 書いて ください。**
노트에 써 주세요.

③ **手を あげて ください。**
손을 들어 주세요.

④ **立って ください。**
일어서 주세요.

정답 2. 1 책 읽고 있는 학생
　　　 2 쓰고 있는 학생
　　　 3 손 들고 있는 학생
　　　 4 서 있는 학생

---

1 그림을 보면서 잘 듣고 따라 말해 봅시다. 🎧61

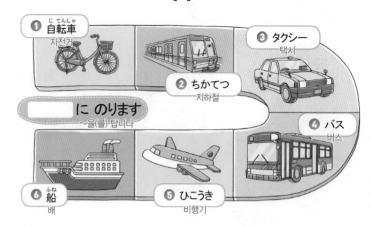

① **自転車** 자전거
② **ちかてつ** 지하철
③ **タクシー** 택시
④ **バス** 버스
⑤ **ひこうき** 비행기
⑥ **船** 배

**　　　 に のります**
〜을(를) 탑니다

🐱 **학습TIP**

I류 동사 乗る(타다)는 '〜을/를 탑니다'라는 표현을 할 때 '〜に 乗ります'라고 쓴다.
* '乗る(타다), 会う(만나다)' 등의 동사는 '〜을/를' 조사로 'に'를 사용한다.

2 잘 듣고 내용과 일치하는 행동을 하는 사람에게 번호를 써 봅시다. 🎧62

🐱 **학습TIP**

'〜て ください'는 '〜해 주세요' 문형으로, 동사의 て형에 연결한다. 동사의 て형은 교과서 125쪽 'て형 노래 부르기'를 외우면 쉽게 이해할 수 있다.
- 동사의 て형
*I류 동사
① 'く・ぐ'로 끝나는 동사는 어미를 'い'로 바꾼 후, 'て・で'를 붙인다.
② 'ぬ・ぶ・む'로 끝나는 동사는 어미를 'ん'으로 바꾸고 'で'를 붙인다.
③ 'う・つ・る'로 끝나는 동사는 어미를 'っ'로 바꾸고 'て'를 붙인다.
④ 'す'로 끝나는 동사는 어미를 'し'로 바꾸고 'て'를 붙인다.
⑤ 行く는 예외로 '行って'로 바꾼다.
*2류 동사는 'る'를 없애고 'て'를 붙인다.
*3류 동사 '来る'는 '来て', 'する'는 'して'로 바꾼다.

3 그림을 보면서 보기와 같이 말해 봅시다.

보기
A どうしたんですか。
무슨 일이세요?

B ちょっと おなかが いたいんです。
좀 배가 아파요.

A それは たいへんですね。
(그거) 힘들겠군요.

おなかが いたい
배가 아프다

❶

のどが いたい
목이 아프다

❷

ねつが ある
열이 있다

❸

ぐあいが わるい
상태가 좋지 않다

 학습TIP

'～んです'는 원인·이유나 상황 등을 설명할 때, '～んですか'는 상대방에게 설명을 요구할 때 쓰인다.

4 그림을 보면서 보기와 같이 말해 봅시다.

보기
A すみません。写真を とっても いいですか。
실례합니다. 사진을 찍어도 될까요?

B1 ええ、いいですよ。
네, 괜찮아요.

B2 それは ちょっと……。
그건 좀…….

写真を とる
사진을 찍다

❶

ここに おく
여기에 두다

❷

パソコンを 使う
개인용 컴퓨터를 사용하다

❸

まどを あける
창문을 열다

 학습TIP

'～ても いいですか(~해도 됩니까?)'에 대한 일반적인 부정의 대답은 일본에서는 직접적인 거절 표현을 잘 사용하지 않기 때문에, 보통 뒤의 거절 표현을 생략하고 'ちょっと……'를 사용한다.
부정의 대답으로 금지 표현인 '～ては いけません(~해서는 안 됩니다)'도 사용할 수 있지만 이 표현은 보통 규칙이나 규범 등에 사용한다.

교과서 단어

- おなか 배
- たいへんだ 큰일이다
- ねつ 열
- わるい 나쁘다
- ～ても ~해도
- パソコン 개인용 컴퓨터
- 使(つか)う 사용하다
- まど 창문
- あける 열다
- いたい 아프다
- のど 목
- ぐあい 상태
- とる (사진을) 찍다
- おく 두다, 놓다

예시 대화 & 해석

3

❶ A どうしたんですか。무슨 일이세요?

B ちょっと のどが いたいんです。
좀 목이 아파요.

A それは たいへんですね。
(그거) 힘들겠군요.

❷ A どうしたんですか。무슨 일이세요?

B ちょっと ねつが あるんです。
좀 열이 있어요.

A それは たいへんですね。
(그거) 힘들겠군요.

❸ A どうしたんですか。무슨 일이세요?

B ちょっと ぐあいが わるいんです。
좀 상태가 좋지 않아요

A それは たいへんですね。
(그거) 힘들겠군요.

4

❶ A すみません。ここに おいても いいですか。
실례합니다. 여기에 놓아도 될까요?

B1 ええ、いいですよ。네, 좋아요.

B2 それは ちょっと……。그건, 좀…….

❷ A すみません。パソコンを 使っても いいですか。
실례합니다. 개인용 컴퓨터를 사용해도 될까요?

B1 ええ、いいですよ。네, 좋아요.

B2 それは ちょっと……。그건, 좀…….

❸ A すみません。まどを あけても いいですか。
실례합니다. 창문을 열어도 될까요?

B1 ええ、いいですよ。네, 좋아요.

B2 それは ちょっと……。그건, 좀…….

よんで はなそう ①

 교과서 단어

- ほけん 보건
- あたま 머리
- うーん 음
- 病院(びょういん) 병원
- ～ましょう ～ㅂ시다, ～세요(권유)
- どうやって 어떻게 해서
- バスてい 버스 정류장
- おりる 내리다
- はやく 빨리
- 元気(げんき)に なる 건강해지다
- お大事(だいじ)に 몸조리 잘 하세요

'～んです'는 원인 · 이유나 상황 등을 설명할 때, '～んですか'는 상대방에게 설명을 요구할 때 쓰인다.

하나가 보건실에 왔습니다.

ほけんの先生	ハナさん、どうしたんですか。 하나 양, 무슨 일이에요?
ハナ	ちょっと あたまが いたいんです。 좀 머리가 아파요.
ほけんの先生	うーん、ちょっと ねつが ありますね。 음, 좀 열이 있군요. 少し 休んでから 病院に 行きましょう。 조금 쉬고 나서 병원에 가 봐요.
ハナ	あの、病院は どうやって 行きますか。 저, 병원은 어떻게 가나요?
ほけんの先生	学校の 前の バスていで バスに 乗って、 학교 앞 버스 정류장에서 버스를 타고, さくら病院で おります。 사쿠라 병원에서 내립니다.
ハナ	わかりました。ありがとうございます。 알겠습니다. 감사합니다.
ほけんの先生	はやく 元気に なってね。お大事に。 빨리 건강해지세요. 몸조리 잘하세요.

Q 하나는 어디가 아픕니까?

 본문 해설

❶ どうしたんですか

'どうしたんですか'는 상대가 평소와 달리 상황이 안 좋아 보일 때 '왜 그러세요?, 어디가 아프세요?, 무슨 일이세요?' 등의 의미로 사용한다. 보통체로 'どうした?, どうしたの?'(무슨 일이야? 어떻게 된 거야?)라고도 한다.

❷ 少し 休んでから 病院に 行きましょう

'～てから'는 '～고 (나서)' 문형이다. '休む'는 'む'로 끝나는 1류 동사이므로 '～てから'를 연결하면 '休んでから(쉬고 나서)'로 바뀐다.
'～ましょう'는 '～해 보세요'라는 권유의 표현으로 해석한다.

❸ 病院は どうやって 行きますか

'やる'와 'する'는 둘 다 '하다'라는 뜻의 동사이지만, 의문을 나타내는 'どう'와 함께 쓰이면 'どうやって(어떻게 해서)'는 방법을, 'どうして(왜, 어째서)'는 이유를 나타낸다.
예 どうやって 行く? 어떻게 가?
    どうして 行く? 왜 가?

❹ 学校の 前の バスていで バスに 乗って、さくら病院で おります

'乗る(타다)', '会う(만나다)' 등의 동사는 '～을/를' 조사로 'に'를 사용한다.
'(장소)에서 내리다'는 조사 'で'를 사용하였지만, '(교통수단)에서 내리다'는 조사 'を'를 사용한다.
예 今、バスを おります。지금, 버스에서 내립니다.

クイズ MINI **QUIZ**

1 보건 선생님이 발견한 하나의 증상은?
  ① 열이 있다 ② 배가 아프다
  ③ 목이 아프다

2 하나가 병원에 갈 때 이용하려는 교통수단은?
  ① 전철 ② 버스 ③ 택시

정답 1. ① 2. ②

Q 정답 머리 (あたま)

まとめ きょうしつ ❶

1 동사의 て형 ~고, ~서

기본형	~て	만드는 법
書く 쓰다	書いて 쓰고	く→いて
泳ぐ 수영하다	泳いで 수영하고	ぐ→いで
待つ 기다리다	待って 기다리고	う, つ, る→って
休む 쉬다	休んで 쉬고	ぬ, ぶ, む→んで
話す 말하다	話して 말하고	す→して
行く 가다	行って 가고	*예외
見る 보다 / 食べる 먹다	見て 보고 / 食べて 먹고	る 없애고 て
来る 오다 / する 하다	来て 오고 / して 하고	불규칙 활용

(1류 동사: 5단 활용 동사 / 2류 동사: 1단 활용 동사 / 3류 동사: 불규칙 활용 동사)

2 ~てから ~고 (나서)

- 少し 休んでから 病院に 行きましょう。

  조금 쉬고 나서 병원에 가세요.

- 手を 洗ってから 食事を します。손을 씻고 나서 식사를 합니다.

> **학습TIP**
> 동사의 て형+から: て형을 만들고 から를 연결한다.
> 예 1류 동사 書く → 書いて → 書いてから 쓰고 나서
> 　 1류 동사 泳ぐ → 泳いで → 泳いでから 수영하고 나서
> 　 2류 동사 見る → 見て → 見てから 보고 나서

  상황에 맞게 짝과 대화해 봅시다. 🎧64

じぶんで チェック ✎

맞는 말에 ✓ 표 하기

- ☐ 買う → 買いて
- ☐ 聞く → 聞いて
- ☐ 遊ぶ → 遊んて

사다 → 사고, 사서
듣다 → 듣고, 들어서
놀다 → 놀고, 놀아서

→ 'う'로 끝나는 1류 동사이므로 '買って'로 바뀐다.
　 'ぶ'로 끝나는 1류 동사이므로 '遊んで'로 바뀐다.

알맞은 말 넣기

映画を 見て ☐☐
本を 読みました。

영화를 보고 나서 책을 읽었습니다.

☞ 예시 답안 **162**쪽

정답 ❶ 聞く → 聞いて
　　　　 ❷ から

> **학습TIP**
> 'どうしたんですか'의 보통체 표현으로 'どうした?'
> 의 표현도 가능하다.

どうしたんですか。
무슨 일이세요?

ちょっと おなかが いたいんです。
좀 배가 아파요.

どうしたの?
무슨 일이니?

ちょっと おなかが いたいんだ。
좀 배가 아파.

교과서 단어

- 男(おとこ)の 人(ひと) 남자
- ～まで ～까지
- 運転手(うんてんしゅ) 운전사
- 入(い)れる 넣다
- カード 카드

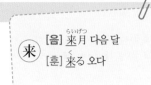

来

[음] 来月 다음 달
[훈] 来る 오다

하나가 병원에 가기 위해 버스를 타려고 합니다. 🎧65

ハナ　　すみません。
　　　　실례합니다.

　　　　さくら病院に 行く バスは ここで 乗りますか。
　　　　사쿠라 병원에 가는 버스는 여기에서 탑니까?

男の人　はい、そうです。
　　　　네, 그렇습니다.

ハナ　　ありがとうございます。
　　　　감사합니다.

男の人　あ、バス、来ましたよ。
　　　　아, 버스 왔어요.

　　　　⋮

ハナ　　あの、さくら病院まで いくらですか。
　　　　저, 사쿠라 병원까지 얼마예요?

運転手　２００円です。そこに 入れて ください。
　　　　200엔입니다. 거기에 넣어 주세요.

ハナ　　この カードを 使っても いいですか。
　　　　이 카드를 사용해도 됩니까?

運転手　はい、いいですよ。
　　　　네, 괜찮습니다.

Q 병원까지 버스 요금은 얼마입니까?

クイズ MINI QUIZ

1 하나의 목적지는?
　① 사쿠라 은행　② 사쿠라 병원
　③ 사쿠라 백화점

2 하나의 버스 요금 지불 수단은?
　① 지폐　② 카드　③ 버스표

정답　2② 1.② 2.②

Q 정답　200엔(２００円)

 본문해설

❶ すみません
기본적으로 '미안합니다'라는 뜻이지만 상황에 따라 상대방에게 말을 걸 때 사용하기도 한다.

❷ さくら病院に 行く バスは
동사가 명사를 수식할 때는 동사의 보통체(반말체)에 명사를 연결하면 된다.
예 行く バス 가는 버스　　飲む くすり 먹을 약

❸ あ、バス、来ましたよ
3류 동사 '来る(오다)'+'～ました(～했습니다)'의 형태로 '来ました(왔습니다)'가 된다. '来'의 한자 읽기에 주의한다.

❹ そこに 入れて ください
'～て ください'는 '～해 주세요' 문형이다. 入れる 는 2류 동사이므로 '～て ください'를 연결하면 '入れて ください(넣어 주세요)'로 바뀐다.

❺ この カードを 使っても いいですか
'～ても'는 '～해도'라는 의미로 '使う'는 'う'로 끝나는 1류 동사이므로 '～ても'를 연결하면 '使っても'로 바뀐다.

1 ～て ください　～해 주세요, ～하세요

・そこに 入れて ください。거기에 넣어 주세요.

・ここに すわって ください。여기에 앉아 주세요.

・また 遊びに きて ください。또 놀러 와 주세요.

・ゆっくり 休んで ください。푹 쉬세요.

학습TIP

동사의 ます형에 'に'를 접속하면 '～하러'라는 의미로 사용된다.

2 ～ても いいです　～해도 됩니다, ～해도 괜찮습니다

・この カードを 使っても いいですか。이 카드를 사용해도 됩니까?

・おふろに 入っても いいです。목욕해도 괜찮습니다.

・この くすりは 飲んでも いいです。이 약은 먹어도 됩니다.

'약을 먹다'라고 할 때는 동사 '飲む'를 사용한다.

학습TIP

동사 + ても いいです
허락을 구하는 경우 사용하는 표현이다. 대답은 다음과 같다.
- 허락하는 경우
  はい、どうぞ。네, 그러세요. / はい、いいです。네, 괜찮아요.
- 허락하지 않는 경우
  ① 일반적인 표현: それは ちょっと……。그건 좀…….
  ② 규칙이나 법률에 근거하여 안 되는 경우: いいえ、だめです。아니요, 안
    됩니다. / いいえ、～ては いけません。아니요, ～해서는 안 됩니다.

じぶんで チェック

알맞은 말 넣기

お名前を □□□ ください。
이름을 써 주세요.

알맞은 형태로 바꿔 쓰기

まどを あける 창문을 열다
→ まどを _____ いいですか。
　창문을 열어도 됩니까?

⇒ 예시 답안 **162**쪽

정답　**1** かいて
　　　2 あけても

 **すみません**
미안합니다

すみません、
だいじょうぶですか。
미안합니다. 괜찮으세요?

すみません。
여기요!

これ、どうぞ。
이것 받으세요.

すみません。
감사합니다.

'すみません'은 기본적으
로 '미안하다'는 뜻이지만
상황에 따라 주문하거나
말을 걸 때, 또는 미안함이
담긴 감사 인사로도
사용해요.

かいて みよう

교과서 단어

- ここ 여기
- おく 두다, 놓다
- 読(よ)む 읽다
- 食(た)べる 먹다
- すわる 앉다
- 水(みず) 물
- 飲(の)む 마시다
- 休(やす)む 쉬다
- ゆっくり 충분히, 푹
- おふろに 入(はい)る 목욕하다
- お大事(だいじ)に 몸조리 잘 하세요

예시 답안 & 해석

1

보기

おく 놓다

ここに おいても いいですか。
여기에 놓아도 됩니까?

❶ この 本、読んでも いいですか。(読む)
이 책, 읽어도 됩니까? (읽다)

❷ これ、食べても いいですか。(食べる)
이것, 먹어도 됩니까? (먹다)

❸ となりに すわっても いいですか。(すわる)
옆에 앉아도 됩니까? (앉다)

2

食べる 먹다
飲む 마시다
休む 쉬다
入る 들어가다

ごはんを 食べてから 水と 飲んで ください。
밥을 먹고 나서 물과 먹어 주세요.

ゆっくり 休んで ください。
푹 쉬세요.

おふろに 入っても いいです。
목욕해도 됩니다.

お大事に。
몸조리 잘 하세요.

---

1 보기 와 같이 주어진 낱말을 알맞게 고쳐 문장을 완성해 봅시다.

보기

> おく → ここに おいても いいですか。

❶ この 本、_____ いいですか。 (読む)

❷ これ、_____ いいですか。 (食べる)

❸ となりに _____ いいですか。 (すわる)

 학습TIP

'おく'는 'く'로 끝나는 1류 동사이므로 'おいて'로 바꾼다.
'読む'는 'む'로 끝나는 1류 동사이므로 '読んで'로 바꾼다.
'食べる'는 2류 동사이므로 'る'를 빼고 '食べて'로 바꾼다.
'すわる'는 'る'로 끝나는 1류 동사이므로 'すわって'로 바꾼다.

2 주어진 낱말을 활용하여 문장을 완성해 봅시다.

ごはんを _____ から 水と
_____ ください。
ゆっくり _____ ください。
おふろに _____ も いいです。
お大事に。

食べる
休む
入る
飲む

 학습TIP

- くすりを 飲む 약을 먹다
- おふろに 入る 목욕하다 → '入る'는 예외 1류 동사이기 때문에, 'る'로 끝난 1류 동사의 て형인 '入って'로 바꾼다.

 ✎ 다음 한자를 획순에 유의하여 써 봅시다.

元気

읽기 げんき
뜻 기운, 건강함

元	気		

 한자TIP

'元気'는 명사로 '기운, 건강함'이라는 의미이다. 안부를 묻고 답할 때 'お元気ですか(잘 지내나요?)', '元気です(잘 지내요)'라고 표현하기도 한다. 일본어 한자 '気'는 한국어 한자 '氣(기운 기)'의 약자이다.

いっしょに やって みよう

친구에게 허가를 구해 봅시다.

1 2명이 짝이 되어 집 주인과 손님 역할을 정합니다.

2 그림을 보며 물건을 사용해도 되는지 보기 와 같이 주어진 동사를 활용하여 대화합니다.

3 역할을 바꾸어 묻고 대화합니다.

보기 | **A** この 本、読んでも いいですか。

 B1 ええ、いいですよ。

 B2 それは ちょっと……。

1류 동사	あそぶ 놀다	行く 가다	買う 사다	帰る 돌아가(오)다	書く 쓰다
	聞く 듣다	すわる 앉다	つかう 사용하다	つくる 만들다	とる (사진을) 찍다
	飲む 마시다	入る 들어가(오)다	休む 쉬다	読む 읽다	
2류 동사	かりる 빌리다	すてる 버리다	食べる 먹다	出る 나가(오)다	見る 보다
3류 동사	する 하다				

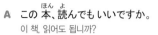

해석

A この 本、読んでも いいですか。
이 책, 읽어도 됩니까?

B1 ええ、いいですよ。
네, 괜찮아요.

B2 それは ちょっと……。
그건, 좀…….

예시 대화 및 해석

〈1〉

A ここに すてても いいですか。
여기에 버려도 됩니까?

B1 ええ、いいですよ。
네, 괜찮아요.

B2 それは ちょっと…。
그건 좀…….

〈2〉

A テレビを 見ても いいですか。
텔레비전을 봐도 됩니까?

B1 ええ、いいですよ。
네, 괜찮아요.

B2 それは ちょっと…。
그건 좀…….

〈3〉

A あの ノートパソコンを かりても いいですか。
저 노트북을 빌려도 됩니까?

B1 ええ、いいですよ。
네, 괜찮아요.

B2 それは ちょっと…。
그건 좀…….

ことば Plus⁺

- ここ 여기
- りんご 사과
- しゃしん 사진
- カメラ 카메라
- 電話(でんわ) 전화
- ノートパソコン 노트북
- ジュース 주스
- ごみばこ 휴지통
- ごみ 쓰레기
- ソファー 소파
- テレビ 텔레비전

ようこそ 日本!

일본의 교통문화에 대해 알아봅시다.

일본은 우리나라와는 반대로 차량이 도로 왼쪽을 달리고, 자동차의 운전석이 오른쪽에 있습니다.

자전거(自転車 じてんしゃ)

자전거는 출퇴근, 장 볼 때 등 일상생활에서 많은 사람들이 이용하는 교통수단입니다.

자전거 등록 번호 - 도난 방지를 위해 자전거 등록제를 실시하고 있습니다.

버스(バス)

긴 노선의 버스는 대부분 뒷문으로 타고, 앞문으로 내리며, 거리에 비례하여 요금을 냅니다.

하차벨

택시(タクシー)

일본의 택시는 운전기사가 자동으로 뒷문을 열어 줍니다.
택시 기사와 손님 사이에 투명 차단막이 설치되어 있습니다.

自動式ドアですから開閉は乗務員におまかせ下さい
자동문이므로 개폐는 기사에게 맡겨 주세요

문화TIP

일본의 자동차 운전자 표시

초보 운전자 표시	고령(70세 이상) 운전자 표시	청각 장애인 표시	신체 장애인 표시

전철(電車 でんしゃ)

우리나라의 교통카드와 비슷한 스이카(Suica)와 파스모(PASMO) 등을 이용하면 편리합니다.

노선도를 보고 도착지의 요금이 얼마인지 확인하고, 요금과 인원수를 선택한 후, 제시된 요금을 넣습니다.

표 파는 곳

優先席 Priority Seat 优先座位 노약자석

노약자 보호석 표시

승차권

신칸센(しんかんせん)은 우리나라의 KTX와 비슷한 고속열차입니다.

- **지하철(ちかてつ)과 전철(でんしゃ)** 한국은 대부분 지하철과 전철을 구분하지 않고 말하지만, 일본은 지하로 다니는 지하철(地下鉄)과 지상으로 다니는 전철(でんしゃ)로 나누어 부른다. 각 역마다 정차 여부에 따라 특급(特級), 급행(急行), 쾌속(快速), 보통(普通) 열차로 구분하며, 우리나라와 마찬가지로 노선마다 색상이 다르다.

Quiz

① 일본은 자동차의 운전석이 오른쪽이다.   ☐ ☐

② 일본은 도난 방지를 위해 자전거 등록제를 실시하고 있다. ☐ ☐

정답 ❶ ○ ❷ ○

한국과 일본의 다른 모습을 찾아봅시다.

한국 **예시 답안**

- 글씨나, 그림 등 개인의 취향에 맞춰 다양한 종류의 초보 운전 표시를 사용할 수 있다.
- 초보 운전 표시 부착이 의무가 아니다. (1999년 의무 규정 폐지됨)

일본 **예시 답안**

- 규정된 초보 운전(새싹 모양) 표시가 있다.
- 면허 취득 후 1년 미만의 운전자는 초보 운전 표시를 1년간 의무 부착해야 한다.

한국과 일본의 대중교통 요금을 조사하고 발표해 봅시다.

예시 답안

- **버스** 일본의 버스는 뒷문으로 타서 앞문으로 내리기 때문에 뒷문에 승차권이 비치되어 있다. 일본은 구간제가 적용되어 이동 거리가 길수록 요금이 늘어나며, 거스름돈을 주지 않기 때문에 요금을 딱 맞게 내야 한다. 버스에서 내릴 때는 버스가 완전히 멈춘 후 움직여야 한다.
  *버스 요금 지불법: 승차권 기계에서 승차권 뽑기 → 버스 앞쪽 전광판에서 승차권 번호의 요금 확인 → 앞문으로 하차할 때 정산
- **지하철** 우리나라는 지하철과 버스를 연계해서 이용할 경우 환승 할인이 가능한데, 일본의 경우 환승 혜택들은 제휴사의 열차들만 가능하다. 국가에서 운영하는 공영열차와 민영열차(사철)로 운영회사가 구분되어 JR을 이용한 후 같은 JR선을 이용하는 경우는 환승이 되지만 사철을 이용할 때에는 사철 요금이 JR과 별도로 부과된다.
- **택시** 일본의 택시 요금은 외국에 비해 비싼 편이다. 지역마다 다르나 기본 요금이 660~710엔 안팎으로 1~2km가 지나면 약 300m 단위로 80~90엔의 요금이 가산된다.

かくにんしよう

문제 도우미

1 듣기 대본 & 해석

❶ A ひらがなで 書いて ください。
　　히라가나로 써 주세요.

　 B はい、わかりました。
　　네, 알겠습니다.

❷ A はやく 元気に なってね。
　　빨리 건강해지세요.
　　お大事に。
　　몸조리 잘하세요.

　 B ありがとうございます。
　　고맙습니다.

❸ A 写真を とっても いいですか。
　　사진을 찍어도 됩니까?

　 B はい、どうぞ。
　　네, 찍으세요.

2

ユミ　すみません。
　　　さくらデパートに 行きますか。
유미　실례합니다. 사쿠라 백화점에 갑니까?
運転手 はい、行きます。
운전사　네, 갑니다.
ユミ　いくらですか。
유미　얼마예요?
運転手 １６０円です。そこに 入れて ください。
운전사　160엔입니다. 거기에 넣어 주세요.
ユミ　この カードを 使っても いいですか。
유미　이 카드를 사용해도 됩니까?
運転手 はい、いいですよ。
운전사　네, 괜찮습니다.

3

❶ A どうしたんですか。
　　무슨 일 있으세요?

　 B おなかが いたいんです。
　　배가 아파요.

❷ A どうしたんですか。
　　무슨 일 있으세요?

　 B ちょっと ねつが あるんです。
　　좀 열이 있어요.

정답　1. ❶2 ❷3 ❸1
　　　2. ❶2 ❷1
　　　3. ❶b, ある ❷a, いたい

124 8과

---

1 잘 듣고 내용과 일치하는 그림에 번호를 써 봅시다.

❶ 　❷ 　❸

학습TIP

① ひらがなで 書く(히라가나로 쓰다)+て ください → ひらがなで 書いて ください(히라가나로 써 주세요)
② 'お大事に(몸조리 잘하세요)'라고 말하는 장면을 고르면 된다.
③ 写真を とる(사진을 찍다)+ても いいですか → 写真を とっても いいですか(사진을 찍어도 됩니까?)

2 대화를 읽고 물음에 답해 봅시다.

ユミ　　すみません。 　　　　さくらデパートに 行きますか。 運転手　はい、行きます。 ユミ　　いくらですか。 運転手　160円です。そこに 入れて ください。 ユミ　　この カードを 使っても いいですか。 運転手　はい、いいですよ。

❶ 유미가 가려고 하는 곳은 어디입니까?
　① 학교　　② 백화점
　③ 영화관　④ 도서관

❷ 유미는 무엇을 타고 갑니까?
　① バス　　　② ちかてつ
　　버스　　　　지하철
　③ タクシー　④ しんかんせん
　　택시　　　　신칸센

학습TIP

- さくらデパートに 行きます 사쿠라 백화점에 갑니다
- 운전사에게 요금과 지불 방법을 물어볼 수 있고, 요금함에 넣으라는 대답을 보았을 때 버스를 이용 중임을 알 수 있다.

3 상황에 맞는 그림에 연결한 후 빈칸에 알맞은 말을 써 봅시다.

❶

ⓐ A どうしたんですか。
　 B おなかが ＿＿＿＿んです。

❷

ⓑ A どうしたんですか。
　 B ちょっと ねつが ＿＿＿＿んです。

학습TIP

· おなかが いたい 배가 아프다
· ねつが ある 열이 있다

모두 다함께! て형 노래 부르기

67

주어진 표현을 활용하여 자유롭게 가사를 만들어 불러 봅시다.

❶ 1 류–동 사 く는 い–て ぐ 는–い で ぬぶむんで

❷ ろく 時におきて　ごはんをたべて　がっ こうへ 行って　べんきょうして
6시에 일어나서　　밥을 먹고　　학교에 가서　　공부하고

❸

うつるって て す는 し–て 2 류–동 사 る없애고て
ご 時にかえって　テレビを 見–て　ピ ア–ノ を ひ い て
5시에 돌아와서　　텔레비전을 보고　　피아노를 치고

く る는きて する는 し–て い く는 예외 로 いって입니다
しんぶんを 読んで　しゅくだい し–て　じゅういち 時 に ね–ま–す
신문을 읽고　　숙제하고　　11시에 잡니다

音楽を 聞く
음악을 듣다

料理を 作る
요리를 만들다

まんがを 借りる
만화를 빌리다

日記を 書く
일기를 쓰다

買い物を する
쇼핑을 하다, 물건 사기를 하다

写真を とる
사진을 찍다

電車に 乗る
전철을 타다

友だちと 遊ぶ
친구와 놀다

映画を 見る
영화를 보다

公園を あるく
공원을 걷다

おふろに 入る
목욕하다

バイトを する
아르바이트를 하다

01 다음 중 단어의 종류가 <u>다른</u> 것은?

① ふね　　② パソコン　　③ タクシー
④ ちかてつ　　⑤ じてんしゃ

02 동사의 읽기와 의미가 바르게 연결된 것은?

① 書く – いく – 가다
② 休む – よむ – 읽다
③ 飲む – のむ – 쉬다
④ 使う – かう – 사다
⑤ 待つ – まつ – 기다리다

[03~04] 자연스러운 문장이 되도록 빈칸에 들어갈 알맞은 말을 보기 에서 고르시오.

┌─ 보기 ─
① たべる　　② わるい　　③ はなす
④ のむ　　⑤ あそぶ
└─

03 ぐあいが ＿＿＿＿＿＿＿＿。

04 くすりを ＿＿＿＿＿＿＿＿。

05 동사의 て형이 <u>잘못</u> 연결된 것은?

① する – しって
② 泳ぐ – 泳いで
③ 乗る – 乗って
④ 休む – 休んで
⑤ 食べる – 食べて

06 빈칸 ㉠, ㉡에 들어갈 말로 알맞은 것은?

┌─
A　あの、さくら病院まで いくらですか。
B　200円です。そこに ＿＿㉠＿＿ ください。
A　この カードを ＿＿㉡＿＿ いいですか。
B　はい、いいですよ。
└─

｜　　㉠　　　　　　㉡
① いれて　　　　つかて
② いれって　　　つかって
③ いれても　　　つかても
④ いれて　　　　つかっても
⑤ いれっても　　つかっても

07 다음을 올바른 문장이 되도록 바르게 배열한 것은?

┌─
休んで　少し　病院　から　行きましょう　に
㉠　　　㉡　　㉢　　㉣　　　㉤　　　　㉥
└─

① ㉠ – ㉡ – ㉢ – ㉣ – ㉥ – ㉤
② ㉡ – ㉠ – ㉣ – ㉢ – ㉥ – ㉤
③ ㉡ – ㉢ – ㉣ – ㉤ – ㉥ – ㉠
④ ㉢ – ㉠ – ㉣ – ㉥ – ㉡ – ㉤
⑤ ㉣ – ㉢ – ㉡ – ㉠ – ㉤ – ㉥

08 일본의 교통문화에 대한 설명으로 옳은 것을 <u>모두</u> 고른 것은?

┌─ 보기 ─
a. 일본 자동차의 운전석은 오른쪽에 있다.
b. 버스는 대부분 거리에 비례하여 요금을 낸다.
c. 일본 택시는 운전기사가 자동으로 뒷문을 열어 준다.
d. 일본은 우리나라와 반대로 차량이 도로 오른쪽을 달린다.
e. 일본은 자전거 주차장을 이용하기 위해 자전거 등록제를 실시하고 있다.
└─

① a, b　　　② a, b, c　　　③ b, c, d
④ a, b, c, d　　⑤ a, b, c, d, e

⑨ 前の 人を おさないで ください

_{まえ} _{ひと}

앞 사람을 밀지 말아 주세요.

あぶない！
위험해!

학습 내용

의사소통 기본 표현 🎧68

경고 **あぶない！**
위험해!

능력·가능 **けいたいでも 聞く ことが できますよ。**
_き
휴대 전화로도 들을 수 있습니다.

금지 **前の 人を おさないで ください。**
_{まえ} _{ひと}
앞 사람을 밀지 말아 주세요.

문화

위기관리

緊急地震速報（気象庁）
和歌山県南方沖で地震 強い揺れに警戒
近畿 東海 四国 中国 甲信
北陸 関東 九州

ピロン
ポロ～ン

ブーッ ブーッ
ブーッ

けいたいでも 聞く ことが できますよ。
_き
휴대 전화로도 들을 수 있습니다.

前の 人を おさないで ください。
_{まえ} _{ひと}
앞 사람을 밀지 말아 주세요.

교과서(126쪽) 사진

방재 훈련(防災訓練)
_{ぼうさいくんれん}

일본은 초·중·고등학교에서 방재 훈련을 실시한다. 사진은 화재 대피 훈련을 하고 있는 모습이다.

지진 후 모습

지진으로 도로가 훼손되고 건물이 붕괴된 모습을 안타깝게 지켜보고 있다.

지진이 일어나면

학생들이 지진에 관해 의견을 발표하고 있다.

きいて はなそう

교과서 단어

- おす 밀다, 누르다
- しゃべる 재잘거리다, 말하다
- もどる 돌아가(오)다
- こと 것

듣기 대본 & 해석

1

❶ おさない
밀지 않는다

❷ はしらない
뛰지 않는다

❸ しゃべらない
말하지 않는다

❹ もどらない
되돌아가지 않는다

2

❶ A コンビニで 何が できますか。
편의점에서 무엇을 할 수 있습니까?

B チケットを 買う ことが できます。
티켓을 살 수 있습니다.

❷ A 駅で 何が できますか。
역에서 무엇을 할 수 있습니까?

B えきべんを 買う ことが できます。
에키벤을 살 수 있습니다.

❸ A 公園で 何が できますか。
공원에서 무엇을 할 수 있습니까?

B 自転車に 乗る ことが できます。
자전거를 탈 수 있습니다.

1 그림을 보면서 잘 듣고 따라 말해 봅시다. 🎧69

❶ おさない   ❷ はしらない   ❸ しゃべらない   ❹ もどらない

'おはしも'는 일본의 지진 대피 요령을 말한다.

학습TIP

동사의 기본형에 부정의 ない가 연결될 때 동사의 변화에 유의한다.
- おす + ない → おさない
- はしる + ない → はしらない
- しゃべる + ない → しゃべらない
- もどる + ない → もどらない

2 잘 듣고 내용과 일치하는 그림에 ✔표를 해 봅시다. 🎧70

학습TIP

동사의 기본형 + ことが できる
'~할 수 있다'라는 뜻으로 정중체는 '동사의 기본형 + ことが できます(~할 수 있습니다)'라고 한다.

정답 2. ❶ ☑☐ ❷ ☑☐ ❸ ☐☑

3 그림을 보면서 보기 와 같이 말해 봅시다.

> 보기
>
> **A** ここで 電話(でんわ)を かけても いいですか。
> 여기에서 전화를 걸어도 됩니까?
>
> **B** すみません。ここでは 電話(でんわ)を かけないで ください。
> 죄송합니다. 여기에서는 전화를 걸지 말아 주세요.

보기 電話(でんわ)を かける
전화를 걸다

① 食(た)べる
먹다

② コーヒーを 飲(の)む
커피를 마시다

③ 話(はな)す
이야기하다

④ 写真(しゃしん)を とる
사진을 찍다

⑤ パソコンを 使(つか)う
개인용 컴퓨터를 사용하다

 학습TIP

'～ないで ください(～하지 말아 주세요)'는 금지 표현으로 동사의 ない형에 접속된다. 금지의 표현으로 '～ては いけません(～하면 안 됩니다)'도 있으며 이 표현은 '～ないで ください'보다 조금 더 강한 금지의 느낌을 준다.

교과서 단어

・電話(でんわ) 전화
・かける 걸다

예시 대화 & 해석

3

① **A** ここで 食(た)べても いいですか。
여기에서 먹어도 됩니까?

B すみません。
ここでは 食(た)べないで ください。
죄송합니다.
여기에서는 먹지 말아 주세요.

② **A** ここで コーヒーを 飲(の)んでも いいですか。
여기에서 커피를 마셔도 됩니까?

B すみません。
ここでは コーヒーを 飲(の)まないで ください。
죄송합니다.
여기에서는 커피를 마시지 말아 주세요.

③ **A** ここで 話(はな)しても いいですか。
여기에서 이야기해도 됩니까?

B すみません。
ここでは 話(はな)さないで ください。
죄송합니다.
여기에서는 이야기하지 말아 주세요.

④ **A** ここで 写真(しゃしん)を とっても いいですか。
여기에서 사진을 찍어도 됩니까?

B すみません。
ここでは 写真(しゃしん)を とらないで ください。
죄송합니다.
여기에서는 사진을 찍지 말아 주세요.

⑤ **A** ここで パソコンを 使(つか)っても いいですか。
여기에서 개인 컴퓨터를 사용해도 됩니까?

B すみません。
ここでは パソコンを 使(つか)わないで ください。
죄송합니다.
여기에서는 개인 컴퓨터를 사용하지 말아 주세요.

よんで はなそう ❶

교과서 단어

- 音(おと) 소리
- すぐ 바로, 곧
- 後(あと) 뒤, 나중
- じしん 지진
- ～と いう ～(라)고 하는
- 今日(きょう) 오늘
- れんしゅう 연습
- ～けど ～지만
- あぶない 위험하다
- 外(そと) 밖
- びっくりする 깜짝 놀라다
- 急(きゅう)に 갑자기

ことば Plus⁺

- けれども(けれど, けども, けど) ～(이)지만
- 速(はや)く 빨리
- 帰(かえ)る 돌아오(가)다
- 走(はし)る 달리다
- へんな 이상한

'音(おと)'는 '소리'를, '声(こえ)'는 주로 '목소리'를 나타낸다.

---

1 지진을 일본어로 무엇이라고 하는가?

2 본문에 나온 'あぶない！'의 의미는?

퀴즈정답 1. じしん 2. 위험하다

정답 책상 아래로 들어가기

수업 중 '긴급 지진 속보' 알림음이 울렸습니다. 🎧71

ハナ　これ、何(なん)の 音(おと)？
　　　이것, 무슨 소리야?

なみ　すぐ 後(あと)に じしんが 来(く)ると いう 音(おと)だよ。
　　　바로 뒤에 지진이 온다고 하는 소리야.

　　　今日(きょう)は、れんしゅうだけど。
　　　오늘은 연습이지만.

ハナ　じしん？
　　　지진?

先生(せんせい)　あぶない！ 早(はや)く つくえの 下(した)に 入(はい)って ください！
　　　위험해! 빨리 책상 아래에 들어가 주세요.

ハナ　は、はい。
　　　네, 네.

　　　　　︙

先生(せんせい)　みなさん、しずかに 外(そと)に 出(で)ましょう。
　　　여러분, 조용히 밖으로 나갑시다.

ハナ　びっくりしました。急(きゅう)に 大(おお)きい 音(おと)が するから。
　　　깜짝 놀랐습니다. 갑자기 큰 소리가 나서.

先生(せんせい)　この 音(おと)は、テレビや けいたい 電話(でんわ)でも 聞(き)く ことが できますよ。
　　　이 소리는, 텔레비전이나 휴대 전화로도 들을 수 있습니다.

🅠 지진 속보음이 울린 후 제일 먼저 해야 하는 행동은 무엇입니까?

본문해설

❶ けど
'～(이)지만'의 의미로 문장과 문장 사이 혹은 문장 끝에 붙은 조사이며 'けれども'의 축약형이다. 보통 스스럼없는 사이인 경우 'けれど', 'けども', 'けど' 등의 축약형으로 사용한다.

❷ 早(はや)く
보통 시간이 이른 경우 '早(はや)く', 속도가 빠른 경우 '速(はや)く'를 사용하지만 이 두 한자는 자주 혼용되어 사용된다.

❸ 入(はい)って
'入(はい)って'의 기본형은 '入(はい)る'이다. '入(はい)る'처럼 '2류 동사'의 모양을 하고 있지만 '1류 동사'인 것으로 '帰(かえ)る, 走(はし)る' 등이 있으며 이러한 동사들은 활용할 때 주의해야 한다.
예 帰(かえ)る 돌아오(가)다 → 帰(かえ)って 돌아오(가)고, 돌아오(가)서
　走(はし)る 달리다, 뛰다 → 走(はし)って 달리고, 뛰고, 달려서, 뛰어서

❹ ～て ください
'ください'는 '주세요'라는 뜻으로 '동사+～て ください'는 '～해 주세요'라는 의미가 된다.

❺ しずかに
'しずかに(조용히)'는 'な형용사'로 'しずかだ(조용하다)', 'しずかな(조용한)+명사', 'しずかに(조용히)+동사' 등의 형태로 주로 사용된다.

❻ 音(おと)が する
'音(おと)が する(소리가 나다)'는 보통 아무런 힘을 가하지 않는데 사물 스스로가 소리를 내고 있다는 어감이 있다.
예 へんな 音(おと)が する。 이상한 소리가 난다.

まとめ きょうしつ ❶

1 〜と いう　〜(라)고 하는

학습TIP
명사 또는 동사의 종지형에 접속한다.

・すぐ 後に じしんが 来ると いう 音だよ。

　바로 뒤에 지진이 온다고 하는 소리야.

・あれは まねきねこと いう ものです。

　저것은 마네키네코라고 하는 물건입니다.

・これは ふくわらいと いう 遊びです。

　이것은 후쿠와라이라고 하는 놀이입니다.

2 〜ことが できます　〜(할) 수 있습니다

・けいたい電話でも 聞く ことが できます。

　휴대 전화로도 들을 수 있습니다.

・としょかんでも 映画を 見る ことが できます。

　도서관에서도 영화를 볼 수 있습니다.

・ここには 自転車を とめる ことが できません。

　여기에는 자전거를 세울 수 없습니다.

じぶんで チェック

알맞은 말 넣기

これは 「すきやき」□ □□
食べものです。

이것은 '스키야키'라는 음식입니다.

알맞은 말에 ✓ 표 하기

日本語で ＿＿＿＿＿ ことが
できます。 일본어로 말할 수 있습니다.

□ はなし

□ はなす

□ はなして

예시 답안 **162**쪽

정답 **1** という **2** はなす

학습TIP
가능 표현에는 동사의 기본형에 'ことが できる'를 붙이거나, 동사의 어미를 변화시켜 가능 동사로 만들기도 한다.

	기본형	활용의 특징	가능 동사
1류 동사	書く 話す 作る	어미를 え단으로 바 꾸고, る를 붙인다.	書ける 쓸 수 있다 話せる 말할 수 있다 作れる 만들 수 있다
2류 동사	見る 食べる	る를 빼고 られる를 붙인다.	見られる 볼 수 있다 食べられる 먹을 수 있다
3류 동사	来る する	불규칙 활용	来られる 올 수 있다 できる 할 수 있다

 상황에 맞게 짝과 대화해 봅시다. 🎧 72

英語の 新聞を 読む ことが できますか。
영어 신문을 읽을 수 있습니까?

はい、できます。
네, 읽을 수 있습니다.

英語の 新聞を 読む ことが できる？
영어 신문을 읽을 수 있어?

うん、できる。
응, 읽을 수 있어.

よんで はなそう ❷

교과서 단어

- 時(とき) 때
- テーブル 탁자
- まもる 지키다, 보호하다
- 気(き)を つける 주의하다
- ドア 문
- 火(ひ) 불
- けす 끄다
- エレベーター 엘리베이터

ことば Plus

- 本(ほん) 책
- ノート 노트
- ～など ～등
- ～を ～을. ～를
- 買(か)った 샀다 기본형은 買(か)う(사다)
- 話(はな)す 이야기하다
- 落(お)とす 떨어뜨리다
- 隠(かく)す 숨기다
- 会(あ)う 만나다

時
[음] 時間 시간
[훈] 時 때

クイズ MINI QUIZ

1 지진이 났을 때는 안전을 위해 문과 창문은 반드시 닫아 두어야 한다. (O / X)

2 지진이 났을 때는 엘리베이터를 이용하여 밖으로 대피하는 것이 안전하다. (O / X)

정답 1. X 2. X

정답 달리지 않기(走らない)
앞 사람 밀지 않기(前の 人を おさない)
엘리베이터 사용하지 않기(エレベーターは 使わない)

지진에 대처하는 방법입니다. 🎧73

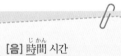

じしんの 時は
지진 때는

- つくえや テーブルの 下に 入って、頭を まもって ください。
  책상과 테이블 아래에 들어가서, 머리를 보호해 주세요.
- 上から おちる ものに 気を つけて ください。
  위에서 떨어지는 것에 주의해 주세요.

- ドアや まどを 開けて ください。
  문이나 창문을 열어 주세요.
- 火を けして ください。
  불을 꺼 주세요.

- 外に 出る 時、走らないで ください。
  밖에 나갈 때, 뛰지 말아 주세요.
- 前の 人を おさないで ください。
  앞 사람을 밀지 말아 주세요.

- エレベーターは 使わないで ください。
  엘리베이터는 사용하지 말아 주세요.

본문 해설 **Q** 지진이 났을 때 하지 말아야 할 행동 세 가지는 무엇입니까?

❶ や
예 本や ノートなどを 買った。 책이랑 노트 등을 샀다.

❷ まもって ください
'まもる'는 '지키다, 보호하다'의 의미로 이 문장에서는 '보호하다'라는 의미로 사용되었다. 'まもる'는 1류 동사이므로 '～て'형에 연결하는 경우 'る'를 빼고 'って'로 고친 후 연결한다.

❸ 気を つけて ください
'気を つける'는 '주의하다'라는 의미이며 'つける'는 2류 동사이므로 '～て'형에 연결하는 경우 'る'를 빼고 연결한다.

❹ ドアや まどを 開けて ください
'開ける'는 2류 동사이므로 '～て형'에 연결하는 경우 'る'를 빼고 연결한다.

❺ 火を けして ください
'けす'처럼 어미가 'す'로 끝나는 동사는 'して'로 활용한다.
예 話す → 話して 말하고 落とす → 落として 떨어뜨리고 隠す → 隠して 숨기고

❻ 走らないで ください
'走る'는 1류 동사로 뒤에 부정·금지의 'ないで'가 연결되는 경우 어미 'る'를 'ら'로 고친 후 연결한다.

❼ おさないで ください
'おす'는 1류 동사로 뒤에 부정·금지의 'ないで'가 연결되는 경우 어미 'す'를 'さ'로 고친 후 연결한다.

❽ 使わないで ください
'使う'는 1류 동사로 뒤에 부정·금지의 'ないで'가 연결되는 경우 어미 'う'를 'わ'로 고친 후 연결한다.
주의 使う: 使わない(O) 使あない(X)   会う: 会わない(O) 会あない(X)

まとめ きょうしつ ❷

1 동사의 ない형 ~지 않다

	기본형	~ない	만드는 법
1류 동사 (5단 활용 동사)	行く 가다 話す 말하다 読む 읽다 会う 만나다	行かない 가지 않다 話さない 말하지 않다 読まない 읽지 않다 会わない 만나지 않다	う단→あ단+ない *예외 う→わ+ない
2류 동사 (1단 활용 동사)	見る 보다 食べる 먹다	見ない 보지 않다 食べない 먹지 않다	る 없애고 ない
3류 동사 (불규칙 활용 동사)	来る 오다 する 하다	来ない 오지 않다 しない 하지 않다	불규칙 활용

2 ~ないで ください ~지 마세요

학습TIP
부정형인 'ないで'는 'ないで ください'에서 'ください'를 빼고 '~하지 마'라는 보통형 표현이 된다.

• 前の 人を おさないで ください。

앞사람을 밀지 마세요.

• あぶないですから、さわらないで ください。

위험하니까, 만지지 마세요.

 '~ないで ください'에서 'ください'는 생략할 수 있으며, '~하지 마'로 해석한다.

じぶんで チェック

부정형으로 바꾸기

① 買う → _____ない
② 遊ぶ → _____ない
③ おきる → _____ない
④ 来る → _____ない

① 사지 않는다
② 놀지 않는다
③ 일어나지 않는다
④ 오지 않는다

알맞은 말 넣기

大きい 声で
話さ □□□ ください。
큰 소리로 말하지 말아 주세요.

 예시 답안 **162**쪽

정답 **1** ① かわない
② あそばない
③ おきない
④ こない
2 ないで

 **日本語 アップ** **する**
하다

학습TIP
音는 음이나 소리를, こえ는 사람의 목소리나 동물의 소리를 나타낸다.
예 波の音 파도 소리 友だちの こえ 친구의 목소리

べんきょうする
공부하다

スキーを する
스키를 타다

音が する？
소리가 하다？

雨の 音が する！
비 소리가 나네!

音が する？
소리가 나다？

 'する'는 '하다'라는 뜻 외에도 다양한 의미로 사용되기도 해요.

かいて みよう

교과서 단어

- すし 초밥
- ～を ～을, ～를
- 食(た)べる 먹다
- ～こと ～것, ～수
- ～が ～이, ～가
- できる 할 수 있다
- ～ます ～입니다
- ～か ～까
- 急(きゅう)に 갑자기
- 大(おお)きい 크다
- 音(おと)が する 소리가 나다
- びっくり する 깜짝 놀라다
- あぶない 위험하다
- ～です ～입니다
- ～から ～니까(원인 · 이유)
- 気(き)を つける 주의하다
- ～て ください ～해 주세요

예시 답안 & 해석

1

❶ すしを 食べる <u>こと</u>が できますか。
초밥을 먹을 수 있습니까?
❷ 急に 大きい 音が して <u>びっくり</u> しました。
갑자기 큰 소리가 나서 깜짝 놀랐습니다.
❸ あぶないですから、気を <u>つけて</u> ください。
위험하니까, 주의해 주세요.

2

写真を <u>とらないで</u> ください。
사진을 찍지 말아 주세요.

大きい 声で <u>はなさないで</u> ください。
큰 소리로 이야기하지 말아 주세요.

けいたいを <u>つかわないで</u> ください。
휴대 전화를 사용하지 말아 주세요.

---

1 알맞은 말을 보기 에서 골라 문장을 완성해 봅시다.

❶ すしを 食(た)べる ＿＿＿＿＿＿＿ が できますか。

❷ 急(きゅう)に 大(おお)きい 音(おと)が して ＿＿＿＿＿＿ しました。

❸ あぶないですから、気(き)を ＿＿＿＿＿＿ ください。

보기: こと / びっくり / つけて

학습TIP
'～です'와 '～ます'
일본어에서 '～입니다'에 해당하는 말은 '～です'와 '～ます'이다. '～ます'는 '동사'에, '～です'는 '명사, 형용사'에 접속하므로 구별해서 사용하도록 한다.

2 그림의 상황에 알맞게 글을 써 봅시다.

写真を
＿＿＿＿＿
ください。

大(おお)きい 声(こえ)で
＿＿＿＿＿
ください。

けいたいを
＿＿＿＿＿
ください。

학습TIP
동사와 '～ないで ください'를 연결하는 경우, 먼저 동사의 종류를 파악한 후 활용한다.
- 'とる'는 'る'로 끝나는 1류 동사이므로 'る'를 'ら'로 고친 후 접속한다.
- 'はなす'는 'す'로 끝나는 1류 동사이므로 'す'를 'さ'로 고친 후 접속한다.
- 'つかう'는 'う'로 끝나는 1류 동사이므로 'う'를 'わ'로 고친 후 접속한다.

한자(漢字) 한걸음 ✏ 다음 한자를 획순에 유의하여 써 봅시다.

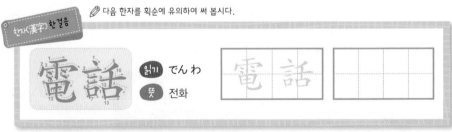

電話
읽기: でん わ
뜻: 전화

電 話

한자TIP
- 電 번개 전 13획 [음] でん
- 話 말씀 화 13획 [음] わ
          [훈] はな(す)

いっしょに やって みよう

친구들의 능력을 인터뷰해 봅시다.

1 3~4명이 한 모둠이 됩니다.

2 제시된 어휘를 가능 표현(~ことが できる)으로 고친 후 친구들의 능력을 인터뷰합니다.

3 제시된 어휘 이외의 다양한 문장을 이용하여 인터뷰합니다.

> 보기
>
> A ユリさんは 自転車に 乗る ことが できますか。
> B1 はい、乗る ことが できます。
> B2 いいえ、乗る ことが できません。

	わたし	＿＿＿＿さん	＿＿＿＿さん
보기 自転車に 乗る			
❶ 中国語で 話す			
❷ キムチを 作る			
❸ 日本語で メールを 送る			
❹ 海で およぐ			

해석

보기 自転車に 乗る 자전거를 타다

A ユリさんは 自転車に 乗る ことが できますか。
유리 씨는 자전거를 탈 수 있습니까?

B1 はい、乗る ことが できます。
네, 탈 수 있습니다.

B2 いいえ、乗る ことが できません。
아니요, 탈 수 없습니다.

❶ 中国語で 話す
중국어로 말하다

❷ キムチを 作る
김치를 만들다

❸ 日本語で メールを 送る
일본어로 메일을 보내다

❹ 海で およぐ
바다에서 수영하다

예시 대화 & 해석

A ユミさんは 中国語で 話す ことが できますか。
유미 씨는 중국어로 말할 수 있습니까?

B1 はい、話す ことが できます。
네, 말할 수 있습니다.

B2 いいえ、話す ことが できません。
아니요, 말할 수 없습니다.

ことば Plus

・キムチ 김치　　・メール 전자 우편, 메일　　・おくる 보내다　　・海(うみ) 바다

ようこそ 日本!

일본의 위기관리에 대해 알아봅시다.

일본은 지리적 특성상 지진과 해일, 태풍 등 자연재해가 많아 피해를 줄이기 위해 적극적으로 준비 및 대응을 하고 있습니다.

문화TIP

· **방재 훈련** 일본은 학교에서 지진이나 화재에 대비하여 재난 방재 훈련을 실시한다.
지진을 알리는 방송이 나오면 학생들은 책상 밑으로 들어가거나, 방송을 듣고 차분하게 대피한다. 대피할 때는 머리에 두건을 쓰고 교실 밖으로 이동한다.

· **지진 체험차** 소방서에서 지진 체험 차량이 학교로 와서 실제로 지진이 일어났을 때 대피할 수 있도록 차량 안에서 가상으로 지진 체험을 할 수도 있다.

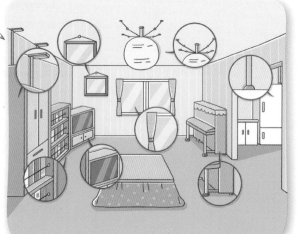

지진이 났을 때를 대비하여 가구를 고정시킨 모습

➜ 지진 체험차

문화TIP

· **재난 대응 준비 물품**
가정에는 방재용품(소형 전등, 생수, 건전지, 소독면, 반창고, 통조림 등)을 상비해 두고 있으며, 지진이 났을 때 등 위험한 상황을 대비하여 가구들을 고정시켜 둔다.

문화TIP

· **소방대 진입구 표시**
한 면이 20cm인 빨간색 역삼각형 모양으로, 창문 안쪽에서 보이는 진입 표시에는 'この 付近に 物を 置かないで ください(이 부근에 물건을 놓지 마세요)'라는 문구가 적혀 있다.

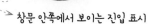

➜ 창문 안쪽에서 보이는 진입 표시

홋카이도와 같이 눈이 많이 내리는 지역은 인도에 열선을 설치하여, 보행자의 안전에 신경을 쓰고 있습니다.

✳ 긴급 전화	한국	일본
경찰	112	110
구급	119	
소방	119	

110은 'ひゃくとおばん'
이라고 읽는다.

Quiz 정답 ❶ ✕ ❷ ○

Quiz

❶ 창문의 역삼각형 마크는 지진이 났을 때 대피할 수 있는 장소를 말한다. 🔍 ☐ ✕ ☐

❷ 눈이 많이 내리는 지역의 인도에는 안전을 위해 열선이 설치되어 있는 곳도 있다. 🔍 ☐ ✕ ☐

한국과 일본의 다른 모습을 찾아봅시다.

한국 예시 답안

- 화초 등으로 예쁘게 꾸며져 있다.
- 유리창으로 외부와 단절되어 있다.

일본 예시 답안

- 사다리나 비상 통로 등 대피 시설이 있다.
- 창문이 없이 안전망 등이 있다.

한국과 일본의 재난 대응 대피 시설에 대해 이야기해 봅시다.

예시 답안

- 한국 ① 지진 옥외 대피소 ② 지진 실내 구호소 ③ 이재민 임시 주거 시설 ④ 국립공원 대피소
       ⑤ 무더위 쉼터 ⑥ 의료기관
- 일본 ① 일시 대피 장소 ② 광역 대피 장소 ③ 수용 대피 장소 ④ 복지 대피 장소
       ⑤ 급수 거점 ⑥ 재해 거점 병원

かくにんしよう

잘함 ☐ 보통 ☐ 노력 ☐

 문제 도우미

1 듣기 대본 & 해석

❶ 火を けして ください。
불을 꺼 주세요.

❷ 上から おちる ものに 気を つけて ください。
위에서 떨어지는 것(물건)에 조심해 주세요.

❸ 外に 出る 時、走らないで ください。
밖으로 나갈 때, 뛰지 말아 주세요.

2

ユミ　これ、何の 音ですか。
유미　이것, 무슨 소리입니까?

先生　すぐ 後に じしんが 来ると いう 音です。
교사　바로 뒤에 지진이 온다고 하는 소리입니다.

　　　あぶない！つくえの 下に 入って
　　　ください。
　　　위험해! 책상 아래에 들어가 주세요.

ユミ　はい。
유미　네.
　　　　⋮
先生　では、しずかに 外に 出ましょう。
교사　그럼, 조용히 밖으로 나갑시다.

3

❶ A ここでは しゃしんを とらないで ください。
　　 여기에서는 사진을 찍지 말아 주세요.

　 B あ、すみません。
　　 아, 죄송합니다.

❷ A きょうは 花火を みる ことが できますよ。
　　 오늘은 불꽃놀이를 볼 수 있어요.

　 B わあ、楽しみだね。
　　 와, 기대되네.

1 잘 듣고 내용과 일치하는 그림에 번호를 써 봅시다.

❶ ☐　　❷ ☐　　❸ ☐

2 대화를 읽고, 선생님이 유미에게 지시한 두 가지 행동을 일본어로 써 봅시다.

> ユミ　これ、何の 音ですか。
> 先生　すぐ 後に じしんが 来ると いう 音です。
> 　　　あぶない！つくえの 下に 入って ください。
> ユミ　はい。
> 　　　　⋮
> 先生　では、しずかに 外に 出ましょう。

❶ ＿＿＿＿＿＿＿＿＿＿＿＿
　 ＿＿＿＿＿＿＿＿＿＿＿＿
❷ ＿＿＿＿＿＿＿＿＿＿＿＿
　 ＿＿＿＿＿＿＿＿＿＿＿＿

3 상황에 맞는 표현을 보기 에서 골라 완성한 후 말해 봅시다.

❶
A ここでは しゃしんを ＿＿＿＿ ください。
B あ、すみません。

보기： とる　　とって　　とらないで

❷
A きょうは 花火を ＿＿＿＿ ことが できますよ。
B わあ、楽しみだね。

보기： みる　　みて　　みないで

정답　1. ❶ 3　❷ 1　❸ 2
　　　2. ❶ つくえの 下に 入って ください。
　　　　 ❷ しずかに 外に 出ましょう。
　　　3. ❶ とらないで　❷ みる

몸으로 표현하기

준비물 단어 카드(부록 활동 자료 195쪽)

❶ 5~6명이 한 모둠을 이룹니다.

❷ 역할을 나누어 자리를 정하고 모두 뒤를 봅니다.

❸ 맨 앞의 학생은 '~ないで ください', '~て ください'가 들어 있는 단어
카드 중 4장을 선택합니다.

❹ 교사는 맨 앞의 학생에게 단어 카드를 보여 줍니다.

❺ 맨 앞의 학생은 단어의 내용을 뒷사람에게 몸으로 표현하며 전달합니다.

❻ 맨 뒤 학생은 단어 카드의 내용을 일본어로 말합니다.

❼ 정확하게 많이 맞힌 모둠이 이깁니다.

~ないで ください

- 食べて ください 먹어 주세요
- まどを 開けて ください 창문을 열어 주세요
- くすりを 飲んで ください 약을 먹어 주세요
- ペンで 書いて ください 펜으로 써 주세요

- 気を つけて ください 조심해 주세요
- 本を 読んで ください 책을 읽어 주세요
- ちょっと 待って ください 잠시 기다려 주세요
- 早く ねて ください 빨리 자 주세요

- 走らないで ください 뛰지 말아 주세요
- 写真を とらないで ください 사진을 찍지 말아 주세요
- けいたいを 使わないで ください 휴대 전화를 사용하지 말아 주세요
- おさないで ください 밀지 말아 주세요

- 行かないで ください 가지 말아주세요
- 歌わないで ください 노래 부르지 말아 주세요
- 話さないで ください 이야기하지 말아 주세요
- すてないで ください 버리지 말아 주세요

단원 평가

▶ 예시 답안 및 해설은 235쪽

01 다음 한자를 바르게 읽은 것은?

> 音

① あと   ② いと   ③ おと
④ こと   ⑤ ひと

02 '엘리베이터'의 가타카나 표기가 바르게 된 것은?

① エリベーア   ② エリベーヌー
③ エリベーダー   ④ エレベーター
⑤ エレベーケー

[03~05] 다음을 읽고 물음에 답하시오.

> ハナ　これ、何の 音？
> なみ　すぐ 後に じしんが 来ると ＿＿⑦＿＿ 音だよ。
> 　　　今日は、れんしゅうだけど。
> ハナ　じしん？
> 先生　ⓒあぶない！ 早く つくえの 下に ⓒ入る くだ
> 　　　さい！
> ハナ　は、はい。

03 빈칸 ⑦에 들어갈 말로 가장 알맞은 것은?

① いる   ② ある   ③ いう
④ かう   ⑤ よむ

04 밑줄 친 ⓒ의 우리말 의미는?

① 서둘러   ② 위험해   ③ 괜찮아
④ 천천히   ⑤ 어서와

05 밑줄 친 ⓒ을 문법에 맞게 바르게 고친 것은?

① はい   ② はいら   ③ はいて
④ はいで   ⑤ はいって

06 다음 제시된 그림과 가장 일치하는 것은?

① 火を けして ください
② ドアや まどを 開けて ください
③ 前の 人を おさないで ください
④ 外に 出る 時、走らないで ください
⑤ 上から おちる ものに 気を つけて ください

07 빈칸에 공통으로 들어갈 말로 가장 알맞은 것은?

> ・べんきょう ＿＿＿＿＿＿
> ・雨の 音が ＿＿＿＿＿＿
> ・スキーを ＿＿＿＿＿＿

① のる   ② よむ   ③ する
④ くる   ⑤ たべる

08 일본에서 사용하는 긴급 전화번호가 바르게 연결된 것은?

① 경찰 110   ② 경찰 123   ③ 소방 114
④ 소방 010   ⑤ 구급 117

⑩ スキーを した ことが ある?

스키를 탄 적이 있니?

スキーを した ことが ある?
스키를 탄 적이 있니?

학습 내용

의사소통 기본 표현 🎧75

경험	スキーを した ことが ある? 스키를 탄 적이 있니?
조언	おんせんに 入った ほうが いいわよ。 온천에 가는 편이 나아.
상황 설명 2	スキーを したり、おんせんに 入ったり します。 스키를 타거나 온천에 가거나 합니다.

문화

관광 명소

おんせんに 入った
ほうが いいわよ。
온천에 가는 편이 나아.

공중목욕탕임을 나타내는
노렌(のれん)

スキーを したり、おんせんに
入ったり します。
스키를 타거나 온천에 가거나 합니다.

교과서(140쪽) 사진

일본 나가노현에 있는 스키장 모습

나가노(長野)시는 나가노현 북부 지방의 중심 도시이자 현청 소재지이다. 산이 둘러싸여 있어 스키를 타기 좋고 겨울철 스포츠를 즐기는 데 유리한 곳이며 1998년 동계 올림픽 개최 도시이기도 하다.

오다이바

일본 도쿄 오다이바의 야경으로 '레인보 브릿지'라고 한다. 오다이바는 도쿄의 주요 관광 지역 중의 하나로 많은 유락 시설이 있으며, 관광객들로 붐비는 곳이다.

きいて はなそう

교과서 단어

- おんせん 온천
- プール 수영장
- 登(のぼ)る 오르다
- 着(き)る 입다
- さむい 춥다

듣기 대본 & 해석

1

❶ きのう、おんせんに 行った。
어제, 온천에 갔다.

❷ きのう、プールで 泳いだ。
어제, 수영장에서 수영했다.

❸ きのう、ボランティアを した。
어제, 봉사활동을 했다.

❹ きのう、山に 登った。
어제, 산에 올랐다.

❺ きのう、ゆっくり 休んだ。
어제, 푹 쉬었다.

2

❶ A スミスさんは 北海道へ 行った ことが
ありますか。
스미스 씨는 홋카이도에 가 본 적 있어요?

B はい、あります。とても さむかったです。
네, 있습니다. 정말 추웠어요.

❷ A ユミさんは きものを 着た ことが
ありますか。
유미 씨는 기모노를 입어 본 적 있어요?

B はい、あります。とても きれいでした。
네, 있어요. 정말 예뻤어요.

❸ A シウさんは たこやきを 食べた ことが
ありますか。
시우 씨는 다코야키를 먹은 적 있어요?

B はい、あります。とても おいしかったで
す。
네, 있어요. 정말 맛있었어요.

1 그림을 보면서 잘 듣고 따라 말해 봅시다.

きのう、　　　　　。

① おんせんに 行った
온천에 갔다

② プールで 泳いだ
수영장에서 수영했다

③ ボランティアを した
봉사활동을 했다

④ 山に 登った
산에 올랐다

⑤ ゆっくり 休んだ
푹 쉬었다

학습TIP

동사의 た형
- 1류 동사: 'く・ぐ'로 끝나는 동사는 어미를 'い'로 바꾼 후, 'た・だ'를 붙인다.
  'う・つ・る'로 끝나는 동사는 어미를 'っ'로 바꾸고 'た'를 붙인다.
  'ぬ・む・ぶ'로 끝나는 동사는 어미를 'ん'으로 바꾸고 'だ'를 붙인다.
  예외로 'いく'는 예외로 'いった'로 바꾼다.
- 2류 동사: 'る'를 빼고 'た'를 붙인다.
- 3류 동사: 'くる'는 'きた', 'する'는 'した'로 바꾼다.

2 잘 듣고 내용에 알맞게 연결해 봅시다.

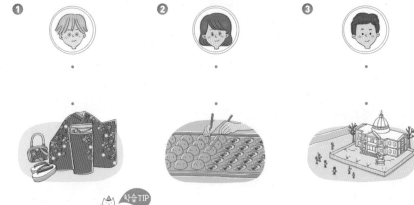

①　　　②　　　③

학습TIP

형용사의 た형
- い형용사: 어미 'い'를 'かった'로 바꾼다. ~い → ~かった → ~かったです
- な형용사: 어미 'だ'를 'だった'로 바꾼다. ~だ → ~だった → ~でした

ことば Plus

- ボランティア 자원봉사
- 着物(きもの) 기모노
- 山(やま) 산
- おいしい 맛있다
- ゆっくり 천천히
- 休(やす)む 쉬다

3 그림을 보면서 보기 와 같이 말해 봅시다.

보기

A 日本の 料理を 作りたいんですが……。
일본 요리를 만들고 싶습니다만…….

B 料理ばんぐみを 見た ほうが いいですよ。
요리 프로그램을 보는 편이 좋아요.

料理ばんぐみを 見る
요리 프로그램을 보다

❶

料理の 本を 買う
요리 책을 사다

❷

日本の 友だちに 聞く
일본 친구에게 묻다

❸

インターネットで 調べる
인터넷으로 조사하다

학습TIP
'~하지 않는 편이 좋아요'는 '〜ない ほうが いいです'이다.

4 그림을 보면서 보기 와 같이 친구와 역할을 바꾸어 말해 봅시다.

보기

A ユミさん、休みの 日は 何を しますか。
유미 씨, 쉬는 날에는 무엇을 하나요?

B さんぽを したり、友だちに 会ったり します。
산책을 하거나, 친구를 만나거나 합니다.

本を 読む
책을 읽다

보기 友だちに 会う
친구를 만나다

そうじを する
청소를 하다

宿題を する
숙제를 하다

보기 さんぽを する
산책을 하다

母を 手伝う
엄마를 돕다

학습TIP
- '〜たり 〜たり する'는 여러 동작 중에서 몇 가지를 예를 들어 말할 때 쓴다. 이 두 가지 동작 이외에도 다른 일이 있다는 것을 암시하며 두 동작에 시간적인 관련성은 없다.
- '친구를 만나다'라는 표현은 '友だちに 会う'로 'に'를 사용한다.

ことば Plus⁺

- 料理(りょうり) 요리
- 作(つく)る 만들다
- 〜たい 〜하고 싶다
- 本(ほん) 책
- 買(か)う 사다
- 友(とも)だち 친구
- 会(あ)う 만나다
- 読(よ)む 읽다
- 宿題(しゅくだい) 숙제

교과서 단어

- ばんぐみ (방송) 프로그램
- 聞(き)く 묻다
- インターネット 인터넷
- 調(しら)べる 조사하다
- 休(やす)みの 日(ひ) 휴일
- さんぽ 산책
- 〜たり 〜거나
- そうじ 청소
- 手伝(てつだ)う 돕다

예시 대화 & 해석

3

❶ A 日本の 料理を 作りたいんですが……。
일본 요리를 만들고 싶습니다만…….

B 料理の 本を 買った ほうが いいですよ。
요리 책을 사는 편이 좋아요.

❷ A 日本の 料理を 作りたいんですが……。
일본 요리를 만들고 싶습니다만…….

B 日本の 友だちに 聞いた ほうが いいですよ。
일본 친구에게 물어보는 편이 좋아요.

❸ A 日本の 料理を 作りたいんですが……。
일본 요리를 만들고 싶습니다만…….

B インターネットで 調べた ほうが いいですよ。
인터넷으로 조사해 보는 편이 좋아요.

4

❶ A ユミさん、休みの 日は 何を しますか。
유미 씨, 쉬는 날에는 무엇을 하나요?

B 本を 読んだり、宿題を したり します。
책을 읽거나, 숙제를 하거나 합니다.

❷ A ユミさん、休みの 日は 何を しますか。
유미 씨, 쉬는 날에는 무엇을 하나요?

B そうじを したり、母を 手伝ったり します。
청소를 하거나, 엄마를 돕거나 합니다.

교과서 단어

- ううん 아니
- はじめて 처음
- そんな 그런
- すく 비다, (배가) 고프다
- そろそろ 슬슬
- まず 우선, 먼저
- 〜わよ 〜어(아)요
- 思(おも)う 생각하다
- じゃあ 그럼

일본인은 자신의 의견이나 희망을 말할 때 대체로 '〜と思(おも)います'와 같이 완곡한 표현을 사용합니다.

연말에 하나가 나미의 가족과 함께 여행을 왔습니다.

なみ   ハナちゃんは スキーを した ことが ある?
　　　 하나는 스키를 타 본 적 있니?

ハナ   ううん、はじめてだよ。
　　　 아니. 처음이야.

なみの父(ちち)   ほんとう? でも、上手(じょうず)だね。
　　　 정말? 그런데 잘 타는데.

ハナ   そんな こと ありませんよ。
　　　 그렇지 않아요.

なみ   あ、おなかが すいたね。そろそろ、ごはんに する?
　　　 아, 배고파. 슬슬 밥 먹을까?

なみの母(はは)   まず、おんせんに 入(はい)った ほうが いいわよ。さむいから。
　　　 우선, 온천에 들어가는 편이 좋아. 추우니까.

ハナ   わたしも おんせんが いいと 思(おも)います。
　　　 저도 온천이 좋다고 생각합니다.

なみの母(はは)   じゃあ、まず、おんせんに 行(い)きましょう。
　　　 그럼, 우선 온천에 갑시다.

Q 나미의 가족과 하나는 식사 전 무엇을 하기로 했습니까?

クイズ MINI QUIZ

1 'じょうずだね'에서 밑줄 친 부분을 한자로 쓰면?

2 본문에 나온 'そろそろ'의 의미는?

정답 1. 上手 2. 슬슬

정답   온천에 들어가기

본문 해설

❶ スキーを した ことが ある
'〜を した ことが ある'는 경험에 대해 이야기할 때 사용하는 표현이다.
'운동 경기 이름+する'는 '(○○ 운동 경기)를 하다'라는 의미가 된다.

❷ ううん
본문에서는 부정의 표현으로 '아니'라는 뜻으로 사용되었다. 긍정의 표현은 'うん(응)'이다.

❸ そんな こと ありませんよ
직역하면 '그런 일 없어요'라는 뜻이지만 우리말 해석은 '그렇지 않아요'가 자연스럽다. 상대방의 칭찬에 대해 겸손하게 표현할 때 사용한다.

❹ あ、おなかが すいたね
'おなかが すいた'는 '배가 고프다'라는 뜻으로 보통 'すく(비다)'의 과거 표현인 'すいた'로 사용된다.

まとめ きょうしつ ①

1 동사의 た형

	기본형	〜た	만드는 법
1류 동사 (5단 활용 동사)	書く 쓰다 泳ぐ 수영하다 待つ 기다리다 休む 쉬다 話す 말하다 行く 가다	書いた 썼다 泳いだ 수영했다 待った 기다렸다 休んだ 쉬었다 話した 말했다 行った 갔다	く→いた ぐ→いだ う,つ,る→った ぬ,ぶ,む→んだ す→した *예외
2류 동사 (1단 활용 동사)	見る 보다 食べる 먹다	見た 보았다 食べた 먹었다	る 없애고 た
3류 동사 (불규칙 활용 동사)	来る 오다 する 하다	来た 왔다 した 했다	불규칙 활용

2 〜た ことが ある　〜(ㄴ) 적이 있다

- スキーを した ことが ある?

  스키를 타 본 적이 있어?

- なっとうを 食べた ことが あります。

  낫토를 먹어 본 적이 있습니다.

3 〜た ほうが いい　〜(하)는 편이 좋다

- おんせんに 入った ほうが いいわよ。

  온천에 들어가는 편이 좋아.

- 漢字は おぼえた ほうが いいです。

  한자는 외우는 편이 좋습니다.

じぶんで チェック

맞는 말에 ✓표 하기

- ☐ 聞く → 聞った
- ☐ 買う → 買った
- ☐ 読む → 読んた

듣다 → 들었다

사다 → 샀다

읽다 → 읽었다

→ 'く'로 끝나는 동사이므로 'きいた'로 바뀐다.

　'む'로 끝나는 동사이므로 'よんだ'로 바뀐다.

공통 글자 써넣기

A: 日本へ _____ ことが

　ありますか。

B: はい、_____ ことが

　あります。

A: 일본에 가 본 적 있습니까?

B: 네, 가 본 적 있습니다.

→ いくは 'く'로 끝나는 동사이지만 예외로 'いった'로

　바뀐다.

알맞은 말넣기

くすりを ☐☐☐

ほうが いいです。

약을 먹는 편이 좋습니다.

→ '약을 먹다'의 표현은 'くすりを 飲む'이다.

▶▶ 예시 답안 **163**쪽

정답　1 買う → 買った

　　　2 いった

　　　3 のんだ

 상황에 맞게 짝과 대화해 봅시다. 🎧79

学習TIP　'はい'의 보통체로 'うん', 'いいえ'의 보통체로 'ううん'을 사용한다.

チェジュドへ 行った ことが

ありますか。

제주도에 가 본 적이 있어요?

いいえ、はじめてですよ。

아니요, 처음이에요.

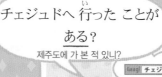

チェジュドへ 行った ことが

ある?

제주도에 가 본 적 있니?

ううん、はじめてだよ。

아니, 처음이야.

よんで はなそう ❷

교과서 단어

・あけまして おめでとうございます
  새해 복 많이 받으세요
・長野(ながの) 나가노
・白(しろ)い 하얗다
・とくに 특히
・わすれる 잊다
・思(おも)い出(で) 추억
・できる 생기다

교과서 단어

・新年(しんねん) 신년
・～で ～으로, ～에서

[음] 家族 가족
[훈] 家 집

하나가 여행을 다녀와서 누리소통망(SNS)에 올린 글입니다. 🎧80

ハナ
7時間前

みなさん、あけまして おめでとうございます。
여러분, 새해 복 많이 받으세요.

昨日は、なみちゃんの 家族と いっしょに 長野に 行って 来ました。
어제는 나미의 가족과 함께 나가노에 다녀왔습니다.

雪で 白い 山が とても きれいでした。
눈으로 덮인 하얀 산이 정말 아름다웠습니다.

スキーを したり、おんせんに 入ったり して、とても 楽しかったです。
스키를 타기도 하고 온천에 들어가기도 해서, 정말 즐거웠습니다.

とくに、雪の 中の おんせんは、わすれる ことが できません。
특히 눈 속의 온천은 잊을 수 없습니다.

日本で たくさんの 思い出が できました。
일본에서 많은 추억이 생겼습니다.

なみちゃん、そして 家族の みなさん、ほんとうに ありがとうございました。
나미, 그리고 가족 여러분, 정말 감사했습니다.

Q 나미의 가족과 하나는 어디로 여행을 갔습니까?   コメントする   ➡ シェア

🐱 본문 해설

❶ あけまして おめでとうございます
'新年 おめでとうございます'라고도 한다. 'おめでとう'라는 말은 '축하합니다'라는 의미이다. 이 표현은 보통 해가 바뀐 후부터 사용한다. 해가 바뀌기 전에는 'よい お年を 迎えますように 좋은 새해를 맞이하기길' 라고 한다.

❷ 雪で 白い 山が とても きれいでした
– 조사 'で'는 원인·이유, 장소, 수단·방법 등 다양한 용법으로 사용된다. 본문에서 사용된 '～で'는 원인·이유로 사용되었다.
    예 a. かぜで 学校を 休む 감기로 학교를 쉬다. (원인·이유)
        b. 映画館で 映画を 見る 영화관에서 영화를 보다. (장소)
        c. ペンで 字を 書く 펜으로 글자를 쓰다. (수단·방법)
– な형용사의 과거형은 아래의 예와 같이 '어간+でした', '어간+だったです'로 고친다.
    예 しずかだ 조용하다 → しずかでした/しずがだったです 조용했습니다
        げんきだ 건강하다 → げんきでした/げんきだったです 건강했습니다

❸ スキーを したり、おんせんに 入ったり
동사를 '～て'형 혹은 '～た'형으로 바꾼 후 '～たり ～하기도 하고'를 접속하여 활용한다. 보통 '～たり ～たり ～하기도 하고 ～하기도 하고'처럼 반복하여 사용한다.

❹ とても 楽しかったです
い형용사의 과거 표현은 '어미 い'를 빼고 '～かった'를 붙여서 만든다. 또한 정중체로 표현하는 경우에는 과거형으로 만든 후 바로 뒤에 です를 연결한다.

1 일본의 새해 인사는?
2 하나가 나미의 가족과 함께 나가노
  에서 했던 활동은?

정답 1. あけまして おめでとう
ございます
2. 스키 타기, 온천욕

Q 정답 나가노(長野)

まとめ きょうしつ ②

1 형용사의 과거형

い형용사	な형용사
楽しい 즐겁다	きれいだ 예쁘다
楽しかった 즐거웠다 楽しかったです 즐거웠습니다	きれいだった 예뻤다 きれいでした 예뻤습니다
楽しく なかった 　즐겁지 않았다 楽しく なかったです 楽しく ありませんでした 　즐겁지 않았습니다	きれいじゃ なかった 　예쁘지 않았다 きれいじゃ なかったです きれいじゃ ありませんでした 　예쁘지 않았습니다

'いい'는 'よかった'로 활용된다.

2 〜たり 〜たり　〜거나 〜거나

・スキーを したり、おんせんに 入ったり しました。

　스키를 타거나, 온천에 들어가거나 했습니다.

・おせち料理を 食べたり、はつもうでに 行ったり します。

　오세치 요리를 먹거나, 하쓰모데를 가거나 합니다.

문화TIP

- ・おせち料理 명절 음식, 주로 설 음식을 말한다. 주로 우엉, 연근, 당근, 토란 등을 조린 것이다. 섣달그믐 날 만들었다가 정월 초하루부터 사흘간 휴일 동안 먹는 음식으로 에도 말기부터 이런 풍습이 생겨났다.
- ・はつもうで 새해에 처음 신사나 사원 등에 가서 참배하는 것을 말한다. 1년의 감사를 드리거나 새해의 무사와 평안을 기원하거나 좋은 운을 열어준다는 개운패를 받아 1년의 행운을 빈다.

じぶんで チェック

빈칸 채우기

A: おまつりは どうでしたか。

B: とても

　　おもしろ＿＿＿＿＿＿ です。

A: 축제는 어땠어요?
B: 정말 재미있었어요.

→ おもしろい는 い형용사이므로 과거형으로 い를 빼고 かった를 붙인다.

알맞은 형태로 바꿔 쓰기

ゲームを する / 友だちに 会う

→ ゲームを ＿＿＿＿＿＿たり

　友だちに ＿＿＿＿＿＿たり します。

게임을 하다/친구를 만나다
게임을 하거나 친구를 만나거나 합니다.

→ 'する'는 3류 동사이므로 'した', '会う'는 'う'로 끝나는 동사이기 때문에 '会った'로 바뀐다.

☞ 예시 답안 **163**쪽

정답 **1** かった
　　2 し, あっ

 **새해 인사**

あけまして おめでとうございます。
새해 복 많이 받으세요.

あけまして おめでとうございます。
새해 복 많이 받으세요.

일본의 새해 인사인 'あけまして おめでとうございます'는 1월 1일 이후에 하고, 새해가 되기 전까지는 'よい お年を'라고 해요.

かいて みよう

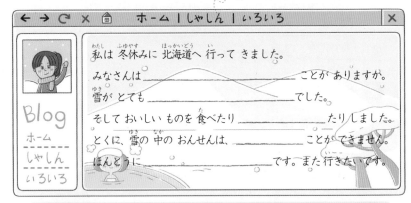

교과서 단어

- いっしょに 함께
- 友(とも)だち 친구
- 映画(えいが) 영화
- 病院(びょういん) 병원
- 行(い)った 갔다
- 冬(ふゆ)休(やす)み 겨울방학
- とても 매우
- そして 그리고
- おいしい 맛있다
- もの 물건, 것
- とくに 특히
- できる 할 수 있다
- また 또
- 家族(かぞく) 가족

예시 답안 & 해석

1

① きのう 友(とも)だちと いっしょに 映画(えいが)を みた。
어제 친구와 함께 영화를 봤다.

② 早(はや)く 病院(びょういん)へ 行(い)った ほうが いいですよ。
빨리 병원에 가는 편이 좋아요.

2

私(わたし)は 冬休(ふゆやす)みに 北海道(ほっかいどう)へ 行(い)って きました。
저는 겨울방학에 홋카이도에 다녀왔습니다.

みなさんは 雪(ゆき)まつりを みた ことが ありますか。
여러분은 눈 축제를 본 적이 있습니까?

雪(ゆき)が とても きれいでした。
눈이 정말 예뻤습니다.

そして おいしい ものを 食(た)べたり 写真(しゃしん)を とったり しました。
그리고 맛있는 것을 먹기도 하고 사진을 찍기도 하였습니다.

とくに、雪(ゆき)の 中(なか)の おんせんは、わすれる ことが できません。
특히, 눈 속의 온천은 잊을 수 없습니다.

ほんとうに たのしかったです。
また 行(い)きたいです。
정말로 즐거웠습니다. 또 가고 싶습니다.

---

1 낱말 카드를 바르게 배열하여 문장을 완성해 봅시다.

① | いっしょに | みた | 友(とも)だちと | 映画(えいが)を |

→ きのう _____。

② | 病院(びょういん)へ | 行(い)った | いいですよ | ほうが |

→ 早(はや)く _____。

2 주어진 낱말을 활용하여 글을 완성해 봅시다. 홈 | 사진 | 여러 가지

ホーム | しゃしん | いろいろ

Blog
ホーム
しゃしん
いろいろ

私(わたし)は 冬休(ふゆやす)みに 北海道(ほっかいどう)へ 行(い)って きました。

みなさんは _____ ことが ありますか。

雪(ゆき)が とても _____ でした。

そして おいしい ものを 食(た)べたり _____ たり しました。

とくに、雪(ゆき)の 中(なか)の おんせんは、_____ ことが できません。

ほんとうに _____ です。また 行(い)きたいです。

| 写真(しゃしん)をとる | わすれる | たのしい | きれいだ | 雪(ゆき)まつりをみる |
| 사진을 찍다 | 잊다 | 즐겁다 | 예쁘다 | 눈 축제를 보다 |

종류		과거형	예
동사	1류 동사	어미 く(ぐ) → いた(だ) 어미 う、つ、る → った 어미 ぬ、ぶ、む → んだ 어미 す → した *예외	書(か)く → 書(か)いた 썼다 待(ま)つ → 待(ま)った 기다렸다 休(やす)む → 休(やす)んだ 쉬었다 話(はな)す → 話(はな)した 말했다 行(い)く → 行(い)った 갔다
	2류 동사	る 없애고 た를 붙인다.	見(み)る → 見(み)た 보았다
	3류 동사	불규칙 활용	来(く)る → 来(き)た 왔다 する → した 했다
い형용사		'어미 い'를 빼고 '~かった'를 붙인다.	たのしい → たのしかった 즐거웠다 たのしかった＋です → たのしかったです 즐거웠습니다 *たのしいでした는 틀린 표현이므로 주의해야 한다.
な형용사		어간에 'でした'를 붙인다.	きれいだ → きれいでした 예뻤습니다 *な형용사는 '어간＋だったです'로도 활용이 가능하다.

한자(漢字) 한결음

🖋 다음 한자를 획순에 유의하여 써 봅시다.

家族

읽기 かぞく
뜻 가족

家 族

いっしょに やって みよう

경험 표현을 말해 봅시다.

1 짝과 아래의 그림을 보며 '~た ことが ありますか'를 이용하여 질문합니다.

2 'はい'라고 대답하면 ○표, 'いいえ'라고 대답하면 ×표를 합니다.

日本の 歌を 歌う	____さん	ホームステイを する	____さん
きものを 着る		ひこうきに 乗る	
はなびを 見る		有名人に 会う	
日本へ 行く		宿題を わすれる	
なっとうを 食べる		おかねを ひろう	

3 3～4명이 한 모둠이 됩니다.

4 모둠별로 보기 의 대화문을 이용하여 서로의 경험을 묻고 대답해 봅시다.

> 보기

 A ユミさん、日本の 歌を 歌った ことが ありますか。

 B1 はい、あります。

 B2 いいえ、ありません。

해석

日本の 歌を 歌う
일본 노래를 부르다

きものを 着る
기모노를 입다

はなびを 見る
불꽃놀이를 보다

日本へ 行く
일본에 가다

なっとうを 食べる
낫토를 먹다

ホームステイを する
홈스테이를 하다

ひこうきに 乗る
비행기를 타다

有名人に 会う
유명인을 만나다

宿題を わすれる
숙제를 잊어버리다

おかねを ひろう
돈을 줍다

A ユミさん、日本の 歌を 歌った ことが
ありますか。
유미 씨 일본의 노래를 부른 적 있습니까?

B1 はい、あります。
네, 있습니다.

B2 いいえ、ありません。
아니요, 없습니다.

예시 대화 & 해석

A ジホさん、はなびを 見た ことが
ありますか。
지호 씨, 불꽃놀이를 본 적 있습니까?

B1 はい、あります。
네, 있습니다.

B2 いいえ、ありません。
아니요, 없습니다.

ようこそ 日本!

일본의 관광 명소에 대해 알아봅시다.

교토

기요미즈데라

긴카쿠지

후지산 (높이 3,776m의 일본에서 가장 높은 산으로 유네스코 세계문화유산)

문화TIP

후지산(3,776m)은 일본을 상징하는 가장 높고 아름다운 산이다. 후지산에 오를 수 있는 시기는 7~8월로 정해져 있으며, 이 기간에는 숙박이나 식사, 휴식 등을 취할 수 있는 산장이 문을 연다.

오사카   오사카성

도톤보리

문화TIP

• 오사카성 도요토미 히데요시에 의해 축성되었고, 두 번의 전쟁과 천재지변을 겪은 뒤 1983년 재건을 시작하여 지금의 모습을 되찾았다. 오사카성의 볼거리 중 가장 대표적인 것은 천수각으로, 35m 높이의 5층 구조물로 원래는 목조 건물이었으나 콘크리트 건물로 재건되었다.

• 도톤보리 오사카의 인기 관광지로 음식점, 기념품 가게 등이 밀집되어 있으며 구리코 러너 간판, 구쿠루 도톤보리 대형 문어 간판 등 다양한 볼거리와 먹거리가 있다. 도톤보리 지역은 과거 물자 수송을 위해 만들어진 인공 수로였지만 지금은 개발을 통해 오사카 최고의 관광 명소가 되었다.

히로시마

평화기념공원(원폭돔)

이쓰쿠시마

문화TIP

• 이쓰쿠시마 일본 명승지 가운데 하나로 면적 31㎢의 작은 섬이다. 6세기에 지은 이쓰쿠시마 신사로 유명한데 이 신사는 밀물 때면 물에 잠기기 때문에 만조가 되면 바다 위에 떠 있는 것처럼 보인다.

오키나와

문화TIP

• 수리성 수리성은 류큐 왕국의 성으로, 오키나와에서 가장 큰 규모의 성이다. 수리성을 둘러싼 성벽은 중국과 일본의 축성 문화를 융합한 독특한 건축 양식이다.

수리성

도쿄

스카이트리 (2012년에 개장한 634m 높이의 전파탑)

↘ 아사쿠사 센소지의 가미나리몬

 **홋카이도** 삿포로 눈 축제

일본 최북단에 위치해 있는 섬으로 온천, 스키장, 골프장 등 관광 자원이 풍부하며 가장 큰 도시는 삿포로시입니다.

 Quiz

① 교토는 옛 일본의 수도로 오랫동안 일본의 정치와 문화의 중심지였다. 🔍 ☐ ✖ ☐

② 후지산은 일본에서 가장 높은 산으로 세계문화유산이다. 🔍 ☐ ✖ ☐

Quiz 정답 ① ○ ② ○

한국과 일본의 다른 모습을 찾아봅시다.

 한국 예시 답안

• 남한산성: 경기도 광주시, 성남시, 하남시에 걸쳐 있는 남한산을 중심으로 하는 산성이다. 병자호란 때 조선의 16대 왕 인조가 청나라에 대항한 곳으로 잘 알려져 있으며, 2014년에는 세계문화유산에 등재되었다.

 일본 예시 답안

• 히메지성: 일본 성곽 건축 최전성기의 양식과 구조를 가장 잘 보존하고 있는 성으로서, 천수각의 우아한 모습 때문에 일명 백로성(白鷺城)으로도 유명하다. 천수각은 일본의 국보로 지정되었고 1993년에는 히메지성 전체가 세계문화유산으로 지정되었다.

 일본 친구에게 소개하고 싶은 한국의 명소를 찾아보고 발표해 봅시다.

예시 답안

경복궁은 조선 왕조 제일의 법궁이다. 북으로 북악산을 기대어 자리 잡았고 정문인 광화문 앞으로는 넓은 육조거리(지금의 세종로)가 펼쳐져, 왕도인 한양(서울) 도시 계획의 중심이기도 하다.1395년 태조 이성계가 창건하였고, 1592년 임진 왜란으로 불타 없어졌다가, 고종 때인 1867년 중건되었다. 중건된 경복궁은 500여 동의 건물들과 왕과 관리들의 정무 시설, 왕족들의 생활 공간, 휴식을 위한 후원 공간이 조성되었다. 또한 왕비의 중궁, 세자의 동궁, 고종이 만든 건청궁 등 궁궐 안에 다시 여러 작은 궁들이 있었다. 그러나 일제 강점기에 거의 대부분의 건물들을 철거하여 근정전 등 극히 일부 중심 건물만 남았고, 조선 총독부 청사를 지어 궁궐 자체를 가려버렸다. 1990년부터 본격적인 복원 사업이 추진되어 총독부 건물을 철거하고 흥례문 일원을 복원하였으며, 왕과 왕비의 침전, 동궁, 건청궁, 태원전 일원의 모습을 되찾고 있다.

⟨발췌: 문화재청 경복궁 홈페이지 http://www.royalpalace.go.kr⟩

잘함 ☐　보통 ☐　노력 ✏

문제 도우미

1 듣기 대본 & 해석

❶ **A** キムチを 作った ことが ありますか。
　김치를 만든 적 있어요?

　B はい、あります。
　네, 있어요.

❷ **A** 英語で 話す ことが ありますか。
　영어로 말할 수 있어요?

　B いいえ、できません。
　아니요, 할 수 없어요.

2

A ユミさんは スキーを した ことが
　ありますか。
　유미 씨는 스키를 탄 적이 있습니까?

B いいえ、はじめてです。
　아니요, 처음입니다.

A ほんとうですか。でも、上手ですね。
　정말이에요? 하지만 능숙한데요.

B そんな こと ありませんよ。
　그렇지 않아요.

3

❶ **A** 日本へ 旅行に 行きたいんですが。
　일본에 여행 가고 싶은데요.

　B まず、インターネットでしらべた ほうが
　いいよ。
　우선 인터넷으로 조사하는 편이 좋아요.

❷ **A** しゅうまつ、何をしますか。
　주말에 무엇을 합니까?

　B テレビを みたり、音楽を きいたり
　します。
　텔레비전을 보거나 음악을 듣거나 합니다.

---

1 잘 듣고 내용과 일치하는 그림에 ✓표를 해 봅시다.

❶ ☐　　☐

❷ ☐　 ☐

2 자연스러운 대화가 되도록 순서대로 배열하고 친구와 말해 봅시다.

❶ ☐　いいえ、はじめてです。

❷ ☐　ほんとうですか。でも、上手ですね。

❸ ☐　ユミさんは スキーを した ことが ありますか。

❹ ☐　そんな こと ありませんよ。

3 빈칸에 들어갈 알맞은 말을 보기 에서 골라 써넣고 말해 봅시다.

❶ **A** 日本へ 旅行に 行きたいんですが。

　B まず、インターネットで ＿＿＿＿＿＿
　ほうが いいよ。

❷ **A** しゅうまつ、何を しますか。

　B テレビを ＿＿＿＿＿＿、
　音楽を ＿＿＿＿＿＿ します。

보기			
し	き	が	すき
い	ら	む	しい
た	ち	べ	げた
り	こ	きた	り
み	たり	そ	ら

🐱 학습TIP

- 조언을 나타내는 표현은 '～た ほうが いい ～한 적이 있다'이다.
- 동작을 열거하는 표현은 '～たり ～たり ~하거나 ~하거나'이다.

정답　1. ❶ ✓☐　❷ ✓☐
　　　2. ❶ 2　❷ 3　❸ 1　❹ 4
　　　3. ❶ しらべた　❷ みたり, きいたり

오마모리(おまもり) 만들기

준비물 색종이 1장(부록 활동 자료 197쪽), 풀, 가위, 끈, 펀치

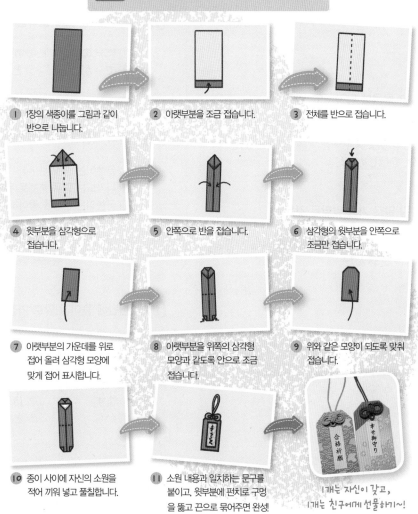

1. 1장의 색종이를 그림과 같이 반으로 나눕니다.

2. 아랫부분을 조금 접습니다.

3. 전체를 반으로 접습니다.

4. 윗부분을 삼각형으로 접습니다.

5. 안쪽으로 반을 접습니다.

6. 삼각형의 윗부분을 안쪽으로 조금만 접습니다.

7. 아랫부분의 가운데를 위로 접어 올려 삼각형 모양에 맞게 접어 표시합니다.

8. 아랫부분을 위쪽의 삼각형 모양과 같도록 안으로 조금 접습니다.

9. 위와 같은 모양이 되도록 맞춰 접습니다.

10. 종이 사이에 자신의 소원을 적어 끼워 넣고 풀칠합니다.

11. 소원 내용과 일치하는 문구를 붙이고, 윗부분에 펀치로 구멍을 뚫고 끈으로 묶어주면 완성!

I개는 자신이 갖고, I개는 친구에게 선물하기~!

문화TIP

· **오마모리** 종교적 의미가 배제된 일본 특유의 **緣起物**(えんぎもの, 소원, 행복 등을 비는 물건) 로서 불교 사찰, 신도 신사에서 주로 판매한다. 한손으로 쥘 수 있을 법한 작은 주머니 형태를 하고 있으며, 끈이 달려 있어서 상시 휴대하고 다니기 편리하다. 주머니는 보통 비단으로 만들며, 이 안에는 종이, 나무, 천, 혹은 금속으로 만들어진 내부(**內符**)를 집어넣는다. 대개 1년 정도 사용하며, 그 기한이 지나면 다른 오마모리로 교체한다. 사용이 끝난 오마모리는 이를 구입한 사찰, 신사에 반환하며, 사찰이나 신사에서는 불에 태워 소각하여 처분한다. 개인적으로 감사의 마음을 담아서 불에 태워서 처분하는 경우도 있다.

▶ 예시 답안 및 해설은 236쪽

01 밑줄 친 부분을 한자로 바르게 고친 것은?

> ユミさん、スキー、<u>じょうず</u>だね。

① 長野　　② 料理　　③ 上手
④ 昨日　　⑤ 漢字

[02~03] 다음 대화를 읽고 물음에 답하시오.

> なみ　ハナちゃんは スキーを ＿㉠＿ ことが ある？
> ハナ　ううん、㉡<u>はじめて</u>だよ。

02 빈칸 ㉠에 들어갈 말로 가장 알맞은 것은?

① した　　② 待った　　③ 食べた
④ 入った　　⑤ 休んだ

03 밑줄 친 ㉡의 우리말 의미는?

① 처음　　② 조금　　③ 가끔
④ 자주　　⑤ 벌써

[04~06] 다음을 읽고 물음에 답하시오.

> みなさん、㉠<u>あけまして おめでとうございます</u>。
> 昨日は、なみちゃんの 家族と いっしょに 長野に 行って 来ました。
> 雪＿㉡＿ 白い 山＿㉢＿ とても きれいでした。
> スキーを したり、おんせんに 入ったり して、とても 楽しかったです。
> とくに、雪の 中の おんせんは、わすれる ことが できません。
> 日本で たくさんの 思い出が できました。
> なみちゃん、そして 家族の みなさん、ほんとうに ありがとうございました。

04 밑줄 친 ㉠의 의미로 알맞은 것은?

① 생일 축하　　② 합격 기원　　③ 새해 인사
④ 상품 주문　　⑤ 약속 정하기

05 빈칸 ㉡과 ㉢에 들어갈 조사가 바르게 짝지어진 것은?

① に - の　　② が - は　　③ を - へ
④ で - が　　⑤ と - を

06 글의 내용으로 알 수 있는 것은?

① 글쓴이는 중학생이다.
② 나가노는 얼음 축제로 유명하다.
③ 글쓴이는 운동을 좋아하지 않는다.
④ 글쓴이는 이제 곧 한국으로 돌아간다.
⑤ 글쓴이는 나미의 가족과 나가노에 놀러 갔다.

07 빈칸에 들어갈 말로 가장 알맞은 것은?

> くすりを 飲んだ ＿＿＿＿が いいですよ。

① まず　　② ほう　　③ たり
④ から　　⑤ とても

08 빈칸 ㉠과 ㉡에 들어갈 말이 순서대로 나열된 것은?

> A　しゅうまつ、何を しますか。
> B　テレビを ＿＿㉠＿＿、音楽を ＿＿㉡＿＿ します。

	㉠	㉡
①	見たり	聞いたり
②	行ったり	来たり
③	泳いだり	書いたり
④	読んだり	飲んだり
⑤	作ったり	休んだり

부록

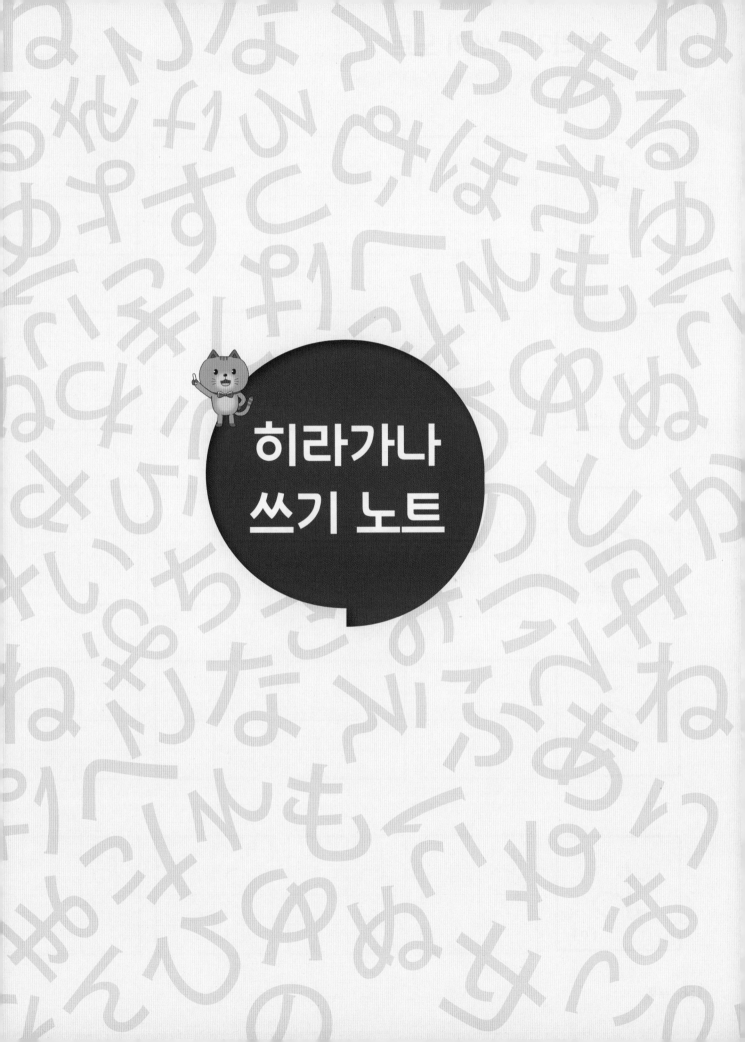

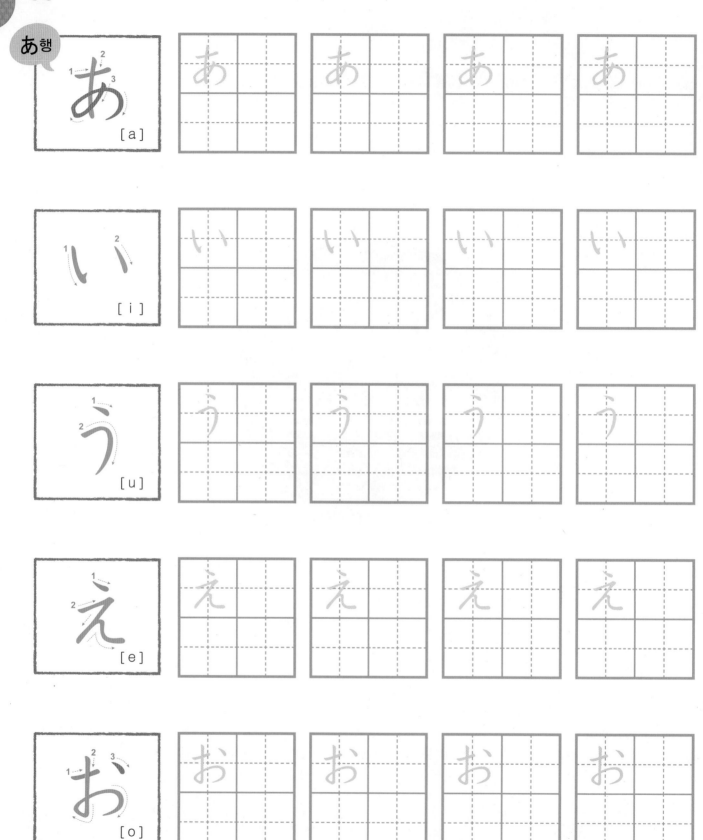

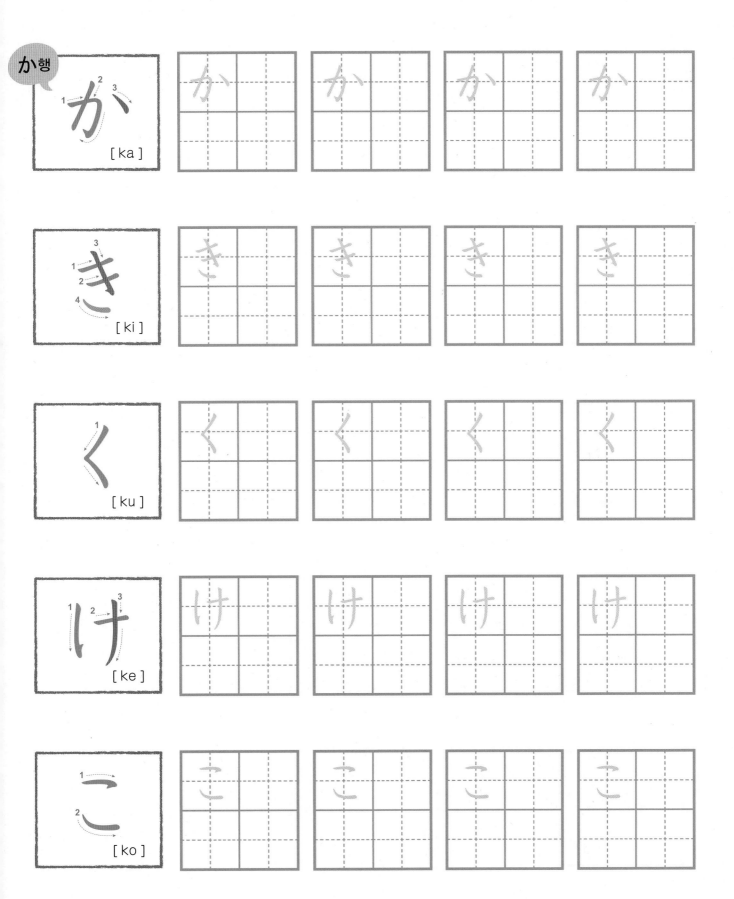

か [ka]

き [ki]

く [ku]

け [ke]

こ [ko]

히라가나 쓰기 노트

さ행

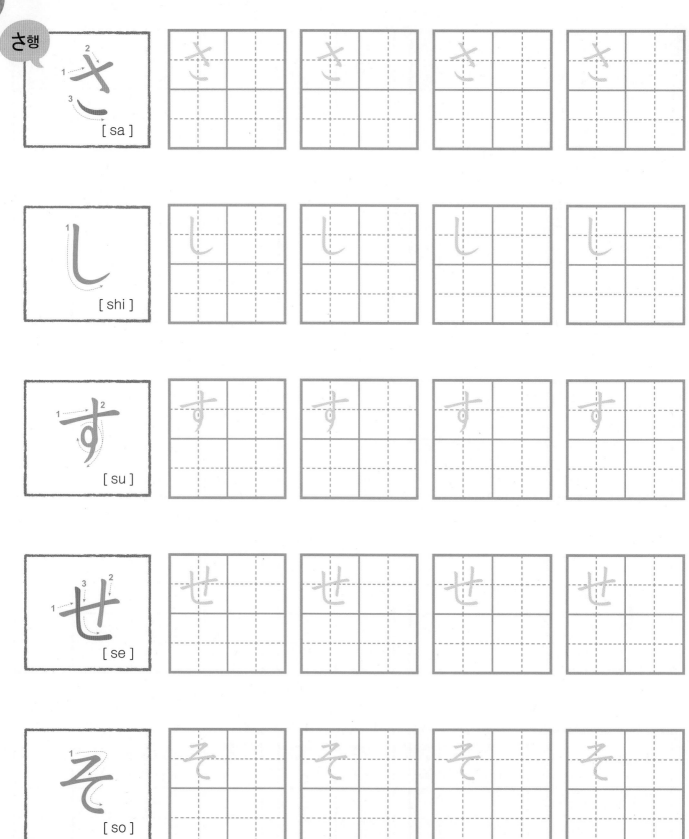

さ [sa]

し [shi]

す [su]

せ [se]

そ [so]

た
[ta]

ち
[chi]

つ
[tsu]

て
[te]

と
[to]

히라가나 쓰기 노트

な행

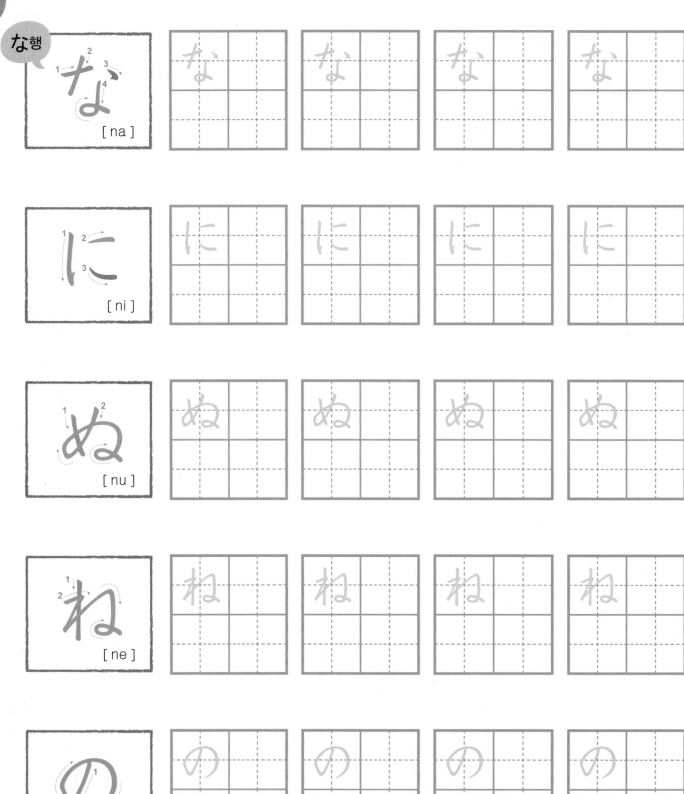

な [na]

に [ni]

ぬ [nu]

ね [ne]

の [no]

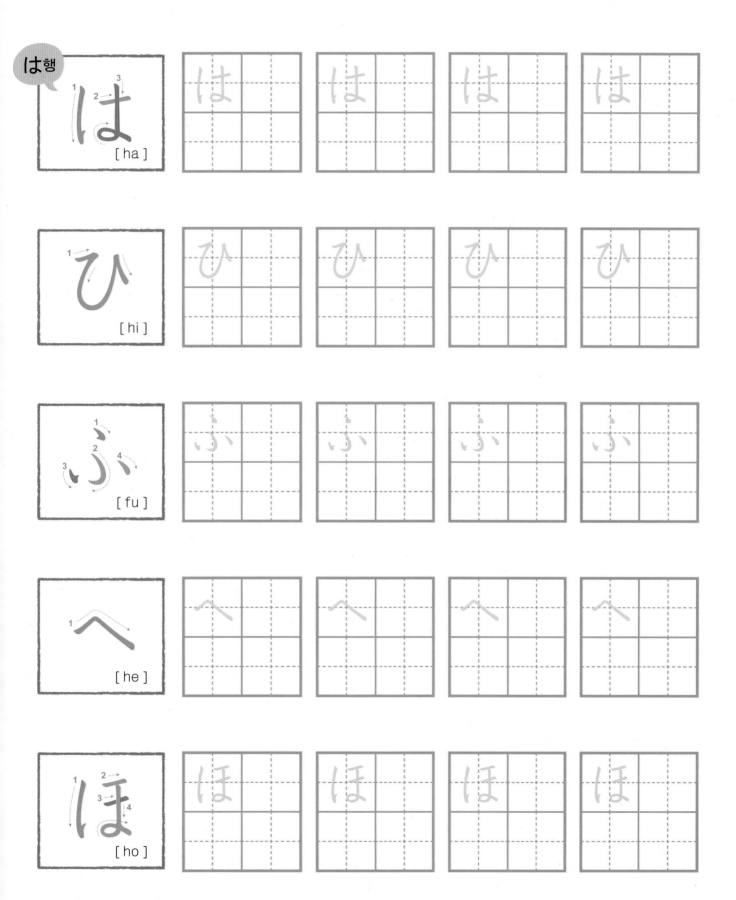

히라가나 쓰기 노트

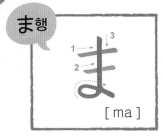

ま행

[ma]

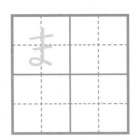 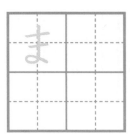 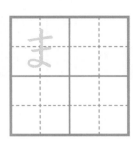 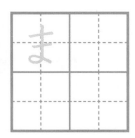

[mi]

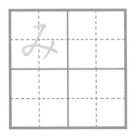  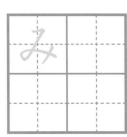 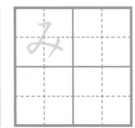

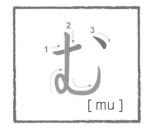
[mu]

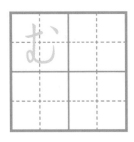  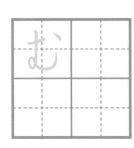 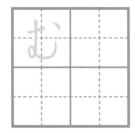

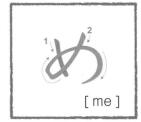
[me]

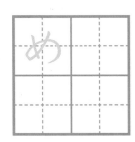 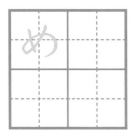 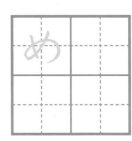 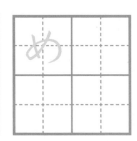

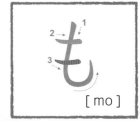
[mo]

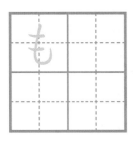 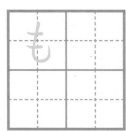 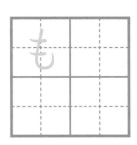 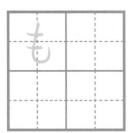

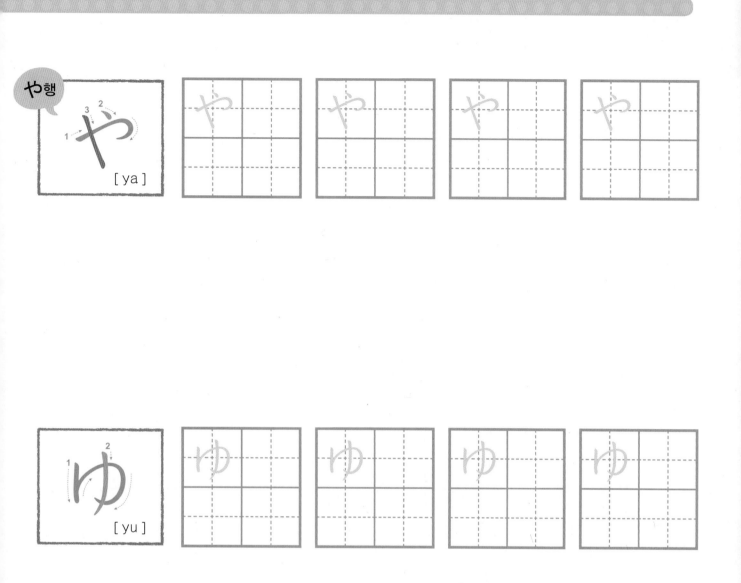

や [ya]

ゆ [yu]

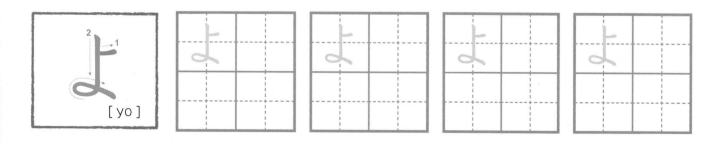

よ [yo]

히라가나 쓰기 노트

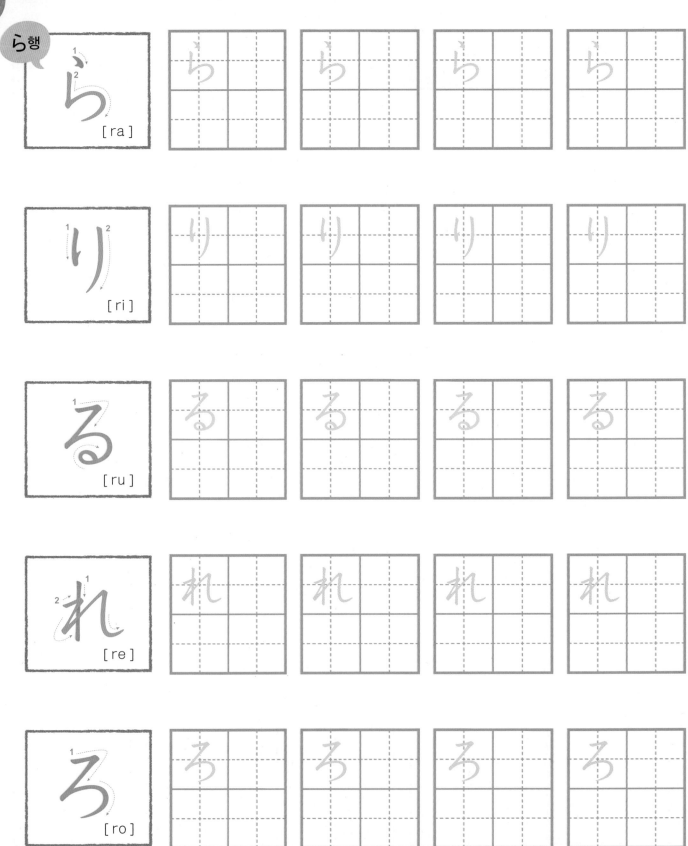

ら행

ら [ra]

り [ri]

る [ru]

れ [re]

ろ [ro]

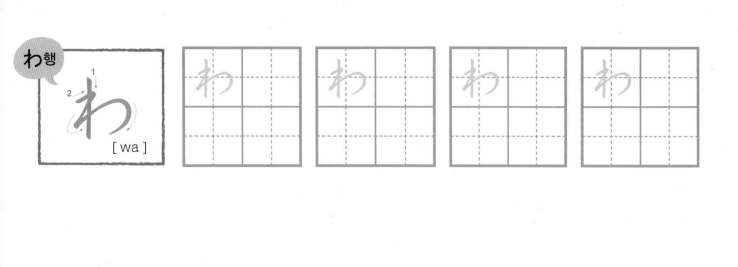

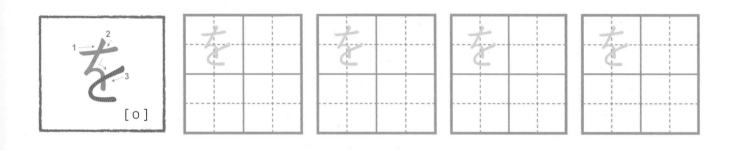

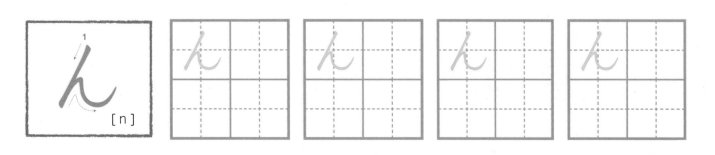

1 あ お | あ お あ お あ お あ お

2 い り | い り い り い り い り

3 う ら | う ら う ら う ら う ら

4 る ろ | る ろ る ろ る ろ る ろ

5 き さ ち | き さ ち き さ ち

6 ぬ の め | ぬ の め ぬ の め

7 ね れ わ | ね れ わ ね れ わ

8 は ほ ま | は ほ ま は ほ ま

가타카나 쓰기 노트

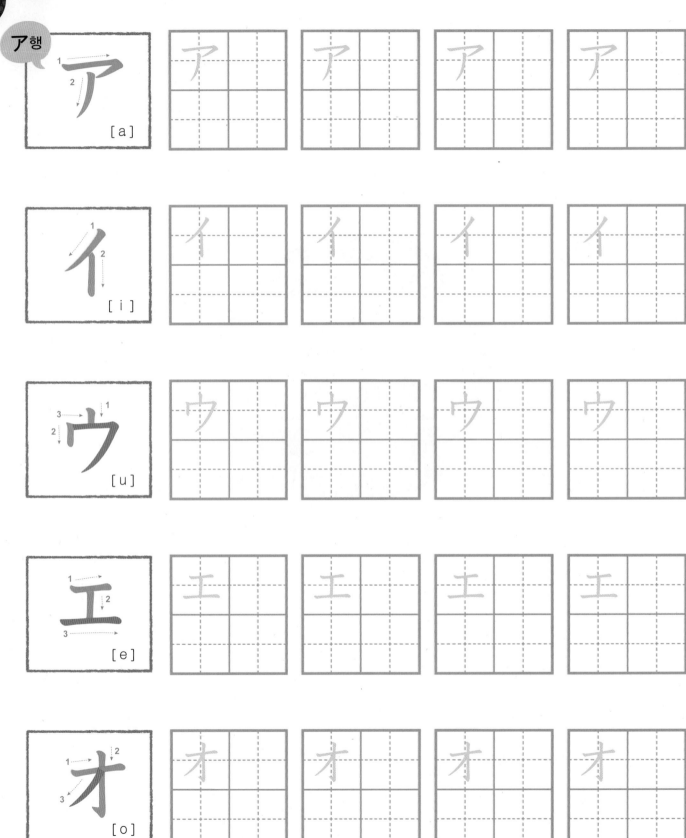

ア행

ア [a]

イ [i]

ウ [u]

エ [e]

オ [o]

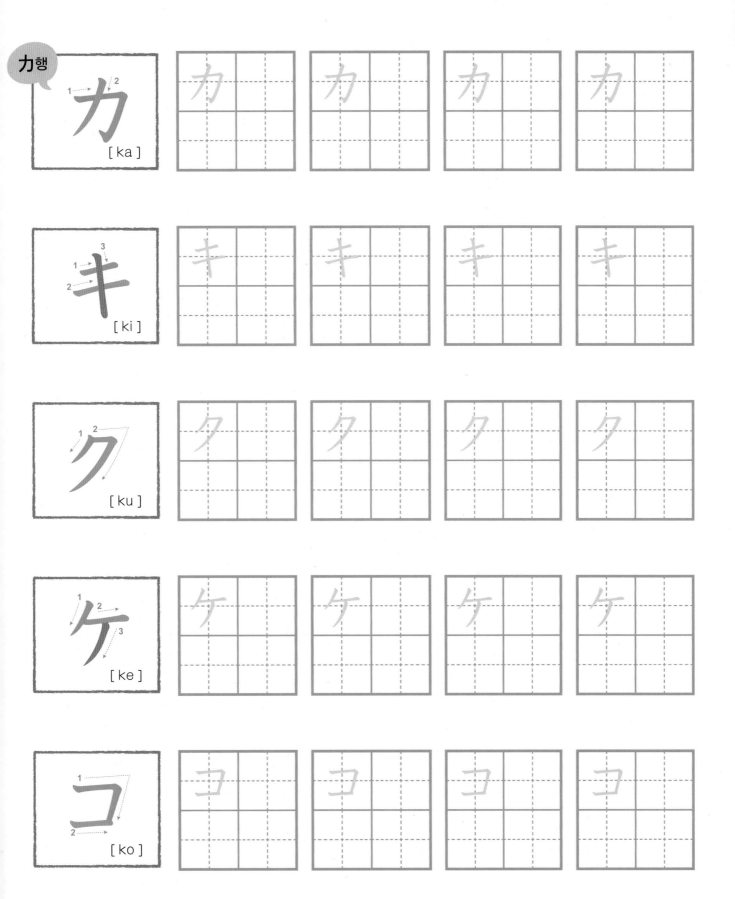

カ행

カ [ka]

キ [ki]

ク [ku]

ケ [ke]

コ [ko]

サ행

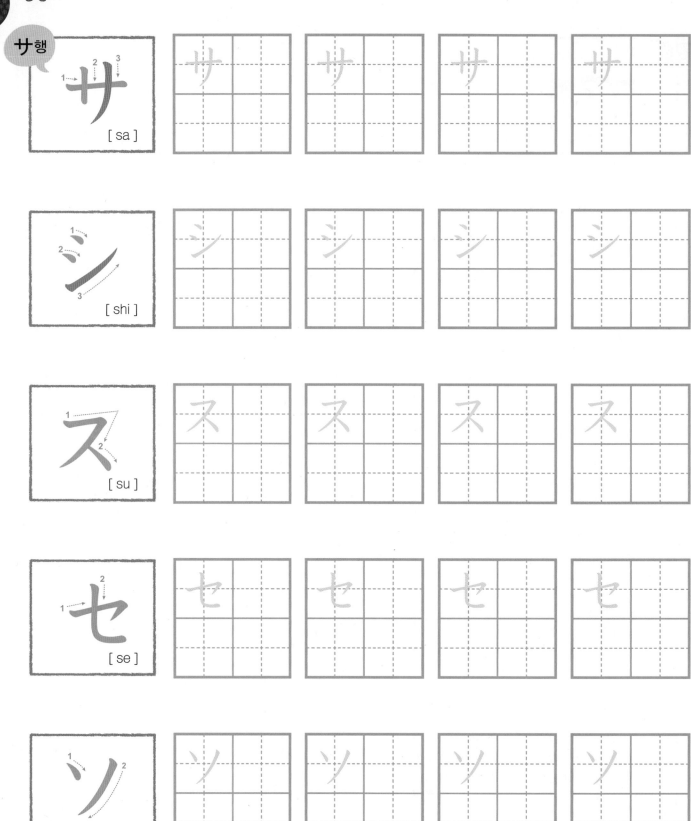

サ [sa]

シ [shi]

ス [su]

セ [se]

ソ [so]

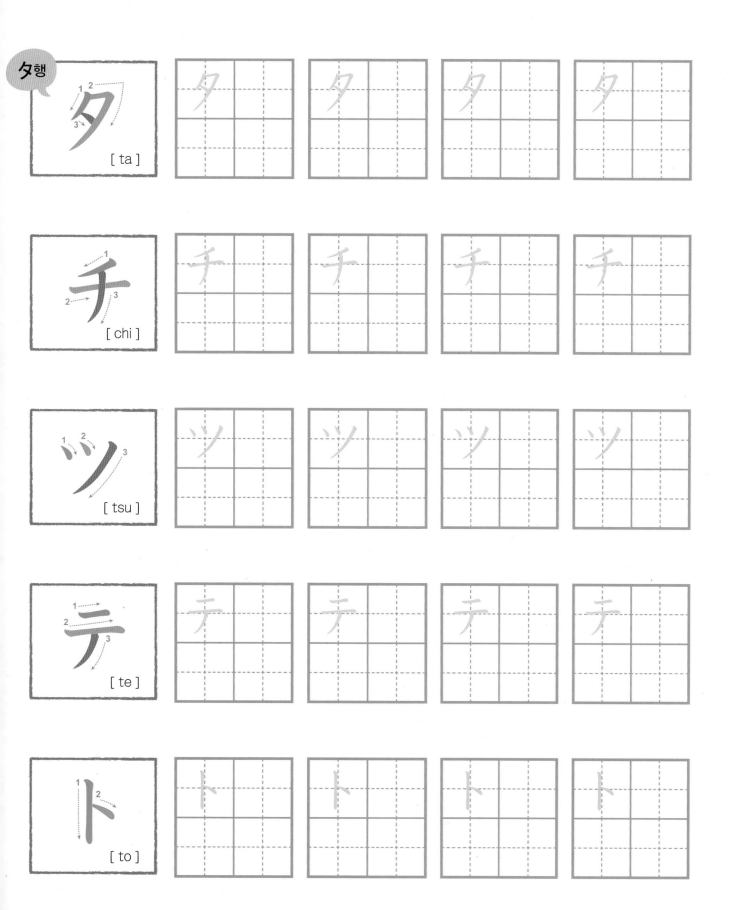

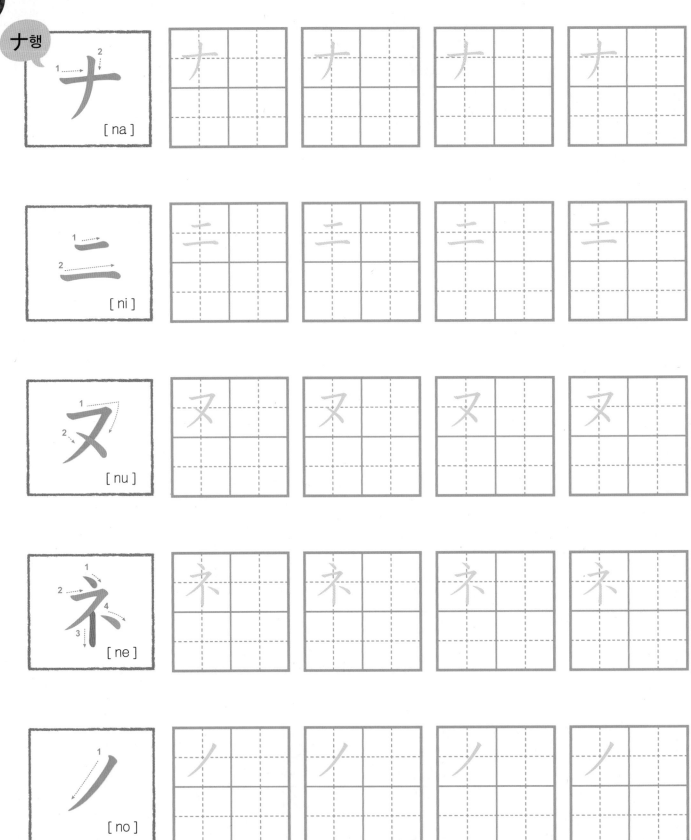

ナ행

ナ [na]

ニ [ni]

ヌ [nu]

ネ [ne]

ノ [no]

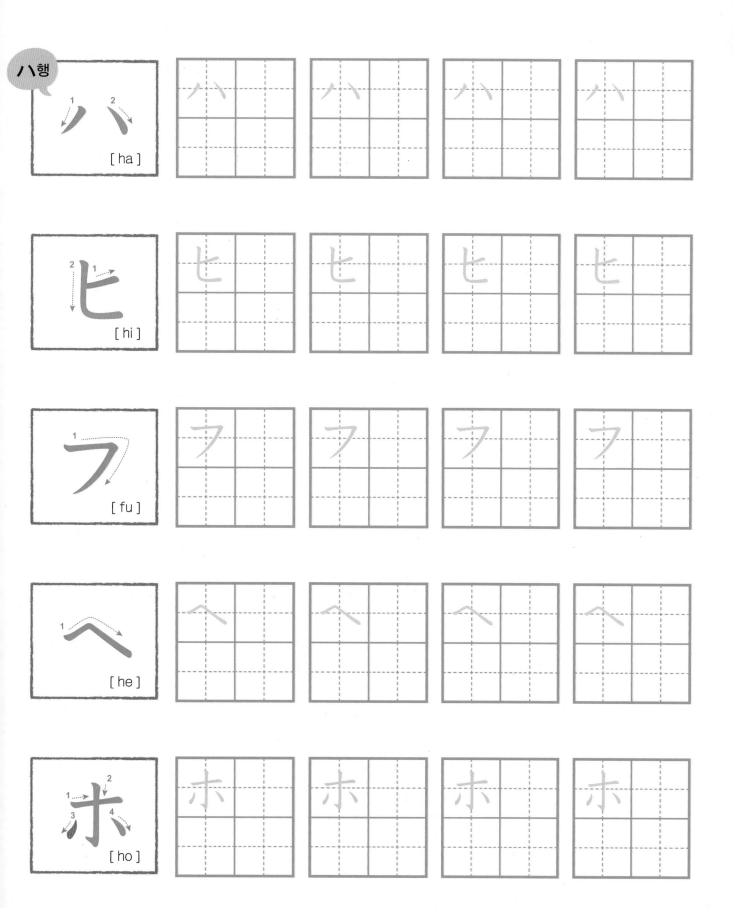

マ행

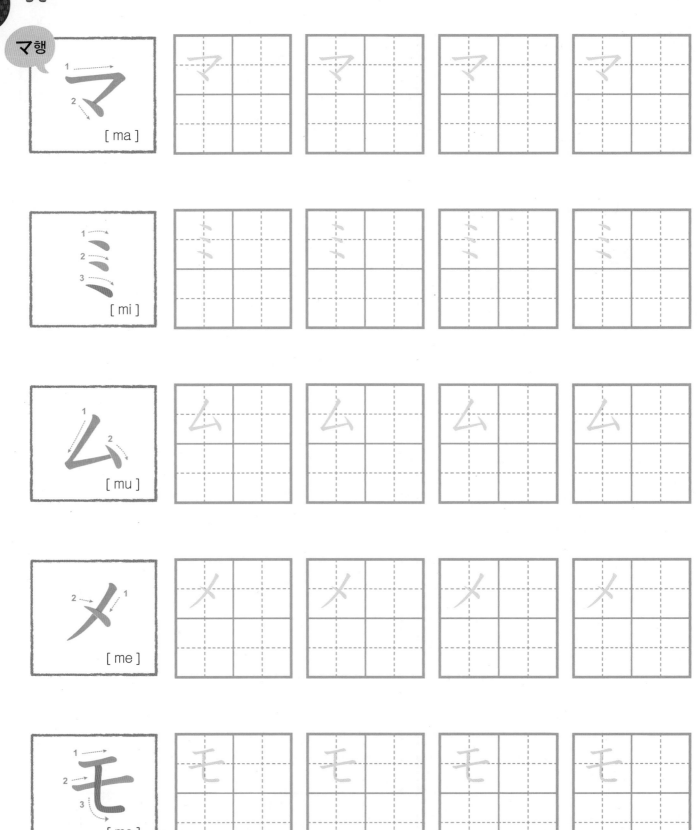

マ [ma]

ミ [mi]

ム [mu]

メ [me]

モ [mo]

ヤ행

ヤ
[ya]

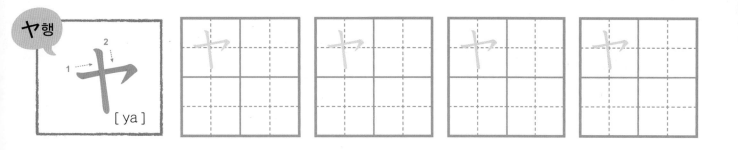

ユ
[yu]

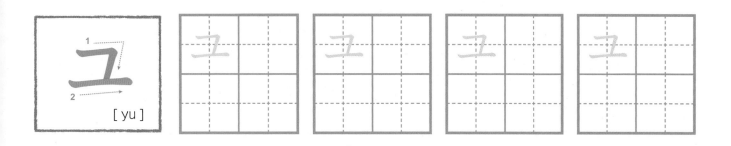

ヨ
[yo]

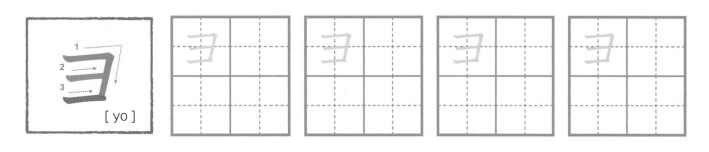

ラ행

ラ [ra]

リ [ri]

ル [ru]

レ [re]

ロ [ro]

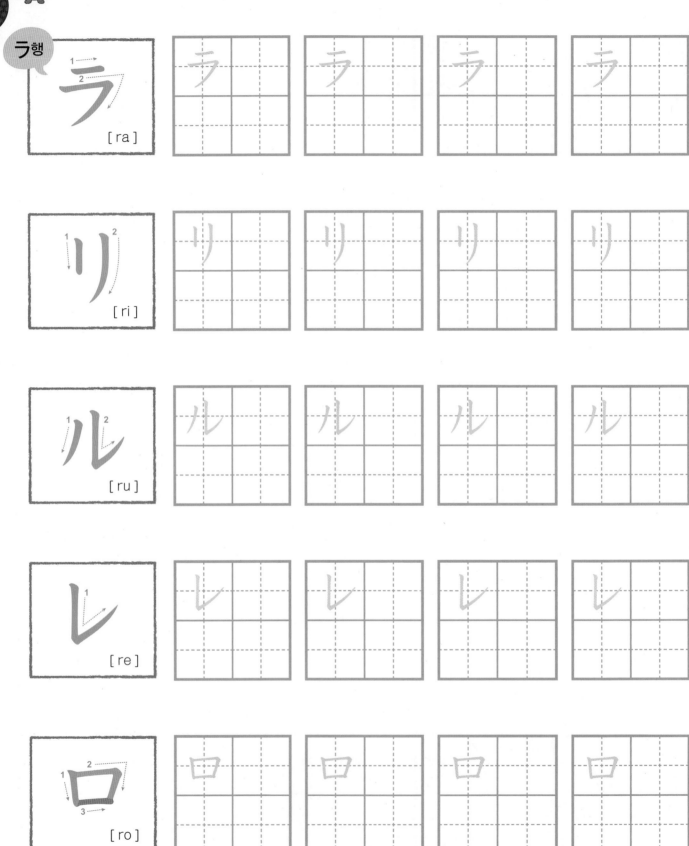

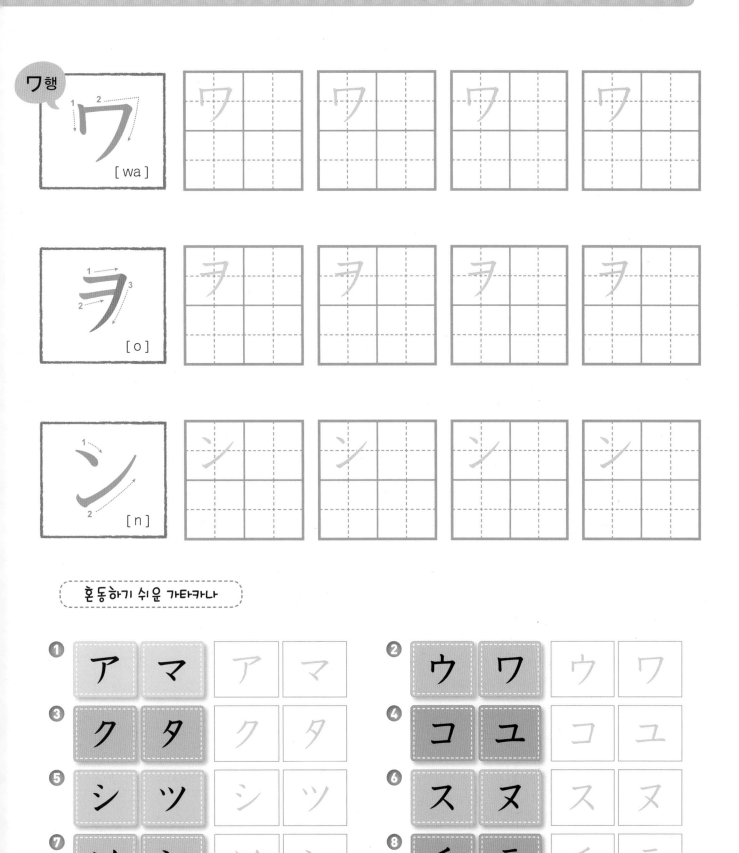

ワ행

ワ [wa]

ヲ [o]

ン [n]

혼동하기 쉬운 가타카나

❶ ア マ
❷ ウ ワ
❸ ク タ
❹ コ ユ
❺ シ ツ
❻ ス ヌ
❼ ソ ン
❽ チ テ

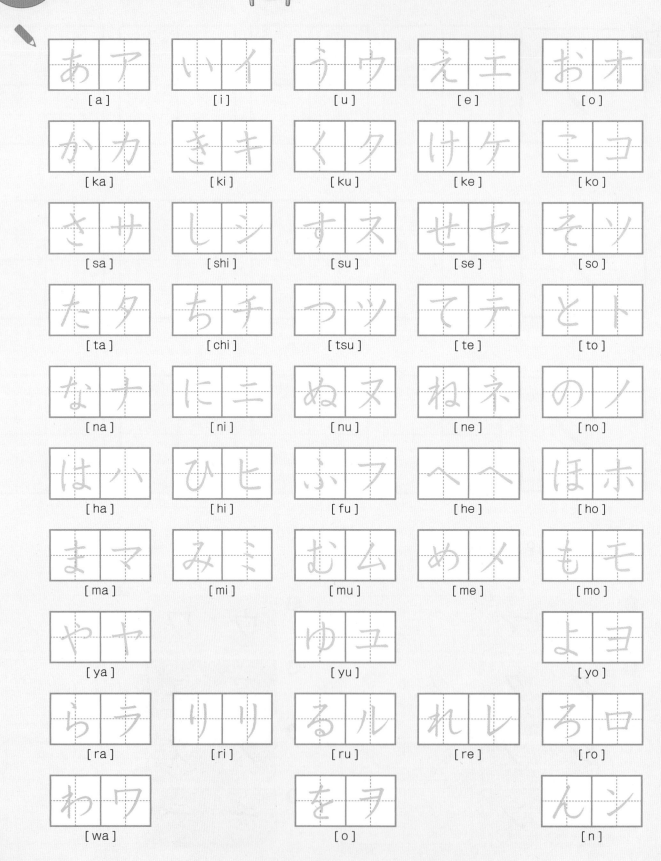

あ ア [a]	い イ [i]	う ウ [u]	え エ [e]	お オ [o]
か カ [ka]	き キ [ki]	く ク [ku]	け ケ [ke]	こ コ [ko]
さ サ [sa]	し シ [shi]	す ス [su]	せ セ [se]	そ ソ [so]
た タ [ta]	ち チ [chi]	つ ツ [tsu]	て テ [te]	と ト [to]
な ナ [na]	に ニ [ni]	ぬ ヌ [nu]	ね ネ [ne]	の ノ [no]
は ハ [ha]	ひ ヒ [hi]	ふ フ [fu]	へ ヘ [he]	ほ ホ [ho]
ま マ [ma]	み ミ [mi]	む ム [mu]	め メ [me]	も モ [mo]
や ヤ [ya]		ゆ ユ [yu]		よ ヨ [yo]
ら ラ [ra]	り リ [ri]	る ル [ru]	れ レ [re]	ろ ロ [ro]
わ ワ [wa]		を ヲ [o]		ん ン [n]

쓰기 노트

✏️ 문장을 따라 쓰고 해석해 봅시다.

① はじめまして。

쓰기 _____

해석 _____

② こちらは イ・ハナさんです。

쓰기 _____

해석 _____

③ しゅみは りょうりです。

쓰기 _____

해석 _____

④ かんこくから きました。

쓰기 _____

해석 _____

⑤ どうぞ よろしく おねがいします。

쓰기 _____

해석 _____

⑥ こちらこそ よろしく。

쓰기 _____

해석 _____

⑦ わたしの けいたいの ばんごうです。

쓰기 _____

해석 _____

쓰기 노트

문장을 따라 쓰고 해석해 봅시다.

① ただいま。

쓰기 _____

해석 _____

② おかえりなさい。

쓰기 _____

해석 _____

③ おじゃまします。

쓰기 _____

해석 _____

④ おちゃ、どうぞ。

쓰기 _____

해석 _____

⑤ なんにん かぞくですか。

쓰기 _____

해석 _____

⑥ いいえ、こうこうせいじゃ ありません。

쓰기 _____

해석 _____

⑦ ちち、はは、おとうと ふたり、そして わたしの 5にん かぞく。

쓰기 _____

해석 _____

✏️ 문장을 따라 쓰고 해석해 봅시다.

① 人が たくさん いるね。

쓰기

해석

② 本屋には おもしろい まんがも たくさん あるよ。

쓰기

해석

③ ところで、えいがかんは どこ?

쓰기

해석

④ わたしたちの まちは とても にぎやかです。

쓰기

해석

⑤ デパートの となりに 高い たてものが あります。

쓰기

해석

⑥ きれいな こうえんや じんじゃなどが あります。

쓰기

해석

⑦ 本は どこに ありますか。

쓰기

해석

쓰기 노트

✏️ 문장을 따라 쓰고 해석해 봅시다.

❶ 何に する？

쓰기 _____

해석 _____

❷ 水と おちゃと どっちが いい？

쓰기 _____

해석 _____

❸ いただきます。

쓰기 _____

해석 _____

❹ 韓国の ラーメンは やすくて おいしいです。

쓰기 _____

해석 _____

❺ たべものの 中で 何が いちばん すきですか。

쓰기 _____

해석 _____

❻ ぼくは すしが すきです。

쓰기 _____

해석 _____

❼ ごちそうさまでした。

쓰기 _____

해석 _____

✏️ **문장을 따라 쓰고 해석해 봅시다.**

❶ こんどの 日<small>にち</small>ようび、時間<small>じかん</small> ある？

　　쓰기 _____

　　해석 _____

❷ 何時<small>なんじ</small>に あいますか。

　　쓰기 _____

　　해석 _____

❸ 4時<small>よじ</small>はんに しぶや駅<small>えき</small>の 西口<small>にしぐち</small>で。

　　쓰기 _____

　　해석 _____

❹ ゆかた よく にあうね。

　　쓰기 _____

　　해석 _____

❺ きんぎょすくい どう？

　　쓰기 _____

　　해석 _____

❻ 日本語<small>にほんご</small>、上手<small>じょうず</small>ですね。

　　쓰기 _____

　　해석 _____

❼ たこやき、たべましょう。

　　쓰기 _____

　　해석 _____

✏️ 문장을 따라 쓰고 해석해 봅시다.

① 映画を 見せる つもりです。

쓰기 _____

해석 _____

② ぼくたちが 作りました。

쓰기 _____

해석 _____

③ 映画は 何時から 始まりますか。

쓰기 _____

해석 _____

④ ほかの ところも 見に 行く？

쓰기 _____

해석 _____

⑤ いっしょに しませんか？

쓰기 _____

해석 _____

⑥ あそびながら、日本の 文化が わかります。

쓰기 _____

해석 _____

⑦ わたしも やりたい！

쓰기 _____

해석 _____

✏ 문장을 따라 쓰고 해석해 봅시다.

① どうしたんですか。

<u>쓰기</u> _____

<u>해석</u> _____

② ちょっと あたまが いたいんです。

<u>쓰기</u> _____

<u>해석</u> _____

③ 少し 休んでから 病院に 行きましょう。

<u>쓰기</u> _____

<u>해석</u> _____

④ はやく 元気に なってね。お大事に。

<u>쓰기</u> _____

<u>해석</u> _____

⑤ そこに 入れて ください。

<u>쓰기</u> _____

<u>해석</u> _____

⑥ この カードを 使っても いいですか。

<u>쓰기</u> _____

<u>해석</u> _____

⑦ はい、いいですよ。

<u>쓰기</u> _____

<u>해석</u> _____

9과 쓰기 노트

문장을 따라 쓰고 해석해 봅시다.

① すぐ 後に じしんが 来ると いう 音だよ。

쓰기 _____

해석 _____

② あぶない！

쓰기 _____

해석 _____

③ 早く つくえの 下に 入って ください！

쓰기 _____

해석 _____

④ しずかに 外に 出ましょう。

쓰기 _____

해석 _____

⑤ けいたい電話でも 聞く ことが できますよ。

쓰기 _____

해석 _____

⑥ 前の 人を おさないで ください。

쓰기 _____

해석 _____

⑦ 外に 出る 時、走らないで ください。

쓰기 _____

해석 _____

10과 쓰기 노트

✏️ **문장을 따라 쓰고 해석해 봅시다.**

① スキーを した ことが ある？

쓰기 _____

해석 _____

② おんせんに 入った ほうが いいわよ。

쓰기 _____

해석 _____

③ まず、おんせんに 行きましょう。

쓰기 _____

해석 _____

④ あけまして おめでとうございます。

쓰기 _____

해석 _____

⑤ 雪で 白い 山が とても きれいでした。

쓰기 _____

해석 _____

⑥ スキーを したり、おんせんに 入ったり します。

쓰기 _____

해석 _____

⑦ 日本で たくさんの 思い出が できました。

쓰기 _____

해석 _____

나만의 정리 노트 **1**

✅ 밑줄 친 부분에 알맞은 일본어를 써 봅시다.

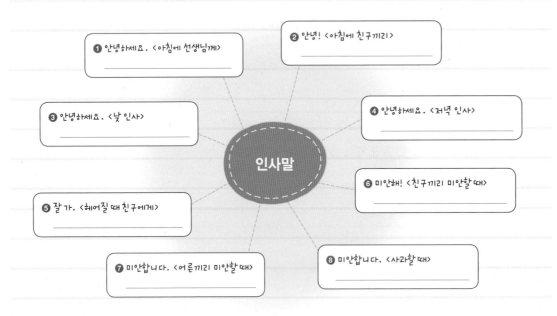

❶ 안녕하세요. 〈아침에 선생님께〉
_____

❷ 안녕! 〈아침에 친구끼리〉
_____

❸ 안녕하세요. 〈낮 인사〉
_____

❹ 안녕하세요. 〈저녁 인사〉
_____

인사말

❺ 잘 가. 〈헤어질 때 친구에게〉
_____

❻ 미안해! 〈친구끼리 미안할 때〉
_____

❼ 미안합니다. 〈어른끼리 미안할 때〉
_____

❽ 미안합니다. 〈사과할 때〉
_____

✅ 해당하는 단어를 찾아 표시해 봅시다.

찾을 단어

얼굴 / 초밥 / 벚꽃 / 후지산 / 음악 / 일본

あ	さ	ふ	り	ん	ご	ど	お
ま	す	じ	ば	か	に	ほ	ん
し	を	さ	く	ら	い	て	が
か	み	ん	か	お	こ	ち	く
は	む	よ	め	ぺ	る	わ	せ

1 과

나만의 정리 노트 2

1. 촉음

2. 발음

3. 장음

4. 박

5. 인사말

나만의 정리 노트 1

✅ 밑줄 친 부분에 알맞은 일본어를 써 봅시다.

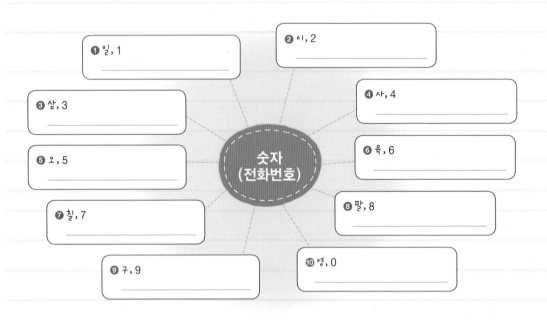

① 일, 1

② 이, 2

③ 삼, 3

④ 사, 4

⑤ 오, 5

⑥ 육, 6

⑦ 칠, 7

⑧ 팔, 8

⑨ 구, 9

⑩ 영, 0

숫자
(전화번호)

✅ 십자말풀이를 완성해 봅시다.

가로 열쇠

① 휴대 전화
② 친구
③ 앞으로

세로 열쇠

ⓐ 나
ⓑ 이쪽
ⓒ 한국

나만의 정리 노트 2

1. 자기소개

2. 타인 소개

3. 숫자 세기

4. 학교생활

나만의 정리 노트 1

☑ 밑줄 친 부분에 알맞은 일본어를 써 봅시다.

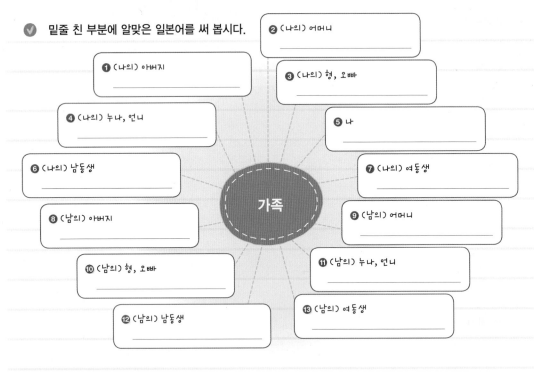

2 (나의) 어머니
_____

1 (나의) 아버지
_____

3 (나의) 형, 오빠
_____

4 (나의) 누나, 언니
_____

5 나
_____

6 (나의) 남동생
_____

7 (나의) 여동생
_____

가족

8 (남의) 아버지
_____

9 (남의) 어머니
_____

10 (남의) 형, 오빠
_____

11 (남의) 누나, 언니
_____

12 (남의) 남동생
_____

13 (남의) 여동생
_____

☑ 해당하는 단어를 찾아 표시해 봅시다.

찾을 단어
가족 / 과자 / 그리고 / 고등학교 / 고타쓰 / 이것 / 실례하겠습니다

む	さ	そ	み	こ	う	こ	う
お	か	し	る	た	ぢ	れ	き
ほ	ぞ	て	ん	つ	け	の	も
ぱ	く	い	ろ	へ	な	せ	い
あ	お	じ	ゃ	ま	し	ま	す

나만의 정리 노트 2

1. **가족 호칭**

   [나의 가족]

   [○○ 씨의 가족]

2. **こ・そ・あ・ど**

3. **명사의 부정**

4. **사람 수 세기**

5. **일본의 주택**

6. **일본의 방문 예절**

나만의 정리 노트 1

밑줄 친 부분에 알맞은 일본어를 써 봅시다.

❶ 왼쪽
_____

❷ 오른쪽
_____

❸ 앞
_____

❹ 뒤
_____

❺ 위
_____

❻ 아래
_____

위치와 건물

❼ 안, 가운데
_____

❽ 우체국
_____

❾ 공원
_____

❿ 도서관
_____

⓫ 편의점
_____

⓬ 서점
_____

십자말풀이를 완성해 봅시다.

가로 열쇠

❶ 어린이
❷ 정말
❸ 크다
❹ 즐겁다

세로 열쇠

ⓐ 스모
ⓑ 많이
ⓒ 조용하다
ⓓ 깨끗하다

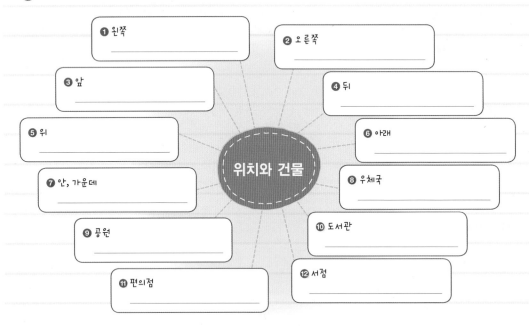

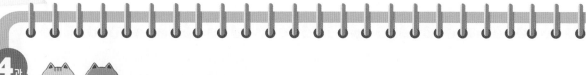

4과

1. **존재 표현**

2. **い형용사**

    [기본형]

    [정중형]

    [명사 수식]

3. **な형용사**

    [기본형]

    [정중형]

    [명사 수식]

4. **대중문화**

5. **스포츠**

5과

나만의 정리 노트 **1**

☑ 밑줄 친 부분에 알맞은 일본어를 써 봅시다.

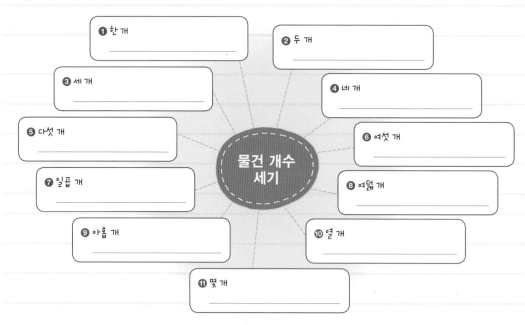

❶ 한 개

_____

❷ 두 개

_____

❸ 세 개

_____

❹ 네 개

_____

❺ 다섯 개

_____

❻ 여섯 개

_____

물건 개수 세기

❼ 일곱 개

_____

❽ 여덟 개

_____

❾ 아홉 개

_____

❿ 열 개

_____

⓫ 몇 개

_____

☑ 해당하는 단어를 찾아 표시해 봅시다.

찾을 단어 물 / 다코야키 / 좋아하다 / 얼마 / 어렵다 / 음식

す	じ	ば	か	た	あ	す	ま
を	さ	く	た	こ	や	き	え
み	ぽ	か	べ	よ	れ	だ	か
む	よ	に	も	づ	わ	る	ら
ん	せ	み	の	め	そ	く	ふ
う	む	ず	か	し	い	ち	ぐ
さ	ふ	り	ん	ご	す	じ	ら

5과

나만의 정리 노트 2

1. 선택

2. 두 가지 비교

3. 세 가지 이상 비교

4. 물건 개수 세기

5. 형용사 활용

     [い형용사]

     [な형용사]

6. 음식 문화

나만의 정리 노트 1

✅ 밑줄 친 부분에 알맞은 일본어를 써 봅시다.

❶ 여섯 시 – 일어납니다
_____

❷ 일곱 시 – 먹습니다
_____

❸ 여덟 시 – 갑니다
_____

❹ 네 시 – 돌아옵니다
_____

시간과 동사

❺ 아홉 시 – 봅니다
_____

❻ 열 시 – 읽습니다
_____

❼ 열한 시 – 잡니다
_____

✅ 십자말풀이를 완성해 봅시다.

가로 열쇠

❶ 잘하다
❷ 축제
❸ 유카타
❹ 합니다
❺ 수요일

세로 열쇠

ⓐ 요리
ⓑ 아직
ⓒ 먹습니다

나만의 정리 노트 2

1. 동사의 종류

2. 동사의 활용

① ～ます

[1류 동사]

[2류 동사]

[3류 동사]

② ～ましょう

[1류 동사]

[2류 동사]

[3류 동사]

3. 의복 문화

4. 마쓰리

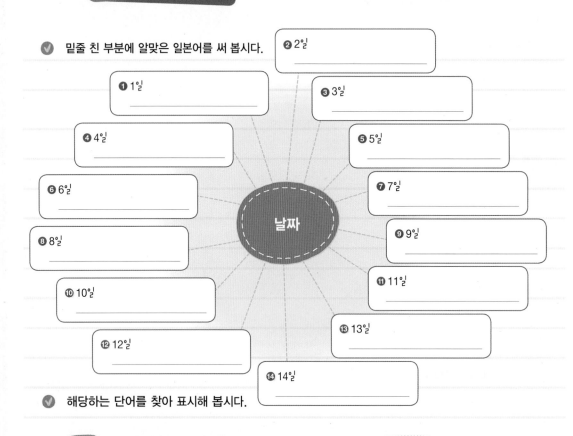

7과

나만의 정리 노트 1

✔ 밑줄 친 부분에 알맞은 일본어를 써 봅시다.

❶ 1일

❷ 2일

❸ 3일

❹ 4일

❺ 5일

❻ 6일

❼ 7일

❽ 8일

❾ 9일

⓫ 11일

❿ 10일

⓭ 13일

⓬ 12일

⓮ 14일

날짜

✔ 해당하는 단어를 찾아 표시해 봅시다.

찾을 단어
동아리 활동 / 학교 축제 / 1일 / 영화 / 생각, 예정 / 겐다마 / 시작되다

ふ	さ	あ	り	ん	え	さ	じ
ま	ぶ	ん	か	さ	い	あ	き
し	か	さ	く	ら	が	の	く
か	つ	い	た	ち	こ	れ	は
は	む	も	め	し	た	が	じ
ふ	ん	り	り	け	ん	だ	ま
ら	い	て	つ	る	な	ぞ	る

7과

나만의 정리 노트 2

1. 동사의 활용(～ます/～ました/～たい/～ながら)

    [1류 동사]

    [2류 동사]

    [3류 동사]

2. 동사의 ます형 + に 行く

3. 동사의 기본형 + つもり

4. 동아리 활동

5. 학교 축제

나만의 정리 노트 1

✔ 밑줄 친 부분에 알맞은 일본어를 써 봅시다.

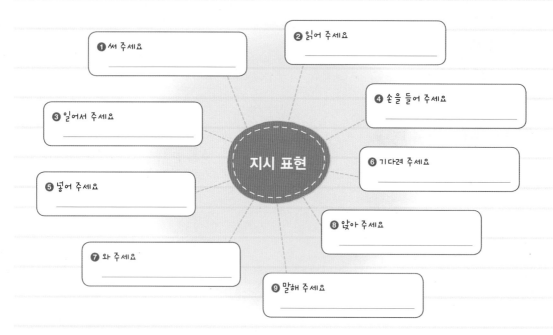

1 써 주세요

2 읽어 주세요

3 일어서 주세요

4 손을 들어 주세요

5 넣어 주세요

6 기다려 주세요

7 와 주세요

8 앉아 주세요

9 말해 주세요

지시 표현

✔ 십자말풀이를 완성해 봅시다.

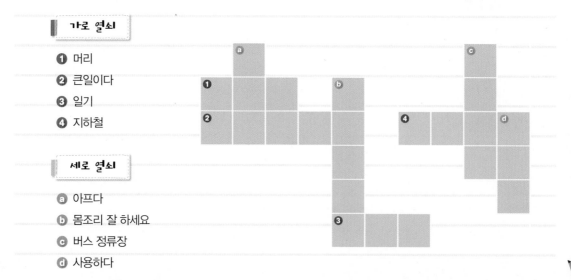

가로 열쇠

1 머리
2 큰일이다
3 일기
4 지하철

세로 열쇠

a 아프다
b 몸조리 잘 하세요
c 버스 정류장
d 사용하다

8과

나만의 정리 노트 2

1. **동사의 て형**

   [1류 동사]

   [2류 동사]

   [3류 동사]

2. **て형 문형**

   [〜てから]

   [〜て ください]

   [〜ても いいです]

3. **교통 문화**

나만의 정리 노트 1

☑ 밑줄 친 부분에 알맞은 일본어를 써 봅시다.

❶ 가지 않다

❷ 하지 않다

❸ 오지 않다

❹ 보지 않다

동사의 ない형

❺ 먹지 않다

❻ 마시지 않다

❼ 말하지 않다

❽ 만나지 않다

❾ 뛰지 않다

❿ 읽지 않다

☑ 해당하는 단어를 찾아 표시해 봅시다.

찾을 단어
위험하다 / 뒤, 나중 / 소리 / 목소리 / 밀지 않다 / 지키다, 보호하다 / 할 수 있다 / 마네키네코

ざ	さ	あ	と	ん	す	れ	お
ま	ろ	ぶ	ば	か	ま	も	る
お	さ	な	い	ら	ね	あ	き
と	み	い	か	で	き	る	ご
は	む	よ	め	ぺ	ね	れ	ち
に	じ	ん	し	そ	こ	え	け
ら	い	て	つ	る	な	が	く

9과

나만의 정리 노트 2

1. **동사의 ない형**

　　[1류 동사]

　　[2류 동사]

　　[3류 동사]

2. **동사의 가능 표현**

　　[1류 동사]

　　[2류 동사]

　　[3류 동사]

3. **위기관리**

10과

나만의 정리 노트 1

✔ 밑줄 친 부분에 알맞은 일본어를 써 봅시다.

❶ 하고, 했다

❷ 가고, 갔다

❸ 수영하고, 수영했다

❹ 기다리고, 기다렸다

동사의
て・た형

❺ 쉬고, 쉬었다

❻ 말하고, 말했다

❼ 쓰고, 썼다

❽ 보고, 봤다

❾ 먹고, 먹었다

❿ 오고, 왔다

✔ 십자말풀이를 완성해 봅시다.

가로 열쇠

❶ 처음
❷ 돕다
❸ 오마모리
❹ 생기다
❺ 쉬었다
❻ 여러분

세로 열쇠

ⓐ 약
ⓑ (방송) 프로그램
ⓒ 온천
ⓓ 하쓰모데

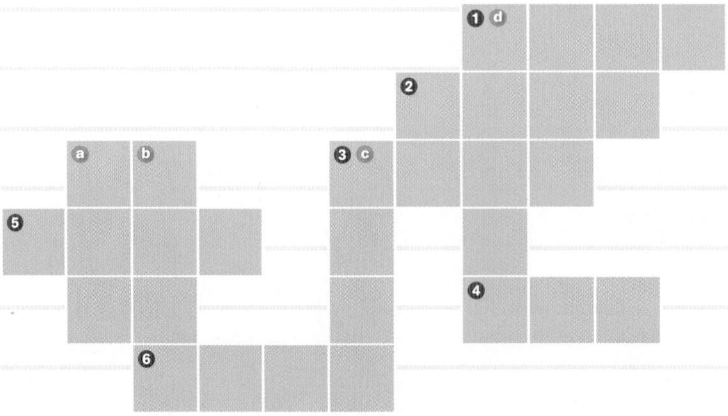

나만의 정리 노트 2

10과

1. **동사의 た형**

    [1류 동사]

    [2류 동사]

    [3류 동사]

2. **형용사의 과거형**

    [い형용사]

    [な형용사]

3. **관광 명소**

1과~2과

지필 평가 회

01 빈칸에 공통으로 들어갈 글자로 알맞은 것은?

□もの   ゆ□

① さ   ② ざ   ③ き
④ ぎ   ⑤ ち

02 빈칸에 들어갈 말을 순서대로 바르게 짝지은 것은?

> あ – い – う – え – □
> ま – み – む – □ – も
> ら – り – る – □ – ろ

① お – め – れ   ② を – め – ね
③ お – ぬ – ね   ④ を – ぬ – わ
⑤ お – め – わ

03 단어의 박자 수가 나머지 넷과 <u>다른</u> 하나는?

① かんじ   ② ひゃく
③ みっか   ④ おおい
⑤ いっしょ

04 일본어로 표기했을 때 장음이 들어 있는 단어를 보기에서 고른 것은?

> **보기**
>
> a. 음악   b. 수학   c. 오후   d. 영화

① a, b   ② a, c   ③ b, c
④ b, d   ⑤ c, d

05 빈칸에 들어갈 글자를 조합하여 만들 수 있는 단어의 의미로 알맞은 것은?

おに□さん   おね□さん

① 개   ② 비   ③ 산
④ 꽃   ⑤ 집

06 빈칸에 공통으로 들어갈 글자로 알맞은 것은?

ア□メ   コンビ□

① コ   ② ニ   ③ ヨ
④ ユ   ⑤ ロ

07 밑줄 친 부분과 발음이 같은 것은?

> おんがく

① かんじ　　　　② けんだま
③ ふじさん　　　④ にほんご
⑤ しんぶん

08 빈칸에 들어갈 말로 알맞은 것은?

おはよう。

① じゃあね
② バイバイ
③ こんにちは
④ ごめんなさい
⑤ おはようございます

09 발음이 같은 글자끼리 연결된 것은?

① そ ― ン　　　② る ― レ
③ ね ― ネ　　　④ た ― ク
⑤ め ― ノ

10 사과할 때의 인사말을 보기에서 있는 대로 고른 것은?

> 보기
> a. よろしく　　　b. すみません
> c. さようなら　　d. ごめんなさい

① a, b　　　② a, c　　　③ b, c
④ b, d　　　⑤ c, d

11 다음 글자를 이용해서 만들 수 없는 숫자는?

> く　し　ち　は　ろ

① 4　　　　② 5　　　　③ 6
④ 7　　　　⑤ 8

12 올바른 문장이 되도록 순서대로 배열한 것은?

> a. イ・ハナです　　　b. わたしは
> c. どうぞ　　　　　d. はじめまして
> e. よろしく

① a－b－c－d－e
② b－a－d－c－e
③ b－c－d－a－e
④ d－a－b－c－e
⑤ d－b－a－c－e

13 밑줄 친 부분의 발음이 다른 하나는?

① こんばんは
② こんにちは
③ はじめまして
④ しゅみは なんですか
⑤ こちらは キムさんです

14 빈칸에 공통으로 들어갈 글자로 알맞은 것은?

> A _____は ヤンさんです。
> B はじめまして。ヤンです。
> 　どうぞ よろしく おねがいします。
> C _____こそ、どうぞ よろしく。

① こちら　　　② わたし　　　③ しゅみ
④ みなさん　　　⑤ これから

[15~17] 다음을 읽고 물음에 답하시오.

> ユミ　はじめまして。ナ・ユミです。
> かんこく　　⊙　　きました。
> しゅみは りょこうです。
> どうぞ よろしく おねがいします。
> みほ　　　⊙　　。さくらこうこうの きむら
> みほです。
> しゅみは ピアノです。
> これ　　⊙　　どうぞ よろしく。

15 빈칸 ⊙에 공통으로 들어갈 조사로 알맞은 것은?

① の　　　　　② は　　　　　③ か
④ ね　　　　　⑤ から

16 빈칸 ⓒ에 들어갈 말로 알맞지 <u>않은</u> 것은?

① おはよう
② こんにちは
③ また、あした
④ はじめまして
⑤ おはようございます

17 글의 내용과 일치하는 것은?

① 유미와 미호의 취미는 같다.
② 유미는 현재 한국에 살고 있다.
③ 미호는 사쿠라 고등학교에 다닌다.
④ 유미와 미호는 같은 학교에 다닌다.
⑤ 유미와 미호는 일본에서 만난 적이 있다.

18 단어와 의미가 바르게 연결된 것은?

① サッカー・　　　　　・㉠ 번호
② ばんごう・　　　　　・㉡ 축구
③ ともだち・　　　　　・㉢ 친구
④ せんせい・　　　　　・㉣ 선생님
⑤ けいたい・　　　　　・㉤ 휴대 전화

19 빈칸 ⊙과 ⓒ에 들어갈 말로 알맞은 것끼리 짝지어진 것은?

> 전화번호를 읽을 때 '−'는 　⊙　 (으)로 읽고, '4, 7, 9'는 'よん, 　ⓒ　, きゅう'로 읽는다.

	⊙	ⓒ		⊙	ⓒ
①	の	いち	②	の	なな
③	の	はち	④	は	しち
⑤	は	なな			

20 일본의 연중행사에 대한 설명으로 알맞은 것을 보기에서 고른 것은?

> 보기
> a. 오쇼가쓰(おしょうがつ): 한 해의 신을 맞이하기 위해 가도마쓰와 가가미모치 등의 정월 장식을 하고, 오세치 요리를 먹는다.
> b. 히나마쓰리(ひなまつり): 3월 3일이며, 남자 아이의 건강한 성장을 기원한다.
> c. 단고노셋쿠(たんごのせっく): 3살·5살의 남자 아이, 3살·7살의 여자 아이들의 건강과 성장을 기원하는 행사이다.
> d. 오미소카(おおみそか): 한 해의 마지막 날에 신년을 맞이하기 위해 대청소를 하며 장수를 의미하는 도시코시소바를 먹는다.

① a, b　　　　② a, d　　　　③ b, c
④ b, d　　　　⑤ c, d

01 빈칸에 들어갈 말을 조건에 맞게 쓰시오.

> 요음이란, い를 제외한 い단 음의 오른쪽에 や, (㉠), (㉡)을(를) 작게 써서 표기한다. 요음은 문자는 두 개지만, 하나의 글자로 취급하여 한 박자의 길이로 발음한다. 1~10까지의 일본어 숫자 중 (㉢)와(과) 같은 숫자를 예로 들 수 있다.

조건
- 모두 히라가나로 쓸 것.
- ㉢은 숫자 한 개만 쓸 것.

02 다음은 친구를 소개하는 카드이다. 카드를 보고 빈칸에 알맞은 말을 히라가나로 쓰시오.

나의 친구

이름: イ・ジウ

휴대 전화: 010-2745-6384

취미: 요리

A みなさん、こんにちは。
　□□□は ともだちの イ・ジウさんです。

B はじめまして。イ・ジウです。
　けいたいの ばんごうは ゼロいちゼロの
　にななよんごの □□□□□□□□です。
　□□□は りょうりです。
　どうぞ □□□□ おねがいします。

03 두 번째 그림의 사람이 놀란 이유를 우리말로 서술하시오.

지필 평가 2회

01 다음 중 종류가 <u>다른</u> 것은?

① パン   ② りんご
③ ケーキ   ④ おかし
⑤ デパート

02 화살표 방향으로 순서대로 읽을 때 찾을 수 있는 단어는?

→	げ	お	ね	か	ば
→	か	ん	こ	こ	き
→	ぬ	は	ん	こ	ゆ
→	お	ひ	だ	り	れ
→	う	し	ろ	お	つ

① 위   ② 왼쪽
③ 상자   ④ 한국
⑤ 고등학교

03 단어와 의미가 바르게 연결된 것을 <u>모두</u> 고른 것은?

> **보기**
> a. こえん – 공원
> b. ぎんこう – 은행
> c. ゆびんきょく – 우체국
> d. としょうかん – 도서관
> e. こうこうせい – 고등학생

① a, b   ② b, e   ③ a, b, c
④ b, c, e   ⑤ b, d, e

04 일본어와 방향 표시가 올바른 것은?

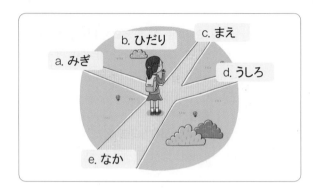

① a   ② b   ③ c
④ d   ⑤ e

05 다음 단어를 일본어로 끝말잇기를 할 때 빈칸에 들어갈 단어의 뜻은?

> 오른쪽 → _____ → 위

① 역   ② 은행   ③ 요리
④ 야구   ⑤ 우체국

06 단어의 뜻이 바른 것은?

① たかい – 크다   ② ちいさい – 작다
③ おおきい – 많다   ④ しずかだ – 잘하다
⑤ おもしろい – 맛있다

07 빈칸에 들어갈 말로 알맞은 것은?

> へやの 中に _____が います。

① はな   ② いす
③ はこ   ④ ねこ
⑤ かばん

08 다음 대화의 상황으로 알맞은 것은?

> **A** ただいま。
> **B** おかえり。

① 외출할 때　　　　② 헤어질 때

③ 귀가할 때　　　　④ 아침에 만났을 때

⑤ 저녁에 만났을 때

09 빈칸에 들어갈 인사말은?

おじゃまします。

① どうも

② ただいま

③ ありがとう

④ すみません

⑤ いらっしゃい

10 빈칸에 들어갈 말로 알맞은 것은?

	사물	장소	명사수식	방향
이				⑤
그	①	②		
저		③		
어느			④	

① あれ　　　② そこ　　　③ ここ

④ どれ　　　⑤ あちら

11 빈칸에 들어갈 말로 알맞은 것은?

> **A** おとうさんですか。
> **B** はい、_____です。

① はは　　　　② ちち

③ あね　　　　④ おとうと

⑤ いもうと

[12~14] 대화를 읽고 물음에 답하시오.

> これ、みほちゃんの かぞくの しゃしん？
> はい。わたしは ななにん かぞくです。
> こちらは おにいさんですか。
> はい、わたしの ___㉠___ です。
> ちち、はは、さんにんの ___㉠___ 、___㉡___ 、___㉢___
> わたしです。
> じゃ、おとこの ひとは よにんですね。
> はい、そうです。

12 빈칸 ㉠, ㉡에 들어갈 말로 알맞은 것은?

	㉠	㉡		㉠	㉡
①	あね	あに	②	あね	おとうと
③	あね	いもうと	④	あに	おとうと
⑤	あに	いもうと			

13 B( )의 가족 중 여자는 모두 몇 명인가?

① ふたり　　　② ひとり　　　③ ごにん

④ さんにん　　⑤ はちにん

14 빈칸 ㉢에 들어갈 말로 알맞은 것은?

① これ　　　② そこで　　　③ そして

④ それで　　⑤ ところで

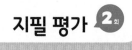

15 하나의 방 호수로 알맞은 것은?

> - なみの へやの となりに みほの へやが あります。
> - ジホの へやの したは シウの へやです。
> - みほの へやの うえには ハナの へやが あります。

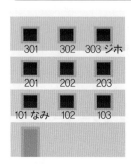

① 102
② 201
③ 202
④ 203
⑤ 301

[16~17] 대화를 읽고 물음에 답하시오.

> A 人が [많이] ㉠ある/いる ね。
> B そうだね。ここには おおきい 本屋が ㉡ある/いる よ。
> A こどもも ㉢ある/いる よ。
> B うん、おもしろい まんがも ㉣ある/いる から。
> A ところで、えいがかんは どこに ㉤ある/いる ？

16 빈칸 [   ]에 들어갈 말로 알맞은 것은?

① おおい
② おおきい
③ たくさん
④ ほんとう
⑤ ちいさい

17 빈칸 ㉠~㉤에 들어갈 말이 같은 것끼리 짝지어진 것은?

① ㉠, ㉡
② ㉠, ㉢
③ ㉠, ㉡, ㉢
④ ㉠, ㉢, ㉣
⑤ ㉠, ㉣, ㉤

18 올바른 문장이 되도록 순서대로 배열한 것은?

> a. たかい
> b. あります
> c. デパートの
> d. たてものが
> e. となりに

① a-b-e-c-d
② c-b-d-e-a
③ c-e-a-d-b
④ d-c-b-e-a
⑤ e-a-c-b-d

19 다음은 무엇에 대한 설명인지 고르시오.

> 씨름판 위에서 두 명의 선수가 서로 맞잡고 넘어뜨리거나, 밖으로 밀어내거나 하며 힘과 기술을 겨루는 일본의 전통 스포츠로서, 최고 순위의 선수를 よこづな라고 한다.

① アニメ
② すもう
③ やきゅう
④ サッカー
⑤ ジェー・ポップ

20 일본의 주거 문화에 대한 설명으로 옳은 것을 <u>모두</u> 고른 것은?

> 보기
> a. アパート는 한국의 고층 아파트나 고급빌라와 비슷하다.
> b. 욕실은 대부분 화장실과 별개의 공간으로 분리되어 있다.
> c. 일반적인 주거 형태로 いっこだて, マンション, アパート 등이 있다.
> d. こたつ는 온열기가 달린 탁자에 이불을 덮어놓은 형태의 난방 기구이다.
> e. たたみ는 주로 꽃이나 인형을 두어 장식하는 공간으로, 그 개수로 방의 크기를 말한다.

① a, b
② a, c, d
③ b, c, d
④ a, b, c, d
⑤ a, b, c, d, e

01 밑줄 친 문장을 부정문으로 바꾸어 ひらがな로 쓰시오.

> わたしは だいがくせいです。

02 빈칸에 들어갈 알맞은 말을 ひらがな로 쓰시오.

> **A** みほさんの まちは にぎやかですか。
> **B** はい、とても ＿＿＿＿＿＿ まちです。

03 상황에 맞게 빈칸에 들어갈 알맞은 표현을 ひらがな로 쓰시오.

ただいま。

01 화폐의 가격을 <u>잘못</u> 읽은 것은?

① ごひゃくえん ② せんえん

③ にせんえん ④ ごせんえん

⑤ まんえん

02 빈칸 ㉠과 ㉡에 들어갈 조사로 가장 알맞은 것은?

> **A** 何___㉠___ する?
> **B** わたしは ぎゅうどん___㉡___ おちゃに する。

	㉠	㉡		㉠	㉡
①	に	が	②	に	に
③	に	と	④	と	から
⑤	と	より			

[03~04] 다음을 읽고 물음에 답하시오.

> ハナ 何に する?
> ともや ぼくは みそラーメンに する。
> ハナ わたしも。
> なみ わたしは とんカツに する。
> 　　　 ラーメンは あまり すきじゃ ないから。
> ともや あの、___㉠___。
> 　　　 みそラーメン ___㉡___、それから とんカツ ひとつ おねがいします。

03 빈칸 ㉠에 들어갈 말로 알맞은 것은?

① どうぞ ② いくら ③ すみません
④ ごめんなさい ⑤ いらっしゃいませ

04 빈칸 ㉡에 들어갈 말로 알맞은 것은?

① ふたつ ② みっつ
③ ひとつ ④ よっつ
⑤ いつつ

05 끝말잇기를 할 때 빈칸에 들어갈 말로 알맞은 것은?

> 中 → _____ → 9時

① 何 ② 韓国 ③ 何時
④ 時間 ⑤ 上手

[06~07] 다음을 읽고 물음에 답하시오.

> ユミ 韓国の ラーメンは からくて おいしい です。
> けんじ ぼくも 韓国の ラーメンが すきです。 ユミさんは にほんの たべものの 中 で 何が いちばん すきですか。
> ユミ わたしは すしが いちばん すきです。 ……
> けんじ _____ですか。
> 店の人 はい、ぜんぶで せんよんひゃく円で す。

06 빈칸에 들어갈 말로 알맞은 것은?

① いくら ② いくつ ③ どちら
④ いちばん ⑤ なんばん

07 대화의 내용과 일치하는 것은?

① 겐지는 한국 라면을 좋아하지 않는다.
② 두 사람이 지불할 가격은 1,040엔이다.
③ 겐지가 좋아하는 일본 음식은 라면이다.
④ 유미는 일본 음식 중 초밥을 가장 좋아한다.
⑤ 유미는 한국 라면이 싸고 맛있다고 생각한다.

▶ 예시 답안 및 해설은 240쪽

08 빈칸에 공통으로 들어갈 말로 옳은 것은?

> 일본의 대중적인 요리 중에는 □□가 붙는 음식이 많은데, 일본의 요리법 중의 하나인 □□는 '구이'라는 뜻이다. 대표적인 음식으로, たこ□□, □□そば, おこのみ□□ 등이 있다.

① やい　　② すき　　③ めん
④ やき　　⑤ てり

09 짝지어진 대화가 자연스러운 것은?

① A おちゃ、どうぞ。
　 B ごちそうさま。
② A 何に する？
　 B わたしも。
③ A どんな くだものを すきですか。
　 B わたしは りんごを すきです。
④ A 日本の ラーメンは からいですか。
　 B いいえ、からくて ないです。
⑤ A やきゅうと サッカーと どっちが おもしろい？
　 B やきゅうの ほうが おもしろい。

10 자연스러운 문장이 되도록 순서대로 나열했을 때 빈칸 ㉠에 들어갈 말로 알맞은 것은?

> **보기**
> a. 中で　　b. 何が　　c. スポーツの
> d. いちばん　　e. すきですか

| | | ㉠ | | いちばん | |

① a　　② b　　③ c
④ d　　⑤ e

11 빈칸에 들어갈 말로 알맞지 <u>않은</u> 것은?

> _____、上手ですね。

① え　　② うた　　③ じかん
④ りょうり　　⑤ にほんご

[12~14] 다음을 읽고 물음에 답하시오.

> なみ　ハナちゃん、こんどの ㉠月ようび、時間 ある？
> ハナ　うん。どうして？
> ともや　みんなで おまつりに いきます。ハナさんも いっしょに どうですか。
> ハナ　ええ、ぜひ。何時に あいますか。
> ともや　ろくじはん ㉡ かんだ駅 ㉢。
> ハナ　はい、わかりました。

12 밑줄 친 ㉠을 옳게 읽은 것은?

① か　　② げつ　　③ がつ
④ にち　　⑤ きん

13 빈칸 ㉡과 ㉢에 들어갈 조사로 알맞은 것은?

	㉡	㉢		㉡	㉢
①	に	と	②	に	に
③	に	で	④	へ	に
⑤	へ	で			

14 글의 내용으로 보아 알 수 있는 것은?

① 마쓰리는 간다역에서 실시한다.
② 도모야는 마쓰리에 가지 않는다.
③ 하나는 6시에 모두와 만나기로 했다.
④ 하나는 이번 월요일에 마쓰리에 가기로 했다.
⑤ 나미는 하나에게 만날 시간과 장소를 알려 주었다.

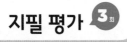

15 그림에 대한 일본어 설명이 옳은 것은?

① ねます

② たべます

③ おきます

④ いきます

⑤ よみます

16 그림의 동작에 해당하는 동사와 같은 종류의 동사를 보기에서 있는 대로 고른 것은?

> **보기**
> a. みます b. します
> c. いきます d. あいます

① a, b
② b, c
③ c, d
④ a, b, c
⑤ b, c, d

17 빈칸에 들어갈 말로 알맞은 것만을 보기에서 고른 것은?

> **A** たこやき いっしょに _____。
> **B** たこやき、いいですね。
>
> **보기**
> a. どうですか b. たべましょう
> c. よくにあうね d. じょうずですね

① a, b ② a, c ③ a, d
④ b, c ⑤ b, d

18 유미의 하루 일과이다. 글의 내용과 맞지 <u>않는</u> 것은?

> ごぜん しちじに おきます。
> ごぜん はちじに がっこうへ いきます。
> ごご ごじに がっこうから かえります。
> ごご ろくじに ごはんを たべます。
> それから おんがくを ききます。
> ごご はちじに テレビを みます。

① 오전 7시에 일어난다.
② 오전 8시에 학교에 간다.
③ 오후 8시에 텔레비전을 본다.
④ 오후 5시에 학교에서 돌아온다.
⑤ 오후 6시에 음악을 듣고 밥을 먹는다.

19 기모노에 대한 설명으로 <u>잘못된</u> 것은?

① 일본의 대표적인 전통 의상이다.
② 주로 결혼식, 성인식, 졸업식 때 입는다.
③ 왼쪽 부분이 오른쪽 위로 가도록 입는다.
④ 기모노를 입을 때 신는 신발을 게다라고 한다.
⑤ 오비는 기모노를 입을 때 두르는 넓은 허리띠를 말한다.

20 다음에서 설명하는 것은?

> 기모노의 일종으로 평상복으로 입을 수 있는 간편한 옷이다. 목욕 후, 또는 불꽃놀이, 본오도리 등의 여름 축제 때 주로 입는다. 이것을 입을 때는 일본식 버선을 신지 않고 게다를 신는다.

① げた ② まつり ③ ゆかた
④ ぞうり ⑤ はなび

01 ㉠과 ㉡에 해당하는 시간을 히라가나로 쓰시오.

㉠ _____ じ　　　　㉡ _____ じ

02 여자의 대답을 상황에 맞게 일본어로 바꾸고, 남자가 멋쩍어 하는 이유를 일본인의 언어 행동 문화와 관련하여 우리말로 서술하시오.

03 다음은 어느 학생의 일본어 서술 평가 답안지이다. 일본어 표기가 <u>잘못된</u> 부분을 바르게 고쳐 쓰시오.

_____ 학년 _____ 반 _____ 번　이름: _____

• 다음을 일본어로 작문하시오.

⑴ 잘 먹겠습니다. → いだたぎます。

→ _____ 。

⑵ 한국 라면은 맛있고 쌉니다. → かんこくの ラーメンは おいしいくて たかいです。

→ _____ 。

⑶ 다코야키 먹읍시다. → たこやき、たべりましょ。

→ _____ 。

01 히라가나로 읽을 때 박자의 수가 <u>다른</u> 것은?

① 写真　　② 元気　　③ 有名
④ 食事　　⑤ 映画

02 B의 상태를 나타낸 것으로 알맞은 것은?

> A どうしたんですか。
> B ちょっと おなかが いたいんです。

① 　② 　③

④ 　⑤

03 다음을 검색한 결과가 <u>아닌</u> 것은?

> 일본의 교통수단 🔍

① ふね　　② ぶんか　　③ タクシー
④ ひこうき　　⑤ ちかてつ

04 빈칸에 들어갈 말로 자연스러운 것은?

はやく 元気に なってね。
_____。

① おだいじに　　② わかりません
③ 楽しみですね　　④ へえ、すごいですね
⑤ それは たいへんですね

05 빈칸에 들어갈 말로 가장 알맞은 것은?

> A ふゆやすみ、何を しますか。
> B _____。

① 本を 読んで ください
② スキーを ならいました
③ アニメを 見ても いいです
④ フランス語を ならう つもりです
⑤ コンサートを 見に 行きませんか

06 대화의 빈칸에 들어갈 말로 알맞은 것은?

すみません、_____ても いいですか。
ええ、いいですよ。

① まどを あけ　　② ここに おい
③ やきゅうを し　　④ しゃしんを とっ
⑤ りょうりを つくっ

07 빈칸에 들어갈 말로 알맞은 것은?

> A しゅうまつ、何を したいですか。
> B _____たいです。

① 少し 休む　　② すしを 食べる
③ うたを うたう　　④ 映画を 見ます
⑤ 友だちと あそび

▶ 예시 답안 및 해설은 242쪽

[08~09] 다음은 A가 버스 운전기사와 나누는 대화이다. 물음에 답하시오.

> **A** あのう、さくらぎんこうに 行きますか。
> **B** _____㉠_____。
> **A** いくらですか。
> **B** 160円です。_____㉡_____。
> **A** この カードを 使っても いいですか。
> **B** _____㉢_____。

08 ㉠~㉢에 들어갈 말을 보기에서 골라 순서대로 나열한 것은?

> **보기**
> a. そこに 入れて ください
> b. はい、行きます
> c. はい、いいですよ

① a－b－c ② a－c－b
③ b－a－c ④ b－c－a
⑤ c－a－b

09 A가 가려는 곳을 나타낸 것으로 알맞은 것은?

①   ②   ③

④   ⑤

10 빈칸에 들어갈 말로 알맞은 것은?

> **A** あの、さくら病院は _____ 行きますか。
> **B** 学校の 前の バスていで バスに 乗って さくら病院で おります。

① いつ ② だれが ③ どこに
④ なにに ⑤ どうやって

11 빈칸에 들어갈 말로 알맞은 것은?

> きのう、友だちと 映画を _____。

① 見ます ② 見ました
③ 見ません ④ 見る つもりです
⑤ 見て ください

12 대화가 자연스러운 것은?

① **A** あした、何 する？
  B 楽しみですね。
② **A** まどを あけて ください。
  B おだいじに。
③ **A** ちょっと ねつが あるんです。
  B それは たいへんですね。
④ **A** 映画は 何時から 始まりますか。
  B はい、いいですね。
⑤ **A** いっしょに サッカーを しませんか。
  B へえ、すごいですね。

13 교실에서 볼 수 있는 지시사항이다. 우리말로 옳게 해석한 것으로 짝지어진 것은?

> a. 立って ください。앉아 주세요。
> b. 手を あげて ください。손을 들어 주세요。
> c. 本を 読んで ください。책을 읽어 주세요。
> d. ノートに 書いて ください。잘 들어 주세요。

① a, b ② a, c ③ b, c
④ b, d ⑤ c, d

14 빈칸에 공통으로 들어갈 조사로 알맞은 것은?

> ◦ ボランティア___ 行きます。
> ◦ おこのみやきを 食べ___ 行きます。

① を ② で ③ と
④ に ⑤ から

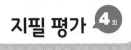
15 ㉠~㉣에 들어갈 말이 같은 것끼리 짝지어진 것은?

- なまえを 書㉠て ください。
- 手を あら㉡ても いいですか。
- ここに すわ㉢ても いいですか。
- あそこで あそ㉣でも いいですか。

① ㉠, ㉡　　② ㉠, ㉢　　③ ㉡, ㉢
④ ㉡, ㉣　　⑤ ㉢, ㉣

16 빈칸에 들어갈 말로 알맞은 것만을 보기에서 있는 대로 고른 것은?

> **A** この 本、読んでも いいですか。
> **B** _____。
>
> 보기
> a. はい、そうです　　b. それは、ちょっと……
> c. ええ、いいですよ

① a　　② a, b　　③ a, c
④ b, c　　⑤ a, b, c

17 ㉠~㉣에 들어갈 말로 알맞은 것은?

> ハナ　　ともやくんの クラスは 何を しますか。
> ともや　映画を 見せる ㉠ です。ぼくたちが 作りました。
> ハナ　　へえ、すごいですね。
> ともや　ぼくも ちょっとだけ 出ます。
> ハナ　　㉡ですね。映画は ㉢ 始まり ますか。
> ともや　3時からです。
> なみ　　まだ 時間 ㉣、ほかの ところも 見に 行く?
> ハナ　　うん。

	㉠	㉡	㉢	㉣
①	楽しみ	何時から	つもり	あるから
②	つもり	楽しみ	何時から	あるから
③	あるから	楽しみ	何時から	つもり
④	楽しみ	つもり	あるから	何時から
⑤	つもり	何時から	楽しみ	あるから

18 일본 고등학생의 동아리 활동에 대한 설명으로 옳은 것은?

① 분카사이는 크게 문화부와 운동부로 나뉜다.
② 모든 학생들이 한 가지 이상씩의 동아리 활동에 참여한다.
③ 동아리 활동을 부카쓰라고 하며, 학생들이 자율적으로 활동한다.
④ 동아리 활동은 일반적으로 9~11월에 주말을 포함하여 3일 정도 진행된다.
⑤ 학교 축제를 기타쿠부라고 하며 동아리별 부스와 반별 부스로 운영된다.

19 사진에 대한 설명으로 옳은 것은?

① 노약자를 보호하기 위한 표시이다.
② 도난 방지를 위한 자전거 등록번호이다.
③ 자전거 주차 요금을 정산할 때 사용한다.
④ 전철에 가지고 탈 수 있는 정기권 번호이다.
⑤ 자전거 초보운전의 표시이며, 일 년간 부착한다.

20 일본의 교통문화에 대한 설명으로 옳은 것만을 보기에서 있는 대로 고른 것은?

> 보기
> a. 자동차의 운전석은 오른쪽에 있다.
> b. 우리나라와 같이 차량이 도로의 오른쪽을 달린다.
> c. 전철과 버스에는 노약자 보호석 표시가 따로 없다.
> d. 우리나라의 KTX와 비슷한 고속열차를 'でんしゃ' 라고 한다.

① a　　② a, c　　③ a, d
④ b, d　　⑤ b, c, d

01 주어진 표현을 사용하여 일본어로 바꾸어 쓰시오

· 少し 休む。

· 病院に 行く。

조금 쉬고 나서 병원에 가세요.

조건
· 주어진 말의 형태를 바꿀 것

02 주어진 동사를 사용하여 문장을 완성하고, 한국어로 해석하시오.

⑴ くすりは 水と (飲む) ください。

⑵ おふろに (入る) ても いいです。

03 빈칸에 공통으로 들어갈 말을 일본어로 쓰고 각 장면에서 사용된 의미를 쓰시오.

(1)

だいじょうぶですか。

(2)

これ、どうぞ。

01 빈칸에 공통으로 들어갈 글자로 알맞은 것은?

> ◦ エ__ベーター
> ◦ テ__ビ

① ラ   ② リ   ③ ル

④ レ   ⑤ ロ

02 다음 한자 읽기에 공통으로 사용되는 글자는?

> ◦ 音   ◦ 後   ◦ 外

① お   ② あ   ③ そ

④ と   ⑤ た

03 동사의 '~た형'이 옳지 <u>않은</u> 것은?

① 聞く → 聞いた   ② 買う → 買った

③ 読む → 読んだ   ④ 行く → 行った

⑤ 帰る → 帰えった

04 빈칸에 들어갈 말로 가장 알맞은 것은?

> ここには 自転車を _____。

① 来ないで ください

② おさないで ください

③ 食べた ことが あります

④ とめる ことが できません

⑤ 泳いだ ほうが いいです

05 한자를 바르게 읽은 것은?

① 電話 – てんは   ② 昨日 – きのう

③ 漢字 – がんし   ④ 家族 – がそく

⑤ 新聞 – しんぷん

06 빈칸에 공통으로 들어갈 말로 알맞은 것은?

> ◦ 日本へ 行った _____ が ありますか。
> ◦ 英語の 新聞を 読む _____ が できます。

① ほう   ② こと   ③ すぐ

④ から   ⑤ まで

07 빈칸에 공통으로 들어갈 말로 알맞은 것은?

> ◦ あぶないですから さわら_____ くだ
> さい。
> ◦ 前の 人を おさ_____ ください。

① なく   ② ない   ③ ないで

④ なくて   ⑤ なかった

08 다음 중 밑줄 친 부분의 표기가 <u>잘못된</u> 것은?

① <u>ドアや まど</u>を あけて ください。

② <u>なっとう</u>を 食べた ことが あります。

③ これは <u>ふくわらい</u>と いう あそびです。

④ 日本で <u>たっさんの</u> 思い出が できました。

⑤ 上から おちる <u>もの</u>に 気を つけて ください。

09 빈칸에 들어갈 글자를 조합하여 만들 수 있는 낱말은?

- 頭 – あ□ま
- 海 – □み

① 音   ② 歌   ③ 声
④ 上   ⑤ 前

[10~12] 다음 대화를 읽고 물음에 답하시오.

なみ　　あ、おなかが すいたね。___㉠___、
　　　　ごはんに する？
なみの母　まず、おんせんに 入った ほうが
　　　　いいわよ。さむいから。
ハナ　　わたしも おんせんが いいと
　　　　___㉡___ます。
なみの母　じゃあ、㉢まず、おんせんに 行きま
　　　　しょう。

10 빈칸 ㉠에 들어갈 말로 가장 알맞은 것은?

① まだ   ② なに   ③ びっくり
④ そろそろ   ⑤ もちろん

11 빈칸 ㉡에 들어갈 말로 가장 알맞은 것은?

① あるき   ② つくり   ③ まもり
④ やすみ   ⑤ おもい

12 빈칸 ㉢의 우리말 해석으로 가장 알맞은 것은?

① 자주   ② 우선   ③ 점점
④ 가끔   ⑤ 조금

13 빈칸 ㉠, ㉡, ㉢에 들어갈 말을 순서대로 배열한 것은?

- あれは まねきねこ____㉠____ ものです。
- としょかんでも 映画を 見る____㉡____。
- 早く 病院へ 行った____㉢____ ですよ。

보기
　a. ことが できます
　b. ほうが いい
　c. という

① a－b－c   ② a－c－b
③ b－a－c   ④ b－c－a
⑤ c－a－b

14 그림의 상황으로 보아 **B**의 대답으로 가장 알맞은 것은?

A 日本の 料理を 作りたいんですが……。
B

① そうじを しません。
② プールで 泳ぎました。
③ 友だちに 会ったり します。
④ おんせんに 行った ことが あります。
⑤ インターネットで 調べた ほうが いいですよ。

15 다음 문장을 알맞은 형태로 바꿔 바르게 완성한 것은?

> ◦ 本を 読む   ◦ 山に 登る   ◦ します

① 本を 読みだり 山に 登っだり します。
② 本を 読んだり 山に 登んだり します。
③ 本を 読いたり 山に 登んたり します。
④ 本を 読んだり 山に 登っだり します。
⑤ 本を 読んたり 山に 登っだり します。

16 다음에 제시된 내용과 관련이 있는 것은?

> ◦ つくえや テーブルの 下に 入って、
>   頭を まもって ください。
> ◦ 上から おちる ものに 気を つけて
>   ください。

① 자기소개   ② 스키 타기   ③ 여행 준비
④ 새해 인사   ⑤ 지진 대응

17 빈칸에 들어갈 동사를 순서대로 배열한 것은?

> ◦ きものを _____
> ◦ はなびを _____
> ◦ なっとうを _____
> ◦ おかねを _____
>
> 보기
> | a. ひろう | b. 見る |
> | c. 食べる | d. 着る |

① c − d − a − b   ② c − a − b − d
③ a − b − d − c   ④ b − a − d − c
⑤ d − b − c − a

18 밑줄 친 동사의 의미가 다른 것은?

① 宿題を する
② そうじを する
③ スキーを する
④ さんぽを する
⑤ ボランティアを する

19 일본의 수도인 '도쿄'와 관련 있는 것들로만 묶인 것은?

① 원폭돔, 도톤보리
② 수리성, 이쓰쿠시마
③ 도톤보리, 긴카쿠지
④ 기요미즈데라, 후지산
⑤ 스카이트리, 가미나리몬

20 다음 그림과 관련 있는 단어는?

① おまもり   ② けんだま
③ ふくわらい   ④ はつもうで
⑤ まねきねこ

01 보기와 같이 금지 표현으로 바르게 고쳐 쓰시오.

보기

写真を とる　→　写真を とらないで ください。

(1) 大きい 声で 話す　→ _____

(2) けいたいを 使う　→ _____

02 사진에서 유리창에 붙어 있는 역삼각형 표시가 무엇인지 설명하시오.

03 다음을 일본어로 작문하시오.

(1) 스키를 타 본 적이 있습니까?

(2) 새해 복 많이 받으세요.

일본에 대해 알아봅시다

p.8

01 ○		**02** ×		**03** ○		**04** ×
05 ×		**06** ○		**07** ○		

ヒント

1 일본의 인구는 약 1억 2천 7백만 명으로 해마다 감소하고 있다.

2 가장 큰 섬은 혼슈이다.

3 일본은 혼슈, 규슈, 시코쿠, 홋카이도의 4개의 큰 섬으로 이루어져 있다.

4 일본의 국토는 남북으로 길게 뻗어 있으며, 면적은 한반도의 1.7배 정도이다.

1과 단원 평가

p.28

01 ②		**02** ④		**03** ③		**04** ①
05 ④		**06** ②		**07** ③		**08** ③

ヒント

1 '행'은 같은 자음을 가진 문자를 묶은 것이다.
  ① [nu]-[re]-[ni]-[no]-[na]로 'れ'를 'ね'로 바꾸어야 한다.
  ② 각각 [mi]-[me]-[ma]-[mu]-[mo]라고 읽으며 'ま행'을 나타낸 것이다.
  ③ [so]-[su]-[shi]-[chi]-[se]이므로 'ち'가 'さ'로 바뀌어야 한다. 'ち'와 'さ'는 혼동하기 쉬우므로 주의한다.
  ④ [u]-[ri]-[e]-[a]-[o]이므로 'り'를 'い'로 바꾸면 모음인 あ행을 만들 수 있다.
  ⑤ [te]-[to]-[ta]-[sa]-[tsu]로 'さ'를 'ち'로 바꿔야 た행을 만들 수 있다.

2 ① 그림은 '자리'로 'せき'라고 표기하며, 'すし'는 '초밥'이다.
  ② 그림은 '꽃'으로 'はな'라고 표기하며, 'いち'는 '일(1)'이다.
  ③ 그림은 '비'로 'あめ'라고 표기하며, 'やま'는 '산'이다.
  ④ 일본의 전통 옷인 기모노를 나타내는 것으로, 'きもの'라고 표기한다.
  ⑤ 그림은 '차'로 'くるま'라고 표기하며, 'さくら'는 '벚꽃'이다.

3 ③ '얼굴'을 의미하여 'かお'라고 표기한다. 나머지는 글자를

혼동하지 않도록 주의한다.
  ①은 'あめ', ②는 'ねこ', ④는 'わたし', ⑤는 'くるま'라고 표기해야 한다.

4 탁음은 'か행, さ행, た행, は행'의 오른쪽 위에 탁점(゛)을 붙여 표기한다. ① な행은 탁음을 만들 수 없다.

5 'けんだま'의 'ん'과 같이 발음(ん) 뒤에 'さ・ざ・た・だ・な・ら'행이 오면 [n]으로 발음한다.
  ④ 'べんとう'의 'ん'도 뒤에 た행이 오므로 보기와 같은 발음이 난다.
  ① ほんや [N]　　② おんがく [ŋ]
  ③ ふじさん [N]　　⑤ しんぶん [m]

6 촉음(っ)과 발음(ん)은 한 글자 당 한 박자의 길이를 가지나, 요음은 い단과 'や, ゆ, よ'의 작은 글자를 합쳐 한 박자의 길이를 가진다.
  ① かんじ 3박　　② かしゅ 2박
  ③ えいが 3박　　④ いっしょ 3박
  ⑤ しょくじ 3박

7 표에서 가로는 행, 세로는 단을 나타낸다.
  ㉢에는 シ를 넣어 サ행을 나타낸 것이다.
  가타카나 중에는 혼동하기 쉬운 문자가 많이 있으므로 유의한다.
  ㉠: ア　　㉡: コ　　㉣: ツ　　㉤: ネ

8 ③ 'おはよう'는 아침에 만났을 때 하는 인사 표현이고, 'バイバイ, じゃあね, さようなら, また、あした'는 헤어질 때 하는 인사말이다.

2과 단원 평가

p.42

01 ②		**02** ④		**03** ⑤		**04** ④
05 ①		**06** ③		**07** ⑤		**08** なな 또는 しち

ヒント

1
> **A** 나, 이유리야. 잘 부탁해.
>
> **B** 앞으로 잘 부탁해.

① 여러분　　② 잘 부탁해
③ 이쪽은　　④ 처음 뵙겠습니다
⑤ 부탁합니다

자기소개할 때 마지막에 하는 인사말을 묻는 문제이다. 친근감이 느껴지는 보통체의 대화에서는 짧게 'よろしく'로 인사하기도 하고, 가장 정중하게 말할 때는 'どうぞ よろしく おねがいします'로 표현한다.

2 ・こんにちは: 안녕(하세요) 〈낮 인사〉

・こちらこそ: 저야말로

공통으로 들어갈 글자는 'ち'이다.

3

> **A** 취미는 무엇입니까?
>
> **B** ＿＿＿＿＿＿＿＿입니다.

① 게임　② 여행　③ 야구　④ 축구　⑤ 번호

취미를 묻는 표현의 대답을 찾으면 되는데, ①~④번은 취미와 관련 있고, '⑤ 번호'는 취미와 관련이 없다.

4 전화번호 숫자를 읽을 때 장음이 없는 5(ご), 장음이 포함된 9(きゅう), 발음이 비슷한 숫자인 1(いち)과 7(しち)에 주의한다.

[5~6]

> 나미　하나야. 내 휴대 전화 번호야.
>
> 하나　090-9876-5432네.
>
> 나미　응. 아, 도모야! 하나야, 친구인 도모야야.
>
> 도모야　처음 뵙겠습니다. 미나미 고등학교의 도모야입니다.
>
> 하나　처음 뵙겠습니다. 이하나입니다. 한국에서 왔습니다.
>
> 도모야　앞으로 잘 부탁해.

5 ① ~의, ~인

② ~은, ~는

③ ~까?

④ ~지요? ~군요

⑤ ~부터, ~에서

공통으로 들어갈 조사는 명사와 명사를 연결하는 'の'이다.

6 ① 도모야는 고등학생이다.

② 하나는 한국에서 왔다.

③ 하나와 도모야는 처음 만났다.

④ 나미와 도모야는 친구 관계이다.

⑤ 나미가 하나에게 휴대 전화 번호를 알려주었다.

7

> 선생님　여러분, 이쪽은 이하나 씨입니다.
>
> 하나　처음 뵙겠습니다. 이하나입니다.
>
> 　　　한국에서 왔습니다.
>
> 　　　취미는 요리입니다.
>
> 　　　잘 부탁드립니다.

㉠ こちらわ → こちらは 이쪽은

'は'가 조사로 쓰일 때는 [wa]로 발음한다.

㉡ はじめましで → はじめまして 처음 뵙겠습니다

'て'를 탁음으로 발음하지 않도록 주의한다.

㉢ かんごく → かんこく 한국

'こ'를 탁음으로 발음하지 않도록 주의한다.

㉣ りょおり → りょうり 요리

장음 표기에 주의한다.

㉤ おねがいします 부탁합니다

8 고등학교는 3년, 입학식은 주로 4월이므로 합하면 7이 된다.

3과 단원 평가

p.56

01 ④	02 ②	03 ④	04 ①
05 ③	06 ③	07 ⑤	08 ④

ヒント

1 ・ただいま 다녀왔습니다

・おじゃまします 실례하겠습니다

공통으로 들어갈 글자는 'ま'이다.

2

> **A** 가족이 몇 명입니까?
>
> **B** 4인 가족입니다. (네 명입니다.)

한 명은 'ひとり', 두 명은 'ふたり'이며 세 명부터는 '숫자+にん'으로 말한다. 단 네 명은 'よにん'이라고 하는 점에 주의한다.

3 가타카나는 비슷한 글자가 많기 때문에 글자의 특징을 생각하면서 공부해 두어야 한다.

'ケ와 タ', 'シ와 ツ', 'ス와 ヌ' 등은 서로 혼동하기 쉬운 글자들이다.

4

> **A** 어서 와요. 자, 들어와요.
>
> **B** 실례하겠습니다.

상대방에게 어떤 행동을 하도록 겸손하게 권할 때 'どうぞ'를 사용한다.

[5~6]

나미	이거 하나의 가족 사진?
하나	응, 그래.
나미 어머니	아버지와 어머니와……, 언니?
하나	네, 언니입니다.
나미 어머니	언니도 고등학생?
하나	아니요, 고등학생이 아닙니다. 대학생입니다.

5 문장 속에 나오는 'おとうさん', 'おかあさん', 'おねえさん' 등을 통해 'かぞく(가족)'에 대한 대화라는 것을 알 수 있다.

6 일본어에서 가족에 대한 호칭은 '나의 가족을 직접 부를 때', '남에게 나의 가족을 소개할 때' 각각 다른 표현을 사용하므로 주의한다.

7 명사를 긍정하는 경우는 '명사+です', 명사를 부정하는 경우는 '명사+じゃ ありません'을 사용한다.

8 'こたつ'는 난방 기구로 탁자 아래 온열기가 있고 이불을 덮어 사용한다.

4과 단원 평가

p. 70

01	⑤	02	④	03	⑤	04	③
05	④	06	⑤	07	①		
08	㉠ しずかな	㉡ や					
	㉢ など	㉣ いい					

ヒント

1 ◦ まん**が** 만화
  ◦ こう**え**ん 공원
  ◦ お**お**きい 크다
  빈칸의 글자를 조합하여 만들 수 있는 단어는 'えいが(영화)'이다

2 ◦ 은행: ぎん**こう**
  ◦ 병원: びょ**う**いん
  ◦ 우체국: ゆ**う**びんきょく

[3~4]

3 빵가게는 편의점의 왼쪽에 있습니다.
  ① 앞 ② 안, 가운데 ③ 오른쪽
  ④ 뒤 ⑤ 왼쪽

4 신사는 공원 안에 있습니다.
  ① 위 ② 아래 ③ 안, 가운데
  ④ 앞 ⑤ 뒤

5 ① 서점이 있습니다.
    います → あります
  ② 예쁜 고양이가 있습니다.
    きれい ねこ → きれいな ねこ
  ③ 이 고양이는 작습니다.
    ちいさです → ちいさいです
  ④ 맛있는 케이크가 있습니다.
  ⑤ 우리 마을은 조용합니다.
    しずかだです → しずかです

6 ① 산이 높습니다.
    たかい(높다): い형용사
  ② 게임은 즐겁습니다.
    たのしい(즐겁다): い형용사
  ③ 케이크는 맛있습니다.
    おいしい(맛있다): い형용사
  ④ 만화는 재미있습니다.
    おもしろい(재미있다): い형용사
  ⑤ 이 공원은 깨끗합니다.
    きれいだ(깨끗하다, 예쁘다): な형용사

7 존재 유무를 나타낼 때 사물이나 식물이 '있다'는 'ある', 사람이나 동물이 '있다'는 'いる'를 사용한다.

보기 스마트폰이 있다 〈사물〉

㉠ 꽃이 있다: ある 〈식물〉
㉡ 고양이가 있다: いる 〈동물〉
㉢ 사람이 있다: いる 〈사람〉
㉣ 아빠가 있다: いる 〈사람〉
㉤ 친구가 있다: いる 〈사람〉

8
우리(들) 마을은 조용한 마을입니다.
깨끗한 공원이랑 신사 등이 있습니다.
매우 좋은 마을입니다.

5과 단원 평가

p. 84

01	②	02	④	03	①	04	⑤
05	③	06	②	07	③	08	⑤

1 식사하기 전에는 '<u>いただきます</u> 잘 먹겠습니다', 식사 후에는 '<u>ごちそうさま</u>(でした) 잘 먹었습니다'라고 인사한다. 공통으로 들어가는 글자는 'ま'이다.

2

> **A** 홋카이도와 규슈 중 어느 쪽이 큽니까?
>
> **B** 홋카이도 쪽이 큽니다.

a. 무엇   b. 어느 쪽   c. 어느 쪽

두 가지를 비교하는 표현인 '〜と 〜と どちらが 〜ですか'를 묻는 문제이다. 스스럼없는 편한 사이이거나 친근함을 나타낼 때는 'どちら' 대신 'どっち'를 사용하기도 한다.

3

> **A** 어떤 과목을 좋아합니까?
>
> **B** 저는 _____ 을/를 좋아합니다.

① 딸기   ② 음악   ③ 일본어   ④ 수학   ⑤ 중국어

①번은 과일 이름이다.

4

> **A** 된장라면 두 개와 소고기덮밥 한 개 부탁합니다.
>
> **B** 네, 전부 2,600엔입니다.

된장라면 2개는 1,800엔, 소고기덮밥은 800엔이므로 총 2,600(にせんろっぴゃく)엔이다.

100은 'ひゃく'이지만 300, 600, 800은 발음이 달라지므로 주의한다.

5

> ∘ 나는 돈가스로 할게.
>
> ∘ 차보다 물 쪽이 좋아.

선택할 때는 '〜に する(〜로 하다)'로 나타내고, 비교할 때는 대상에 'より(〜보다)'를 붙여 나타낸다.

[6~7]

> 하나   일본 라면은 맵습니까?
>
> 도모야   아니요, 맵지 않습니다. 한국 라면은 매워요?
>
> 하나   네, 매워요. 하지만, 싸고 맛있어요.

6 い형용사의 부정 표현은 기본형 어미 い를 く로 바꾸고 'ないです'나 'ありません'을 붙여 나타낸다.

7 い형용사를 연결하여 말할 때는 기본형 어미 い를 くて로 바꾸어 나타낸다.

8 ⑤ 식사 도중 젓가락을 그릇 위에 얹어 놓는 것은 식사를 마쳤다는 뜻이다.

6과 단원 평가

p. 98

01 ②	**02** ③	**03** ⑤	**04** ⑤
05 ②	**06** ①	**07** ③	**08** わかりました

1 ② 4시 − よじ

2 • 화요일: かようび

• 수요일: すいようび

3 • 가다 − いく〈1류 동사〉

• 오다 − くる〈3류 동사〉

• 마시다 − のむ〈1류 동사〉

• 돌아가다 − かえる〈1류 동사〉

• 일어나다 − おきる〈2류 동사〉

〈1류 동사〉는 끝 글자가 る로 끝나지 않거나, る로 끝나면 앞 글자가 い/え단이 아닌 동사.

단, かえる(돌아가(오)다), はいる(들어가다), はしる(달리다) 등은 예외로 1류 동사.

〈2류 동사〉는 끝 글자가 る로 끝나고, る의 앞 글자가 い/え단인 동사.

〈3류 동사〉는 불규칙 활용 동사로 2개뿐임. 来る(오다), する(하다)

4 はしる(달리다): 예외 〈1류 동사〉 → はしります(달립니다)

〈1류 동사〉ます형: 끝 글자 う단 → い단+ます

〈2류 동사〉ます형: 끝 글자 る 없애고 ます

〈3류 동사〉ます형: 来る → 来ます, する → します

5

> ∘ 피아노를 칩니다.
>
> ∘ 음악을 들읍시다.

• ピアノを ひく(피아노를 치다)

• おんがくを きく(음악을 듣다)

ひく〈1류 동사〉, きく〈1류 동사〉: 끝 글자 う단 → い단+ます
(〜합니다)/ましょう(〜합시다)

[6~8]

A	이번 일요일, 시간 있습니까? 마쓰리에 갑시다.
B	좋아요.
A	다카하시 씨도 같이 어떻습니까?
C	저도 좋아요. 몇 시에 만납니까?
A	그럼, 이번 일요일, 4시 반에 시부야역의 서쪽 출구에서.
B C	네, 알겠습니다.

① ~에　② ~이/가　③ ~을/를
④ ~의　⑤ ~도

7 ③ 마쓰리(축제)에 가기로 했다.

7과 단원 평가

p.112

| 01 | ② | 02 | ① | 03 | ④ | 04 | ③ |
| 05 | ⑤ | 06 | ② | 07 | ⑤ | 08 | 文化祭(ぶん か さい) |

ヒント

1

| A | 일요일(에), 무엇을 합니까? |
| B | 봉사활동을 할 예정입니다. |

그림의 내용은
① やきゅうを する つもりです(야구를 할 예정입니다)
③ としょかんへ 行(い)く つもりです(도서관에 갈 예정입니다)
④ アニメを 見(み)る つもりです(애니메이션을 볼 예정입니다)
⑤ おこのみやきを 食(た)べる つもりです(오코노미야키를 먹을 예정입니다)

2

| A | 함께 야구를 하지 않을래요? |
| B | 네, 좋아요. |

① 네, 좋아요
② 야구를 했습니다
③ 어머, 대단하네요
④ 야구를 보러 갑니다
⑤ 내일, 야구를 할 예정입니다

3

| A | 주말에 무엇을 하고 싶어요? |
| B | 친구들과 놀고 싶어요. |

'~たい'는 동사의 ます형에 접속한다.
① 노래를 부르다
② 쇼핑하러 가다
③ 스키를 배우다
⑤ 라면을 먹다

4 ジュースを 飲(の)みながら
友(とも)だちと はなしたいです.
주스를 마시면서 친구와 이야기하고 싶습니다.

[5~6]

하나	도모야 반은 무엇을 해요?
도모야	영화를 보여 줄 예정이에요. 우리들이 만들었어요.
하나	어머, 대단해요.
도모야	나도 잠깐 나와요.
하나	기대되네요. 영화는 몇 시부터 시작돼요?
도모야	3시부터요.
나미	아직 시간 있으니까 다른 곳도 가 볼래?
하나	응.

5 映画(えいが)を 見(み)せる つもりです.
영화를 보여 줄 예정입니다.
• 동사의 기본형+つもり: ~(할) 예정
① 과거의 의미이므로, 앞으로의 예정을 묻는 질문의 대답으로 어울리지 않는다.
② 권유의 의미이므로 맞지 않는다.
③ 문법적으로 오류이므로 맞지 않는다.
④ '보여 주면서'의 의미이므로 맞지 않는다.

6 から: ① 〈시간·장소〉 ~부터
② 〈원인·이유〉 ~이니까, ~때문에

7

| A | 불꽃놀이는 언제부터입니까? |
| B | 8월 4일부터 시작됩니다. |

① 6일　② 8일　③ 3일　④ 7일　⑤ 4일

8 일본 고등학생의 학교 축제를 가리켜 '분카사이(文化祭(ぶん か さい))'라고 한다.

8과 단원 평가

p.126

| 01 | ② | 02 | ⑤ | 03 | ② | 04 | ④ |
| 05 | ① | 06 | ④ | 07 | ② | 08 | ② |

1 ① 배   ② 개인용 컴퓨터

     ③ 택시   ④ 지하철

     ⑤ 자전거

2 ① 書く 쓰다

     ② 休む 쉬다

     ③ 飲む 마시다

     ④ 使う 사용하다

[3~4]

보기	① たべる 먹다	② わるい 나쁘다
	③ はなす 이야기하다	④ のむ 마시다
	⑤ あそぶ 놀다	

3 ぐあいが わるい 상태가 나쁘다

4 くすりを のむ 약을 먹다

    '약을 먹다'고 할 때는 '飲む'를 사용한다.

5 〈3류 동사〉する의 て형은 'して'이다.

6

> A 저, 사쿠라 병원까지 얼마예요?
>
> B 200엔입니다. 거기에 넣어 주세요.
>
> A 이 카드를 사용해도 됩니까?
>
> B 네, 괜찮습니다.

入れる(넣다)〈2류 동사〉 → 入れて ください(넣어 주세요)

使う(사용하다)〈1류 동사〉 → 使っても いいですか(사용해도 됩니까)

7 少し 休んでから 病院に 行きましょう.

조금 쉬고 나서 병원에 가세요.

'〜てから'는 '〜하고 나서'의 의미이다.

8 d. 일본은 우리나라와 반대로 차량이 도로 왼쪽을 달린다.

    e. 자전거 등록제는 도난 방지를 위해 실시하고 있다.

9과 단원 평가

p.140

01 ③	02 ④	03 ③	04 ②
05 ⑤	06 ①	07 ③	08 ①

1 ① あと(後) 뒤, 나중

---

     ② いと(糸) 실

     ③ おと(音) 소리

     ④ こと(事) 일, 것

     ⑤ ひと(人) 사람

2 '엘리베이터'의 발음 및 표기에서 주의해야 할 부분을 생각하여 문제를 풀도록 한다. 또한 가타카나의 비슷한 글자 모양을 가진 것들에 주의한다.

[3~5]

> 하나   이것, 무슨 소리야?
>
> 나미   바로 뒤에 지진이 온다고 하는 소리야.
>
>   오늘은 연습이지만.
>
> 하나   지진?
>
> 선생님   위험해! 빨리 책상 아래에 들어가 주세요!
>
> 하나   네, 네.

3 '〜라고 하는'의 일본어 표현은 '〜と いう'이다.

4 'あぶない'는 '위험하다'라는 말이지만 위급 상황에서 강한 어조로 'あぶない！'라고 하면 '위험해!'라는 경고의 표현이 된다.

5 '동사'와 'ください'가 연결될 때는 접속조사 '〜て'가 필요하다. 단, 동사와 '〜て'를 연결하기 위해서는 먼저 접속하려는 동사의 종류를 파악해야 한다.

'はいる'는 형태는 〈2류 동사〉처럼 보이지만 〈1류 동사〉이므로 주의해야 한다.

동사의 기본형이 '〜る'인 〈1류 동사〉에 '〜て'를 연결하는 경우는 '〜る'를 'っ'로 바꾼 후 '〜て'를 연결한다.

즉 はいる+て+ください → はいって ください(들어와 주세요)가 된다.

6 그림에서 가스 불을 끄거나 조절하는 상황이므로 그와 관련 있는 글을 찾도록 한다.

7 ○ べんきょうする 공부하다

    ○ 雨の 音が する 비 소리가 나다

    ○ スキーを する 스키를 타다

8 일본의 긴급 전화번호 중 경찰은 '110'이며 보통 'ひゃくとおばん'이라고 읽는다.

구급과 소방은 우리나라와 같은 '119'이다.

10과 단원 평가

p. 154

01 ③	02 ①	03 ①	04 ③
05 ④	06 ⑤	07 ②	08 ①

ヒント

1

> 유미 씨, 스키 잘 타네요.

① 長野(ながの) 나가노〈지명〉

② 料理(りょうり) 요리

③ 上手(じょうず) 잘하다

④ 昨日(きのう) 어제

⑤ 漢字(かんじ) 한자

[2~3]

> 나미   하나는 스키를 타 본 적 있어?
> 하나   아니, 처음이야.

2 '(무슨) 운동 경기를 하다'는 일본어로 '운동 경기명+する'라고 한다. '스키를 타다'에서 '타다' 동사는 'する'를 사용한다.

3 'はじめて'는 우리말로 '처음'이라는 뜻이다.

[4~6]

> 여러분, 새해 복 많이 받으세요.
> 어제는 나미네 가족과 함께 나가노에 갔다 왔습니다.
> 눈으로 덮인 하얀 산이 매우 예뻤습니다.
> 스키를 타기도 하고, 온천에 들어가기도 하고, 아주 즐거웠습니다.
> 특히 눈 속의 온천은 잊을 수 없습니다.
> 일본에서 많은 추억이 생겼습니다.
> 나미, 그리고 가족 여러분, 정말로 감사합니다.

4 'あけまして おめでとうございます'는 일본인들이 새해에 하는 인사이다. 우리말의 '새해 복 많이 받으세요'의 의미로 사용된다.

5 문장 흐름상 '눈으로 (덮인) 하얀 산이 매우 예뻤습니다'라는 의미가 되므로 조사 '～で(으로)'와 '～が(~이/가)'를 이용하여 문장을 완성한다.

6 글의 내용은 글쓴이가 나미의 가족과 나가노에 놀러 가서 눈 덮인 나가노의 산을 감상하고 스키와 온천을 하는 등 즐거운 시간을 보낸 것으로 이루어져 있다.

7 상대방에게 조언을 할 때 쓰는 표현은 '～た ほうが いいです'를 사용한다.

8

> **A** 주말(에), 무엇을 합니까?
> **B** 텔레비전을 보기도 하고, 음악을 듣기도 합니다.

주어와 어울리는 동사를 찾도록 한다.
テレビを 見る 텔레비전을 보다
音楽を 聞く 음악을 듣다

1회 지필 평가

p. 210

01 ③	02 ①	03 ②	04 ④	05 ⑤
06 ②	07 ④	08 ⑤	09 ③	10 ④
11 ②	12 ⑤	13 ③	14 ①	15 ⑤
16 ③	17 ③	18 ③	19 ②	20 ②

서술형 1

> ㉠ ゆ   ㉡ よ   ㉢ きゅう 또는 じゅう
> (㉠과 ㉡은 순서가 바뀌어도 됨)

서술형 2

> **A** こちら
> **B** ろくさんはちよん, しゅみ, よろしく

서술형 3

> '～さん'은 다른 사람을 부를 때 성이나 이름에 붙여 사용하고, 자기 자신에게는 사용하지 않는데, 자기소개를 할 때 사용했기 때문이다.

ヒント

1 그림에 해당하는 단어는 각각 きもの(기모노), ゆき(눈)를 나타내므로 공통으로 들어갈 글자는 '③ き'이다.

2 あ행, ま행, ら행에 해당하는 글자를 묻고 있으므로, ①번이 정답이다. '～を(조사 ~을/를)'는 발음은 같지만 행이 다른 글자이다.

3 기본적으로 일본어 글자 한 개는 한 박을 갖는다. 촉음, 발음, 장음은 각각 한 박으로 발음하고, 요음은 두 글자를 하나의 글자로 취급하여 한 박으로 발음한다.

① かんじ(한자): 3박

② ひゃく(100): 2박

③ みっか(3일): 3박

④ おおい(많다): 3박

⑤ いっしょ(함께): 3박

4 a. 음악 おんがく

b. 수학 すうがく

c. 오후 ごご

d. 영화 えいが

장음이 들어 있는 단어는 '수학(すうがく)'과 '영화(えいが)'이다.

5 그림에 해당하는 단어는 'おにいさん(오빠, 형)', 'おねえさん(언니, 누나)'이므로 빈칸의 글자는 'いえ'가 된다. 따라서 정답은 '⑤ 집'이다.

① 개 いぬ　　② 비 あめ

③ 산 やま　　④ 꽃 はな

⑤ 집 いえ

6 그림에 해당하는 단어는 각각 'アニメ(애니메이션)', 'コンビニ(편의점)'이므로 공통으로 들어갈 글자는 '② ニ'이다.

7 발음 'ん'은 뒤에 오는 글자에 따라 발음이 달라진다. 'おんがく'는 'ん' 뒤에 が(が행)가 왔으므로 [ŋ]으로 발음한다.

① かんじ [n]　　② けんだま [n]

③ ふじさん [N]　　④ にほんご [ŋ]

⑤ しんぶん [m]

8 아침에 만났을 때의 인사말인 'おはよう'로 인사했기 때문에 'おはよう'나 'おはようございます'가 정답이 된다.

① じゃあね 잘 가

② バイバイ 잘 가

③ こんにちは 안녕(하세요) 〈낮 인사〉

④ ごめんなさい 미안합니다

⑤ おはようございます 안녕하세요 〈아침 인사〉

9 히라가나와 가타카나의 발음이 같은 것을 찾는 문제이다.

① そ—ソ　　② る—ール

③ ね—ネ　　④ た—タ

⑤ め—メ

10 a. よろしく 잘 부탁해

b. すみません 미안합니다

c. さようなら 잘 가

d. ごめんなさい 미안합니다

11 글자를 이용해서 만들 수 없는 숫자는 '② 5'이다.

① 4 し　　② 5 ご

③ 6 ろく　　④ 7 しち

⑤ 8 はち

12 순서대로 배열하면 자기소개 문장이 된다.

d. はじめまして 처음 뵙겠습니다

b. わたしは 저는

a. イ・ハナです 이하나입니다

c. どうぞ 부디

e. よろしく 잘 부탁합니다

13 'は'는 조사 '~은/는'의 뜻으로 쓰일 때는 [wa]로 발음한다.

① こんばんは, ② こんにちはは 인사말 뒤에 안부를 묻는 말이 생략되어 있기 때문에 각각 '오늘밤은', '오늘은'이라는 조사로 쓰였다.

④ しゅみは なんですか(취미는 무엇입니까?), ⑤ こちらは キムさんです(이쪽은 김 씨입니다)도 조사로 쓰였다.

③ はじめまして(처음 뵙겠습니다)는 처음 만났을 때의 인사말이다.

14

> **A** 이쪽은 양 씨입니다.
>
> **B** 처음 뵙겠습니다. 양입니다.
>
> 부디 잘 부탁드립니다.
>
> **C** 저야말로 잘 부탁드립니다.

공통으로 들어갈 글자는 '① こちら(이쪽)'이다.

② わたし 나

③ しゅみ 취미

④ みなさん 여러분

⑤ これから 앞으로

[15~17]

> 유미　처음 뵙겠습니다. 나유미입니다.
>
> 한국에서 왔습니다.
>
> 취미는 여행입니다.
>
> 부디 잘 부탁드립니다.
>
> 미호　처음 뵙겠습니다(안녕하세요). 사쿠라 고등학교의 기무라 미호입니다.
>
> 취미는 피아노입니다.
>
> 앞으로 잘 부탁합니다.

15 공통으로 들어갈 조사는 '⑤ から(~부터/~에서)'이다. 'かんこくから'는 '한국에서', 'これから'는 '앞으로, 이제부터'라는 뜻이다.

① の ~의/~인　　② は ~은/는

③ か ~까?　　④ ね ~군요/~지요

16 만났을 때의 인사말을 찾으면 된다.

① おはよう 안녕 〈아침 인사〉

② こんにちは 안녕(하세요) 〈낮 인사〉

③ また、あした 내일 또 만나

④ はじめまして 처음 뵙겠습니다

⑤ おはようございます 안녕하세요 〈아침 인사〉

17 ① 미호의 취미는 피아노이다.

② 대화 내용에서 유미는 현재 한국에 살고 있는지 알 수 없고 한국에서 왔다는 것만 알 수 있다.

③ 미호는 사쿠라 고등학교에 다닌다.

④ 유미와 미호는 같은 학교에 다니는지 대화 내용으로는 알 수 없다.

⑤ 유미와 미호는 처음 만났다.

18 ① サッカー 축구

② ばんごう 번호

④ せんせい 선생님

⑤ けいたい 휴대 전화

19 전화번호를 읽는 방법에 대한 문제이다. 전화번호를 읽을 때 '-'는 の로 읽고, 읽는 방법이 둘 이상인 '4, 7, 9'는 'よん, なな, きゅう'로 읽는다.

20 b. 히나마쓰리(ひなまつり): 3월 3일이며, 여자 아이의 건강한 성장을 기원한다.

c. 단고노셋쿠(たんごのせっく): 남자 아이의 건강을 기원하기 위한 행사로 5월 5일에 행해진다. 오월인형(五月人形)을 장식하고, 고이노보리(こいのぼり)를 세우며, 지마키나 가시와모치를 먹는다.

3살·5살의 남자 아이, 3살·7살의 여자 아이들의 건강과 성장을 기원하는 행사는 시치고산(しちごさん)에 대한 설명이다.

서술형

1 요음에 대해 묻는 문제이다.

2

> **A** 여러분 안녕하세요.
>
> 이쪽은 친구인 이지우 씨입니다.
>
> **B** 처음 뵙겠습니다. 이지우입니다.
>
> 휴대 전화 번호는 010-2745-6384입니다.
>
> 취미는 요리입니다.
>
> 부디 잘 부탁드립니다.

타인을 소개하는 문장이다.

3

> **A** 처음 뵙겠습니다.
>
> 저는 유미 씨입니다.
>
> 잘 부탁해요.
>
> **B** 유미 씨?

2회 지필 평가

p.214

01 ⑤	02 ②	03 ②	04 ③	05 ②
06 ②	07 ④	08 ③	09 ⑤	10 ②
11 ②	12 ⑤	13 ④	14 ③	15 ③
16 ③	17 ②	18 ③	19 ②	20 ③

서술형 1

だいがくせいじゃ ありません 또는 だいがくせいでは ありません

서술형 2

にぎやかな

서술형 3

おかえり 또는 おかえりなさい

ヒント

1 ① パン 빵   ② りんご 사과

③ ケーキ 케이크   ④ おかし 과자

⑤ デパート 백화점

2 ① 위 うえ   ② 왼쪽 ひだり

③ 상자 はこ   ④ 고등학교 こうこう

⑤ 한국 かんこく

3 a. こうえん 공원

b. ぎんこう 은행

c. ゆうびんきょく 우체국

d. としょかん 도서관

e. こうこうせい 고등학생

4 a. ひだり 왼쪽

b. なか 안, 가운데

c. まえ 앞

d. みぎ 오른쪽

e. うしろ 뒤

1
① パン 빵　　　② りんご 사과
③ ケーキ 케이크　④ おかし 과자
⑤ デパート 백화점

2
① 위 うえ　　　② 왼쪽 ひだり
③ 상자 はこ　　④ 고등학교 こうこう
⑤ 한국 かんこく

3
a. こうえん 공원
b. ぎんこう 은행
c. ゆうびんきょく 우체국
d. としょかん 도서관
e. こうこうせい 고등학생

4
a. みぎ 오른쪽
b. ひだり 왼쪽
c. まえ 앞
d. うしろ 뒤
e. なか 안, 가운데

5

| 오른쪽(みぎ) → _____ → 위(うえ) |

ぎ로 시작해서 う로 끝나는 단어를 고르면 제시된 단어 중에서는 ②은행이 해당된다.
① 역 えき　　　② 은행 ぎんこう
③ 요리 りょうり　　④ 야구 やきゅう
⑤ 우체국 ゆうびんきょく

6
① たかい 높다
② ちいさい 작다
③ おおきい 크다
④ しずかだ 조용하다
⑤ おもしろい 재미있다

7

| 방 안에 _____이/가 있습니다. |

① 꽃　　　　② 의자
③ 상자　　　④ 고양이
⑤ 가방

사람이나 동물이 '있다'는 'いる/います'를 사용하고, 사물이나 식물이 '있다'는 'ある/あります'를 사용한다.

8

| A 다녀왔습니다.
B 어서 와. |

9 'おじゃまします'는 상대방의 집을 방문했을 때 겸손의 의미를 담아 사용하는 표현이므로 방문객을 맞이할 때 사용하는 인사말인 'いらっしゃい'를 고른다.
① どうも 고마워
② ただいま 다녀왔습니다
③ ありがとう 고마워요
④ すみません 실례합니다, 미안합니다
⑤ いらっしゃい 어서 와요

10 지시대명사를 나타내는 표현을 확인한다.

	사물	장소	명사 수식	방향
이	これ 이것	ここ 여기	この 이	⑤こちら 이쪽
그	①それ 그것	②そこ 거기	その 그	そちら 그쪽
저	あれ 저것	③あそこ 저기	あの 저	あちら 저쪽
어느	どれ 어느 것	どこ 어디	④どの 어느	どちら 어느 쪽

11

| A (당신의) 아버지입니까?
B 네, (나의) 아빠입니다. |

① はは 엄마　　② ちち 아빠
③ あね 언니/누나　④ おとうと 남동생
⑤ いもうと 여동생

[12~14]

| A 이것, 하나의 가족 사진?
B 네, 우리 가족은 일곱 명입니다.
A 이쪽은 언니입니까?
B 네, 저의 오빠입니다. 아빠, 엄마, 세 명의 오빠, 여동생, 그리고 나입니다.
A 그럼, 남자는 네 명이군요.
B 네, 그렇습니다. |

12 전체 가족 일곱 명 중 남자가 네 명이므로 아빠를 제외하고 세 명의 남자형제가 있어야 한다.
あね 언니　　　あに 오빠
おとうと 남동생　　いもうと 여동생

13 전체 가족 일곱 명 중 남자가 네 명이므로 여자는 세 명이다.
① ふたり 두 명　　② ひとり 한 명
③ さんにん 세 명　④ はちにん 여덟 명
⑤ ごにん 다섯 명

14 문맥에 어울리는 접속사는 '그리고(そして)'이다.

① これ 이것　　② そこで 거기에서

③ そして 그리고　④ それで 그래서

⑤ ところで 그런데

15

> ◦ 나미의 방 바로 옆에 미호의 방이 있습니다.
> ◦ 지호의 방 아래는 시우의 방입니다.
> ◦ 미호의 방 위에는 하나의 방이 있습니다.

내용에 맞추어 하나의 방을 찾아보면 202호가 나온다.

102호: 미호의 방

202호: 하나의 방

203호: 시우의 방

[16~17]

> **A** 사람이 많이 있네.
> **B** 그렇네. 여기에는 큰 서점이 있어.
> **A** 어린이도 있어.
> **B** 응, 재밌는 만화도 있으니까.
> **A** 그런데 영화관은 어디에 있어?

16 ① おおい 많다　　② おおきい 크다

③ たくさん 많이　④ ほんとう 정말

⑤ ちいさい 작다

17 사람이나 동물이 '있다'는 'いる'를 사용하고, 사물이나 식물이 '있다'는 'ある'를 사용한다.

㉠ いる　　㉡ ある　　㉢ いる　　㉣ ある　　㉤ ある

18 デパートの となりに たかい たてものが あります.

백화점의 바로 옆에 높은 건물이 있습니다.

19 일본의 전통 스포츠인 스모(すもう)에 대한 설명이다.

① アニメ 애니메이션

② すもう 스모

③ やきゅう 야구

④ サッカー 축구

⑤ ジェー・ポップ J-POP

20 a. 'マンション'은 한국의 고층 아파트나 고급빌라와 비슷하다.

e. 'とこのま'는 방바닥보다 조금 높은 곳으로 주로 벽에는 족자를 걸고 바닥에는 꽃이나 인형을 두어 장식한다.

서술형

1

> 나는 대학생입니다.
> → 나는 대학생이 아닙니다.

명사 긍정문인 '~입니다(~です)'의 부정 표현인 '~이/가 아닙니다'는 '~じゃ ありません' 또는 '~では ありません'이라고 한다.

2

> **A** 미호 씨의 마을은 번화합니까?
> **B** 네, 매우 번화한 마을입니다.

내용상 'にぎやかだ(번화하다)'를 '번화한'에 해당하는 'にぎやかな'로 바꿔 써야 한다. な형용사는 명사를 수식할 때 だ를 な로 바꿔야 하는 것에 주의한다.

3 집에 있는 사람이 외출에서 돌아온 사람을 맞이하는 표현인 'おかえり' 또는 'おかえりなさい'를 써야 한다.

3회 지필 평가

p. 218

01 ⑤	02 ③	03 ③	04 ①	05 ②
06 ①	07 ④	08 ④	09 ⑤	10 ①
11 ③	12 ②	13 ③	14 ④	15 ②
16 ③	17 ①	18 ⑤	19 ④	20 ③

서술형 1

㉠ よじ　　㉡ しちじ

서술형 2

'上手だ'는 보통 남을 칭찬할 때 사용하므로, 칭찬을 들었을 때는 'いいえ、まだまだです'나 'あ、ありがとうございます'와 같이 말해야 하는데 본인 스스로 잘한다고 말했기 때문이다.

서술형 3

(1) いただきます

(2) かんこくの ラーメンは おいしくて やすいです

(3) たこやき、たべましょう

ヒント

1 만 엔은 일본어로 앞에 いち를 붙여 'いちまんえん'으로 읽는다.

2

> **A** 무엇으로 할래?
>
> **B** 나는 소고기덮밥과 차로 할게.

선택 표현인 '～に する(～로 하다)'와, 명사를 열거할 때의 조사인 '～と(～와/과)'를 묻는 문제이다.

～に ～에 　　　　　　　 ～が ～이/～가

～から ～에서/～부터 　　 ～より ～보다

[3~4]

> 하나　뭘로 할래?
>
> 도모야　나는 된장라면으로 할게.
>
> 하나　나도.
>
> 나미　나는 돈가스로 할래. 라면은 별로 좋아하지 않으니까.
>
> 도모야　저, 여기요. 된장라면 두 개, 그리고 돈가스 한 개 부탁합니다.

3 ⊙에 들어갈 말은 주문하기 위해 점원을 부르는 말이다.

① 부디, 아무쪼록, ～세요

② 얼마　　　　　　③ 여기요

④ 미안합니다　　　⑤ 어서 오세요

4 도모야와 하나가 된장라면을 주문했으므로 정답은 두 개다.

① 두 개　　　　　　② 세 개

③ 한 개　　　　　　④ 네 개

⑤ 다섯 개

5

中(なか) -	韓国(かんこく)	- 9時(くじ)
안, 가운데	한국	9시

① 何(なに) 안　　　　　② 韓国(かんこく) 한국

③ 何時(なんじ) 몇 시　　④ 時間(じかん) 시간

⑤ 上手(じょうず) 잘하다

か로 끝나고, く로 시작하는 글자는 '韓国(かんこく)'이다.

[6~7]

> 유미　한국 라면은 맵고 맛있어요.
>
> 겐지　저도 한국 라면을 좋아해요.
>
> 　　　유미 씨는 일본 음식 중에서 무엇을 가장 좋아해요?
>
> 유미　저는 초밥을 가장 좋아해요.
>
> 　　　……
>
> 겐지　얼마예요?
>
> 점원　네, 전부 합해서 1,400엔입니다.

6 점원이 가격을 말했으므로 빈칸에는 가격을 묻는 표현이 들어가면 된다.

① 얼마　　　　　　② 몇 개

③ 어느 쪽　　　　　④ 가장, 제일

⑤ 몇 번

7 ① 겐지는 한국 라면을 좋아한다.

② 두 사람이 지불할 가격은 1,400엔이다.

③ 겐지가 좋아하는 일본 음식은 라면인지 알 수 없다.

④ 유미는 일본 음식 중 초밥을 가장 좋아한다.

⑤ 유미는 한국 라면이 맵고 맛있다고 생각한다.

8 정답은 '④やき(구이)'이다.

9 ① **A** 차 드세요.

　　B 잘 먹었습니다.

② **A** 뭘로 할래?

　　B 나도.

③ **A** 어떤 과일을 좋아합니까?

　　B 저는 사과를 좋아합니다.

④ **A** 일본 라면은 맵습니까?

　　B 아니요, 맵지 않습니다.

⑤ **A** 야구와 축구 중 어느 쪽이 재미있어?

　　B 야구 (쪽)가 재미있어.

① 'いただきます(잘 먹겠습니다)'로 답해야 자연스럽다.

② 선택을 묻는 물음에 무엇으로 할지 대답하지 않았다.

③ 'すきだ'는 좋아하는 대상을 조사 'を' 대신 'が'로 나타낸다.

④ 형용사의 부정 표현은 '～く ないです(ありません)'로 나타내므로 'からく ないです'가 맞는 표현이다.

⑤ 두 가지를 비교하는 질문에 답할 때는 '～ほう(～쪽/～편)'를 사용하여 나타낸다.

10 スポーツの 中で 何が いちばん すきですか

스포츠 중에서 무엇을 가장 좋아합니까?

11 칭찬 표현에 'じかん(시간)'은 어색하다.

① え 그림　　　　　② うた 노래

③ じかん 시간　　　④ りょうり 요리

⑤ にほんご 일본어

[12~14]

나미	하나야, 이번 월요일에 시간 있어?
하나	응. 왜?
도모야	모두 마쓰리(축제)에 갑니다. 하나 씨도 같이 어때요?
하나	네. 꼭. 몇 시에 만납니까?
도모야	6시 반에 간다역에서.
하나	네. 알겠습니다.

12 월요일은 'げつようび'로 읽는다.

13 ⓛ에는 시간을 나타내는 조사, ⓒ에는 장소를 나타내는 조사가 적절하다.

14 ① 만나기로 한 장소가 간다역이고, 마쓰리는 간다역에서 실시하는지 알 수 없다.
   ② 모두 마쓰리에 간다.
   ③ 하나는 6시 반에 모두를 만나기로 했다.
   ④ 하나는 이번 월요일에 마쓰리에 가기로 했다.
   ⑤ 도모야가 하나에게 만날 시간과 장소를 알려 주었다.

15 ① おきます 일어납니다
   ③ ねます 잡니다
   ④ よみます 읽습니다
   ⑤ みます 봅니다

16 그림은 〈1류 동사〉인 '읽다(よむ/よみます)'이므로, 보기 에서 〈1류 동사〉를 찾으면 된다.
   a. みます 봅니다 〈2류 동사〉
   b. します 합니다 〈3류 동사〉
   c. いきます 갑니다 〈1류 동사〉
   d. あいます 만납니다 〈1류 동사〉

17
A	다코야키 함께 먹읍시다.
B	다코야키 좋아요.

보기	a. 어때요?	b. 먹읍시다
	c. 잘 어울리네	d. 잘 하네요

A는 제안하는 문장이므로 정답은 ① a, b이다.

18
오전 7시에 일어납니다.
오전 8시에 학교에 갑니다.
오후 5시에 학교에서 돌아옵니다.
오후 6시에 밥을 먹습니다. 그리고 음악을 듣습니다.
오후 8시에 텔레비전을 봅니다.

⑤ 오후 6시에 밥을 먹고 음악을 듣는다.

19 ④ 기모노를 입을 때 신는 신발을 조리라고 한다.

20 설명하는 것은 유카타에 대한 설명이다.
   ① げた 게다(유카타를 입을 때 신는 신발)
   ② まつり 마쓰리(축제)
   ④ ぞうり 조리(기모노를 입을 때 신는 신발)
   ⑤ はなび 불꽃놀이

서술형

1 각각 4시와 7시를 나타내므로 'よじ, しちじ'이다.

2
남자	와, 하나 씨. 요리 잘 하시네요.
여자	네, 잘해요.

'上手だ'는 보통 남을 칭찬할 때 사용하므로, 칭찬을 들었을 때는 'いいえ、まだまだです'나 'あ、ありがとうございます'와 같이 말해야 한다.

3 (1) 잘 먹겠습니다 → いただきます。
   (2) 한국 라면은 맛있고 쌉니다. → かんこくの ラーメンは おいしくて やすいです。
   (3) 다코야키 먹읍시다. → たこやき、たべましょう。

4회 지필 평가

p. 222

01 ③	02 ③	03 ②	04 ①	05 ④
06 ④	07 ⑤	08 ③	09 ③	10 ⑤
11 ②	12 ②	13 ③	14 ④	15 ③
16 ④	17 ②	18 ③	19 ②	20 ①

서술형 1
少し 休んでから 病院に 行って ください。 또는
少し 休んでから 病院に 行きましょう。

서술형 2
(1) くすりは 水と 飲んで ください。
(2) おふろに 入っても いいです。

서술형 3
すみません
(1) 죄송합니다.(미안합니다)
(2) 감사합니다.

1 ① しゃしん 사진: 3박자

② げんき 기운, 건강함: 3박자

③ ゆうめい 유명: 4박자

④ しょくじ 식사: 3박자

⑤ えいが 영화: 3박자

2
> **A** 무슨 일이에요?
>
> **B** 좀 배가 아파요.

どうしたんですか 무슨 일 있어요?

おなかが いたい 배가 아프다

참고

- はなが いたい 코가 아프다
- あたまが いたい 머리가 아프다
- はが いたい 이가 아프다
- めが いたい 눈이 아프다

3 ① ふね 배　　② ぶんか 문화

③ タクシー 택시　④ ひこうき 비행기

⑤ ちかてつ 지하철

참고

- バス 버스
- しんかんせん 신칸센
- でんしゃ 전철
- じてんしゃ 자전거

4
> **A**(보건 선생님) 빨리 건강해지세요.
>
> 　　　　　　 몸조리 잘 하세요.

① 몸조리 잘 하세요

② 모르겠습니다

③ 기대되네요

④ 어머, 굉장하네요

⑤ 그거 큰일이군요

5
> **A** 겨울방학에 무엇을 할 겁니까?
>
> **B** 프랑스어를 배울 예정입니다.

① 책을 읽어 주세요

② 스키를 배웠습니다

③ 애니메이션을 봐도 됩니다

④ 프랑스어를 배울 예정입니다

⑤ 콘서트를 보러 가지 않을래요?

6
> **A** 실례합니다. 사진을 찍어도 됩니까?
>
> **B** 네, 좋아요.

① 창문을 열다

② 여기에 두다

③ 야구를 하다

④ 사진을 찍다

⑤ 요리를 만들다

7
> **A** 주말에 무엇을 하고 싶어요?
>
> **B** 친구와 놀고 싶어요.

'동사의 ます형+たい'는 '~하고 싶다'는 희망을 나타낸다.

① うたを うたいたいです 노래를 부르고 싶습니다

② すしを 食べたいです 초밥을 먹고 싶습니다

③ 少し 休みたいです 조금 쉬고 싶습니다

④ 映画を 見たいです 영화를 보고 싶습니다

⑤ 友だちと あそびたいです 친구와 놀고 싶습니다

[8~9]
> **A** 저기요, 사쿠라 은행에 갑니까?
>
> **B** 네. 갑니다.
>
> **A** 얼마예요?
>
> **B** 160엔입니다. 거기에 넣어 주세요.
>
> **A** 이 카드를 사용해도 되나요?
>
> **B** 네. 괜찮아요.

8 a. 거기에 넣어 주세요

b. 네, 갑니다.

c. 네, 괜찮아요.

9 ① がっこう 학교　② ゆうびんきょく 우체국

③ ぎんこう 은행　④ としょかん 도서관

⑤ びょういん 병원

10
> **A** 저, 사쿠라 병원은 어떻게 갑니까?
>
> **B** 학교 앞 버스 정류장에서 버스를 타고 사쿠라 병원에서 내립니다.

① 언제　　　　② 누가　　　③ 어디에

④ 무엇으로　　⑤ 어떻게

11 어제, 친구와 영화를 봤습니다.

① 봅니다　　② 봤습니다

③ 보지 않습니다　④ 볼 예정입니다

⑤ 봐 주세요

12 ① A 내일, 뭐 할 거야?

　　　B 기대되네요.

② A 창문을 열어 주세요.

　　　B 몸조리 잘 하세요.

③ A 좀 열이 있어요.

　　　B 그거 큰일이군요.

④ A 영화는 몇 시부터 시작됩니까?

　　　B 네, 좋아요.

⑤ A 같이 축구하지 않을래요?

　　　B 어머, 굉장하군요.

13 지시 표현 〜て ください 〜해 주세요(하세요)

a. 立って ください。일어서 주세요.

d. ノートに 書いて ください。노트에 써 주세요.

14
　◦ 봉사활동을 하러 갑니다.

　◦ 오코노미야키를 먹으러 갑니다.

동사의 ます형/동작성 명사+に 行く: 〜(하)러 가다

15
　◦ なまえを 書いて ください。(書く)

　　이름을 써 주세요.

　◦ 手を あらっても いいですか。(あらう)

　　손을 씻어도 됩니까?

　◦ ここに すわっても いいです。(すわる)

　　여기에 앉아도 됩니다.

　◦ あそこで あそんでも いいですか。(あそぶ)

　　저기에서 놀아도 됩니까?

16
　A 이 책, 읽어도 됩니까? (허가)

　B (네, 괜찮아요./그건 좀……)

a. 네, 그렇습니다

b. 그건 좀……

c. 네, 괜찮아요

17
하나　　도모야의 반은 무엇을 합니까?

도모야　영화를 보여 줄 예정입니다.

　　　　우리들이 만들었습니다.

하나　　어머, 굉장하네요.

도모야　나도 조금 나와요.

하나　　기대되네요. 영화는 몇 시부터 시작됩니까?

도모야　3시부터입니다.

나미　　아직 시간 있으니까, 다른 곳도 보러 갈래?

하나　　응.

• 보여 줄 예정입니다: 見せる つもりです

• 기대되네요: 楽しみですね

• 몇 시부터: 何時から

• 시간 있으니까: 時間 あるから

18 ① 문화부와 운동부로 나뉘어 있는 것은 부카쓰이다.

② 동아리 활동은 학생의 자유의사로 선택하며, 동아리 활동을 하지 않고 귀가하는 기타쿠부도 있다.

④ 9~11월에 주말을 포함하여 3일 정도 진행되는 것은 분카사이의 설명이다.

⑤ 학교 축제를 분카사이라고 하며, 동아리별 부스와 반별 부스로 운영된다.

19 도난 방지를 위해 자전거 등록제를 실시하고 있으며 사진은 그 등록번호를 자전거에 부착한 것이다.

20 b. 우리나라와 달리 차량이 도로의 왼쪽을 달린다.

c. 노약자 보호석 표시는 전철과 버스, 신칸센 등에 모두 있다.

d. 우리나라의 KTX와 비슷한 고속열차를 'しんかんせん'이라고 한다.

서술형

1 〜하고 나서: 〜て(で)から

　가세요: 行って ください 또는 行きましょう

2 〜て ください: 〜해 주세요

　〜ても いいです: 〜해도 좋습니다

(1) くすりは 水と 飲んで ください。

　약은 물과 드세요.

(2) おふろに 入っても いいです。

　목욕해도 됩니다.

3 すみません은 기본적으로 '미안하다'의 뜻이지만, 상황에 따라 주문하거나 말을 걸 때, 또는 미안함이 담긴 감사 인사로도 사용한다.

(1) 발을 밟아 미안한 상황

(2) 미안함이 담긴 감사하는 상황

5회 지필 평가

p.226

01 ④	02 ④	03 ⑤	04 ④	05 ②
06 ②	07 ③	08 ④	09 ②	10 ④
11 ⑤	12 ②	13 ⑤	14 ⑤	15 ④
16 ⑤	17 ⑤	18 ③	19 ⑤	20 ①

서술형 1

(1) 大きい 声で 話さないで ください。

(2) けいたいを 使わないで ください。

서술형 2

유리창에 붙어 있는 것은 창문 안쪽에서 보이는 '소방대 진입구' 표시이다.

서술형 3

(1) スキーを した ことが ありますか。

(2) あけまして おめでとうございます。

ヒント

1 엘리베이터는 'エレベーター', 텔레비전은 'テレビ'이므로 공통적으로 사용되고 있는 글자는 'レ'이다

2 音는 'おと', 後는 'あと', 外는 'そと'라고 읽으므로 공통적으로 사용되고 있는 글자는 'と'이다.

3 〈1류 동사〉를 '～た'형에 연결하는 경우 끝 글자

く → いた

ぐ → いだ

う・つ・る → った

ぬ・ぶ・む → んだ

す → した

로 바뀌는 것에 주의한다.

'帰る'는 예외 〈1류 동사〉로 帰った'로 바뀌는 것에 주의한다.

4

여기에는 자전거를 세울 수 없습니다.

① 오지 말아 주세요

② 밀지 말아 주세요

③ 먹은 적이 있습니다

⑤ 수영하는 편이 좋습니다

5 ① 電話 - でんわ

② 昨日 - きのう

③ 漢字 - かんじ

④ 家族 - かぞく

⑤ 新聞 - しんぶん

6

◦ 일본에 간 적이 있습니까?

◦ 영어 신문을 읽을 수 있습니다.

여기에 들어갈 우리말은 각각 '～적', '～수'이다. 이 두 가지 의미로 모두 사용되는 일본어 단어는 'こと'이다.

① ～쪽, ～편

③ 곧

④ ～에서, ～부터, ～때문에

⑤ ～까지

7

◦ 위험하니까 만지지 말아 주세요.

◦ 앞 사람을 밀지 말아 주세요.

〈1류 동사〉를 금지 표현인 'ないで'에 연결할 때 う단을 あ단으로 바꾸고 'ないで'를 붙이는 것에 주의한다.

8 ① 문이랑 창문을 열어 주세요.

② 낫토를 먹어 본 적이 있습니다.

③ 이것은 '후쿠와라이'라는 놀이입니다.

④ 일본에서 많은 추억이 생겼습니다.

⑤ 위에서 떨어지는 것에 주의해 주세요.

たくさん의 'く' 발음과 표기에 주의한다.

9 '頭'는 'あたま', '海'는 'うみ'이므로 조합할 수 있는 단어는 'うた'이다.

① 音 おと ② 歌 うた ③ 声 こえ

④ 上 うえ ⑤ 前 まえ

[10~12]

나미	아 배 고프다. 슬슬 식사하러 갈까?
나미 엄마	우선 온천에 들어가는 편이 좋아. 추우니까.
하나	나도 온천이 좋다고 생각합니다.
나미 엄마	그럼. 우선 온천에 갑시다.

10 문장의 흐름을 이해하면서 가장 어울리는 단어를 찾도록 한다.

① まだ 아직 ② なに 무엇 ③ びっくり 깜짝

④ そろそろ 슬슬 ⑤ もちろん 물론

11 문장의 흐름에 가장 적절하게 사용될 수 있는 동사를 찾도록 한다.

① あるきます 걷습니다

② つくります 만듭니다

③ まもります 지킵니다

④ やすみます 쉽니다

⑤ おもいます 생각합니다

12 식사와 온천 중 어느 것을 먼저 할 것인지를 고민하다가 온천을 먼저 하기로 결정하는 내용이므로 이 흐름과 관련하여 생각하면 단어의 의미를 유추해 볼 수 있다.

13

> ◦ 저것은 마네키네코라는 것입니다.
> ◦ 도서관에서도 영화를 볼 수 있습니다.
> ◦ 빨리 병원에 가는 편이 좋습니다.

> **보기** a. ~할 수 있습니다
> b. 편이 좋다
> c. ~라고 하는

문장을 해석해 보고 그 흐름에 가장 어울리는 말을 찾도록 한다.

14

> **A** 일본 요리를 만들고 싶은데요…….
> **B** 인터넷으로 조사해 보는 편이 좋아요.

그림은 인터넷으로 요리 레시피를 검색하고 있다.

① 청소를 하지 않습니다.

② 수영장에서 수영했습니다.

③ 친구를 만나거나 합니다.

④ 온천에 가 본 적이 있습니다.

⑤ 인터넷으로 조사해 보는 편이 좋아요.

15 동사의 '~たり'형에 연결할 때 〈1류 동사〉'読む'는 'む'를 'ん'으로 바꾸고 'だり'를 붙인다. 또한 〈1류 동사〉'登る'는 'る'를 'っ'로 바꾼 후 'たり'에 접속한다.

• 読む → 読んだり

• 登る → 登ったり

本を 読んだり 山に 登ったり します。

책을 읽기도 하고 등산을 하기도 합니다.

16

> ◦ 책상이나 테이블 아래로 들어가 머리를 보호해 주세요.
> ◦ 위에서 떨어지는 것(물건)에 주의해 주세요.

문장은 지진이 났을 때의 행동 요령 일부이다.

17 문장을 해석해 보고 그 흐름에 가장 어울리는 말을 찾도록 한다.

きものを 着る 기모노를 입다

はなびを 見る 하나비를 보다

なっとうを 食べる 낫토를 먹다

おかねを ひろう 돈을 줍다

18 'する'는 '하다'라는 뜻 외에도 다양한 의미로 사용되는 것에 유의한다.

① 숙제를 하다

② 청소를 하다

③ 스키를 타다

④ 산책을 하다

⑤ 봉사활동을 하다

19 일본 각 지역과 관련 있는 명소들이 무엇인지 파악하여 문제를 해결하도록 한다.

도쿄: 스카이트리, 아사쿠사의 가미나리몬

교토: 기요미즈데라, 긴카쿠지

오사카: 오사카성, 도톤보리

히로시마: 원폭돔, 이쓰쿠시마

오키나와: 수리성

20 제시된 그림은 행운이나 기원의 내용을 쓰고 지니고 다니는 '오마모리'이다.

> **서술형**

1 동사 뒤에 금지의 표현인 '~ないで'에 연결한다. 〈1류 동사〉는 끝 글자 う단을 あ단으로 바꾸고 'ないで'를 붙이는 것에 주의한다.

> **보기** 写真を とる 사진을 찍다
> → 写真を とらないで ください。
> 사진을 찍지 말아 주세요.

(1) 大きい 声で 話す 큰 소리로 이야기하다

→ 大きい 声で 話さないで ください。

큰 소리로 이야기하지 말아 주세요.

(2) けいたいを 使う 휴대 전화를 사용하다

→ けいたいを 使わないで ください。

휴대 전화를 사용하지 말아 주세요.

2 유리창에 붙어 있는 표시는 창문 안쪽에서 보이는 '소방대 진입구'이다.

창문 밖에서 보이는 빨간색 역삼각형 표시는 화재 등이 있을 때 소방대가 화재 진압이나 인명 구출을 목적으로 외부로부터 진입할 수 있다는 표시이다. 비상 시 이 창문을 깰 수 있으며 이 창문 뒤에는 아무런 장애물을 두어서는 안 된다.

3 (1) '스키'와 같이 '○○ 운동 경기를 한다'는 경우에는 '운동 경기명'+する의 형태로 작문하도록 한다.

또한 경험을 묻는 표현은 '~た ことが ありますか'로 작문한다.

(2) 일본인들의 새해 인사 표현은 'あけまして おめでとうございます'이다.

1과 나만의 정리 노트 1

인사말

❶ 안녕하세요. 〈아침에 선생님께〉 おはようございます。

❷ 안녕! 〈아침에 친구끼리〉 おはよう。

❸ 안녕하세요. 〈낮 인사〉 こんにちは。

❹ 안녕하세요. 〈저녁 인사〉 こんばんは。

❺ 잘 가. 〈헤어질 때 친구에게〉 バイバイ。/ じゃあね。/
또, 아침에. また、あした。/ さようなら。

❻ 미안해! 〈친구끼리 미안할 때〉 ごめん。

❼ 미안합니다. 〈어른끼리 미안할 때〉 ごめんなさい。

❽ 미안합니다. 〈사과할 때〉 すみません。

워드서치

찾을 단어

- 얼굴　　　　かお
- 초밥　　　　すし
- 벚꽃　　　　さくら
- 후지산　　　ふじさん
- 음악　　　　おんがく
- 일본　　　　にほん

あ	さ	ふ	り	ん	ご	ど	お
ま	す	じ	ば	か	に	ほ	ん
し	を	さ	く	ら	い	て	が
か	み	ん	か	お	こ	ち	く
は	む	よ	め	ぺ	る	わ	せ

2과 나만의 정리 노트 1

숫자(전화번호)

❶ 일, 1　いち

❷ 이, 2　に

❸ 삼, 3　さん

❹ 사, 4　よん

❺ 오, 5　ご

❻ 육, 6　ろく

❼ 칠, 7　なな

❽ 팔, 8　はち

❾ 구, 9　きゅう

❿ 영, 0　ゼロ

십자말풀이

가로 열쇠

❶ 휴대 전화　　けいたい

❷ 친구　　　　ともだち

❸ 앞으로　　　これから

세로 열쇠

ⓐ 나　　　　わたし

ⓑ 이쪽　　　こちら

ⓒ 한국　　　かんこく

		ⓐわ					❸ⓑこ	れ	ⓒか	ら
❶け	い	た	い			❷と	も	だ	ち	ん
		し							ら	こ
										く

예시 답안과 해설　247

3과 나만의 정리 노트 1

p. 194

가족

❶ (나의) 아버지 **ちち**
❷ (나의) 어머니 **はは**
❸ (나의) 형, 오빠 **あに**
❹ (나의) 누나, 언니 **あね**
❺ 나 **わたし**
❻ (나의) 남동생 **おとうと**
❼ (나의) 여동생 **いもうと**
❽ (남의) 아버지 **おとうさん**
❾ (남의) 어머니 **おかあさん**
❿ (남의) 형, 오빠 **おにいさん**
⓫ (남의) 누나, 언니 **おねえさん**
⓬ (남의) 남동생 **おとうとさん**
⓭ (남의) 여동생 **いもうとさん**

워드서치

찾을 단어

- 가족 **かぞく**
- 과자 **おかし**
- 그리고 **そして**
- 고등학교 **こうこう**
- 고타쓰 **こたつ**
- 이것 **これ**
- 실례하겠습니다 **おじゃまします**

む	さ	そ	み	こ	う	こ	う
お	か	し	る	た	ぢ	れ	き
ほ	ぞ	て	ん	つ	け	の	も
ぱ	く	い	ろ	へ	な	せ	い
あ	お	じ	ゃ	ま	し	ま	す

4과 나만의 정리 노트 1

p. 196

위치와 건물

❶ 왼쪽 **ひだり**
❷ 오른쪽 **みぎ**
❸ 앞 **まえ**
❹ 뒤 **うしろ**
❺ 위 **上(うえ)**
❻ 아래 **下(した)**
❼ 안, 가운데 **中(なか)**
❽ 우체국 **ゆうびんきょく**
❾ 공원 **こうえん**
❿ 도서관 **としょかん**
⓫ 편의점 **コンビニ**
⓬ 서점 **本屋(ほんや)**

십자말풀이

가로 열쇠

❶ 어린이 **こども**
❷ 정말 **ほんとう**
❸ 크다 **おおきい**
❹ 즐겁다 **たのしい**

세로 열쇠

ⓐ 스모 **すもう**
ⓑ 많이 **たくさん**
ⓒ 조용하다 **しずかだ**
ⓓ 깨끗하다 **きれいだ**

p.198

물건 개수 세기

❶ 한 개 ひとつ
❷ 두 개 ふたつ
❸ 세 개 みっつ
❹ 네 개 よっつ
❺ 다섯 개 いつつ
❻ 여섯 개 むっつ
❼ 일곱 개 ななつ
❽ 여덟 개 やっつ
❾ 아홉 개 ここのつ
❿ 열 개 とお
⓫ 몇 개 いくつ

워드서치

찾을 단어

• 물   みず
• 다코야키   たこやき
• 좋아하다   すきだ
• 얼마   いくら
• 어렵다   むずかしい
• 음식   たべもの

す	じ	ば	か	た	あ	す	ま
を	さ	く	た	こ	や	き	え
み	ぽ	か	ベ	よ	れ	だ	か
む	よ	に	も	づ	わ	る	ら
ん	せ	み	の	め	そ	く	ふ
う	む	ず	か	し	い	ち	ぐ
さ	ふ	り	ん	ご	す	じ	ら

p.200

시간과 동사

❶ 여섯 시 – 일어납니다 ろくじ – おきます
❷ 일곱 시 – 먹습니다 しちじ – たべます
❸ 여덟 시 – 갑니다 はちじ – いきます
❹ 네 시 – 돌아옵니다 よじ – かえります
❺ 아홉 시 – 봅니다 くじ – みます
❻ 열 시 – 읽습니다 じゅうじ – よみます
❼ 열한 시 – 잡니다 じゅういちじ – ねます

십자말풀이

가로 열쇠

❶ 잘하다   じょうずだ
❷ 축제   まつり
❸ 유카타   ゆかた
❹ 합니다   します
❺ 수요일   すいようび

세로 열쇠

ⓐ 요리   りょうり
ⓑ 아직   まだまだ
ⓒ 먹습니다   たべます

예시 답안과 해설

7과 나만의 정리 노트 1

p. 202

날짜

❶ 1일　ついたち
❷ 2일　ふつか
❸ 3일　みっか
❹ 4일　よっか
❺ 5일　いつか
❻ 6일　むいか
❼ 7일　なのか
❽ 8일　ようか
❾ 9일　ここのか
❿ 10일　とおか
⓫ 11일　じゅういちにち
⓬ 12일　じゅうににち
⓭ 13일　じゅうさんにち
⓮ 14일　じゅうよっか

워드서치

찾을 단어

- 동아리 활동　ぶかつ
- 학교 축제　ぶんかさい
- 영화　えいが
- 1일　ついたち
- 생각, 예정　つもり
- 겐다마　けんだま
- 시작되다　はじまる

ふ	さ	あ	り	ん	え	さ	じ
ま	ぶ	ん	か	さ	い	あ	き
し	か	さ	く	ら	が	の	く
か	つ	い	た	ち	こ	れ	は
は	む	も	め	し	た	が	じ
ふ	ん	り	り	け	ん	だ	ま
ら	い	て	つ	る	な	ぞ	る

8과 나만의 정리 노트 1

p. 204

지시 표현

❶ 써 주세요　書(か)いて ください
❷ 읽어 주세요　読(よ)んで ください
❸ 일어서 주세요　立(た)って ください
❹ 손을 들어 주세요　手(て)を あげて ください
❺ 넣어 주세요　入(い)れて ください
❻ 기다려 주세요　待(ま)って ください
❼ 와 주세요　来(き)て ください
❽ 앉아 주세요　すわって ください
❾ 말해 주세요　話(はな)して ください

십자말풀이

가로 열쇠

❶ 머리　　　　　　あたま
❷ 큰일이다　　　　たいへんだ
❸ 일기　　　　　　にっき
❹ 지하철　　　　　ちかてつ

세로 열쇠

ⓐ 아프다　　　　　いたい
ⓑ 몸조리 잘 하세요　おだいじに
ⓒ 버스 정류장　　　バスてい
ⓓ 사용하다　　　　つかう

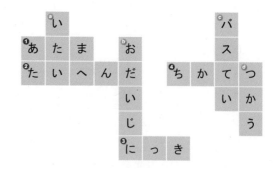

9과 나만의 정리 노트 1

p. 206

동사의 ない형

❶ 가지 않다　行(い)かない

❷ 하지 않다　しない

❸ 오지 않다　来(こ)ない

❹ 보지 않다　見(み)ない

❺ 먹지 않다　食(た)べない

❻ 마시지 않다　飲(の)まない

❼ 말하지 않다　話(はな)さない

❽ 만나지 않다　会(あ)わない

❾ 뛰지 않다　走(はし)らない

❿ 읽지 않다　読(よ)まない

워드서치

찾을 단어

- 위험하다　　　　あぶない
- 뒤, 나중　　　　あと
- 소리　　　　　　おと
- 목소리　　　　　こえ
- 밀지 않다　　　　おさない
- 지키다, 보호하다　まもる
- 할 수 있다　　　　できる
- 마네키네코　　　まねきねこ

ざ	さ	あ	と	ん	す	れ	お
ま	ろ	ぶ	ば	か	ま	も	る
お	さ	な	い	ら	ね	あ	き
と	み	い	か	で	き	る	ご
は	む	よ	め	ぺ	ね	れ	ち
に	じ	ん	し	そ	こ	え	け
ら	い	て	つ	る	な	が	く

10과 나만의 정리 노트 1

p. 208

동사의 て·た형

❶ 하고, 했다　して, した

❷ 가고, 갔다　行(い)って, 行(い)った

❸ 수영하고, 수영했다　泳(およ)いで, 泳(およ)いだ

❹ 기다리고, 기다렸다　待(ま)って, 待(ま)った

❺ 쉬고, 쉬었다　休(やす)んで, 休(やす)んだ

❻ 말하고, 말했다　話(はな)して, 話(はな)した

❼ 쓰고, 썼다　書(か)いて, 書(か)いた

❽ 보고, 봤다　見(み)て, 見(み)た

❾ 먹고, 먹었다　食(た)べて, 食(た)べた

❿ 오고, 왔다　来(き)て, 来(き)た

십자말풀이

가로 열쇠

❶ 처음　　　　はじめて

❷ 돕다　　　　てつだう

❸ 오마모리　　おまもり

❹ 생기다　　　できる

❺ 쉬었다　　　やすんだ

❻ 여러분　　　みなさん

세로 열쇠

ⓐ 약　　　　　くすり

ⓑ (방송) 프로그램　ばんぐみ

ⓒ 온천　　　　おんせん

ⓓ 하쓰모데　　はつもうで

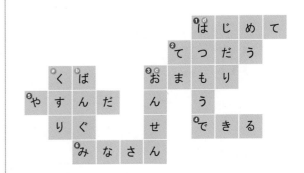

예시 답안과 해설　251

지은이

박행자

김대일

이정연

이연숙

나은주

오승신

조진희

아마노 가오리

고등학교 일본어 I 자습서

펴 낸 이 I 주민홍
펴 낸 곳 I 서울특별시 마포구 월드컵북로 396(상암동) 누리꿈스퀘어 비즈니스타워 10층
　　　　　(주)NE능률　(우편번호 03925)
펴 낸 날 I 2018년 1월 10일 초판 1쇄 발행　　2024년 3월 15일 제 7쇄 발행
전　　화 I 02-2014-7114
팩　　스 I 02-3142-0356
홈페이지 I www.neungyule.com
등록번호 I 제 1-68호
I S B N I 979-11-253-1971-9
정　　가 I 14,000원

고객센터

교재 내용 문의 I contact.nebooks.co.kr (별도의 가입 절차 없이 작성 가능)
제품 구매, 교환, 불량, 반품 문의 I 02-2014-7114 ☎ 전화문의는 본사의 근무 시간 중에만 가능합니다.

히라가나 오십음도

- ☐☐☐ ひらがな 히라가나

청음

- ☐☐☐ あお 파랑
- ☐☐☐ いえ 집
- ☐☐☐ かお 얼굴
- ☐☐☐ こえ 목소리
- ☐☐☐ すし 초밥
- ☐☐☐ せき 자리
- ☐☐☐ いち 일, 1
- ☐☐☐ つくえ 책상
- ☐☐☐ いぬ 개
- ☐☐☐ ねこ 고양이
- ☐☐☐ はな 꽃
- ☐☐☐ ひと 사람
- ☐☐☐ あめ 비
- ☐☐☐ きもの 기모노
- ☐☐☐ やま 산
- ☐☐☐ ゆき 눈
- ☐☐☐ さくら 벚꽃
- ☐☐☐ くるま 자동차
- ☐☐☐ わたし 나
- ☐☐☐ にほん 일본

탁음 · 반탁음

- ☐☐☐ かぞく 가족
- ☐☐☐ はなび 불꽃놀이
- ☐☐☐ ぴかぴか 반짝반짝
- ☐☐☐ ぺこぺこ 배가 몹시 고픈 모양

요음

- ☐☐☐ かしゅ 가수
- ☐☐☐ しょくじ 식사
- ☐☐☐ ひゃく 백, 100

촉음 · 발음 · 장음

- ☐☐☐ みっか 3일

- ☐☐☐ いっしょ 함께
- ☐☐☐ きって 우표
- ☐☐☐ さっぽろ 삿포로〈지명〉
- ☐☐☐ しんぶん 신문
- ☐☐☐ けんだま 겐다마
- ☐☐☐ おんがく 음악
- ☐☐☐ ふじさん 후지산〈지명〉
- ☐☐☐ おかあさん 엄마
- ☐☐☐ おにいさん 형, 오빠
- ☐☐☐ すうがく 수학
- ☐☐☐ おねえさん 누나, 언니
- ☐☐☐ えいが 영화
- ☐☐☐ おおい 많다
- ☐☐☐ おとうさん 아버지
- ☐☐☐ ここ 여기
- ☐☐☐ ごご 오후
- ☐☐☐ かじ 화재
- ☐☐☐ かんじ 한자
- ☐☐☐ おじさん 아저씨
- ☐☐☐ おじいさん 할아버지

가타카나 오십음도

- ☐☐☐ カタカナ 가타카나
- ☐☐☐ アニメ 애니메이션
- ☐☐☐ トイレ 화장실
- ☐☐☐ サッカー 축구
- ☐☐☐ コンビニ 편의점
- ☐☐☐ スマホ 스마트폰

인사말

- ☐☐☐ おはよう(ございます) 안녕(하세요)〈아침 인사〉
- ☐☐☐ こんにちは 안녕하세요〈낮 인사〉
- ☐☐☐ こんばんは 안녕하세요〈저녁 인사〉
- ☐☐☐ じゃあね 잘 가
- ☐☐☐ バイバイ 잘 가
- ☐☐☐ また、あした 내일 봐
- ☐☐☐ さようなら 잘 가
- ☐☐☐ ごめん/ごめんなさい 미안해/미안합니다
- ☐☐☐ すみません 미안합니다

① 촉음

っ	+	か행	→	[k]
		さ행		[s]
		た행		[t]
		ぱ행		[p]

② 발음

ん	+	ま·ば·ぱ행	→	[m]
		さ·ざ·た·だ·な·ら행		[n]
		か·が행		[ŋ]
		あ·は·や·わ행, 맨 뒤		[N]

③ 장음

あ단	あ		[a:]
い단	い		[i:]
う단	う	+ →	[u:]
え단	え / い		[e:]
お단	お / う		[o:]

④ 박

❶ 문자 한 글자는 1박 　　예 やま (2박)
❷ 요음은 1박 　　　　　예 しゅみ (2박)
❸ 촉음(っ)은 1박 　　　예 みっか (3박)
❹ 발음(ん)은 1박 　　　예 かばん (3박)

⑤ 인사말

❶ 아침 인사　おはよう。/ おはようございます。
❷ 낮 인사　こんにちは。
❸ 저녁 인사　こんばんは。
❹ 헤어질 때의 인사말　じゃあね。/ バイバイ。/ また、あした。/ さようなら。
❺ 사과할 때의 인사말　ごめん。/ ごめんなさい。/ すみません。

きいて はなそう

- ☐☐☐ **なんばん** 몇 번
- ☐☐☐ **に** 이, 2
- ☐☐☐ **さん** 삼, 3
- ☐☐☐ **よん/し** 사, 4
- ☐☐☐ **ご** 오, 5
- ☐☐☐ **ろく** 육, 6
- ☐☐☐ **なな/しち** 칠, 7
- ☐☐☐ **はち** 팔, 8
- ☐☐☐ **きゅう/く** 구, 9
- ☐☐☐ **ゼロ/れい/まる** 영, 0
- ☐☐☐ **はじめまして** 처음 뵙겠습니다
- ☐☐☐ **～です** ~입니다
- ☐☐☐ **かんこく** 한국
- ☐☐☐ **～から きました** ~에서 왔습니다
- ☐☐☐ **どうぞ よろしく** 아무쪼록 잘 부탁드려요
- ☐☐☐ **ちゅうごく** 중국
- ☐☐☐ **アメリカ** 미국
- ☐☐☐ **にほん** 일본

- ☐☐☐ **こちら** 이분
- ☐☐☐ **～は** ~은, ~는
- ☐☐☐ **～さん** ~씨
- ☐☐☐ **こちらこそ** 저야말로
- ☐☐☐ **フランス** 프랑스
- ☐☐☐ **しゅみ** 취미
- ☐☐☐ **なんですか** 무엇입니까?
- ☐☐☐ **りょうり** 요리
- ☐☐☐ **やきゅう** 야구
- ☐☐☐ **りょこう** 여행
- ☐☐☐ **ピアノ** 피아노
- ☐☐☐ **ゲーム** 게임

よんで はなそう ❶

- ☐☐☐ **せんせい** 선생님
- ☐☐☐ **みなさん** 여러분
- ☐☐☐ **どうぞ よろしく おねがいします** 부디 잘 부탁드립니다
- ☐☐☐ **よろしくね** 잘 부탁해

まとめ きょうしつ ❶

- ☐☐☐ **みなみこうこう** 미나미 고등학교

よんで はなそう ❷

- ☐☐☐ **～ちゃん** ~야(친밀감을 나타내는 호칭)
- ☐☐☐ **～の** ~의, ~인
- ☐☐☐ **けいたい** 휴대 전화
- ☐☐☐ **ばんごう** 번호
- ☐☐☐ **～だ** ~이다
- ☐☐☐ **うん** 응
- ☐☐☐ **あ** 아!
- ☐☐☐ **～くん** ~군
- ☐☐☐ **ともだち** 친구
- ☐☐☐ **これから** 앞으로

まとめ きょうしつ ❷

- ☐☐☐ **じゅう** 십, 10

いっしょに やって みよう

- ☐☐☐ **なまえ** 이름
- ☐☐☐ **テコンドー** 태권도

① 자기소개

はじめまして。 처음 뵙겠습니다.
（わたしは） 이름 **イ・ハナ**です。 (저는) 이하나입니다.
출신 **かんこくから きました。** 한국에서 왔습니다.
しゅみは 취미 **りょうりです。** 취미는 요리입니다.
どうぞ よろしく おねがいします。 아무쪼록 잘 부탁드립니다.

② 타인 소개

A　こちらは 이름 **イ・ハナさんです。** 이쪽은 이하나 씨입니다.
B　はじめまして。 이름 **イ・ハナです。** 처음 뵙겠습니다. 이하나입니다.
　　출신 **かんこくから きました。** 한국에서 왔습니다.
　　よろしく おねがいします。 잘 부탁합니다.
C　はじめまして。 이름 **たかはし ともやです。** 처음 뵙겠습니다. 다카하시 도모야입니다.
　　출신 **にほんから きました。** 일본에서 왔습니다.
　　こちらこそ よろしく おねがいします。 저야말로 잘 부탁합니다.

③ 숫자 세기

いち	に	さん	し・よん	ご
1	2	3	4	5
ろく	しち・なな	はち	きゅう・く	じゅう
6	7	8	9	10

* 전화번호에서 '–'는 'の'로, '4, 7, 9'는 'よん, なな, きゅう'로, '0'은 'ゼロ, れい, まる'로 읽는다.

④ 문화: 학교생활

· 일본의 학제는 초등학교(소학교) 6년, 중학교 3년, 고등학교 3년으로 이루어진다.
· 일반적으로 입학식은 4월에, 졸업식은 3월에 이루어진다.
· 자전거로 통학하는 학생들이 많아서 대부분의 학교에 자전거 주차장이 마련되어 있다.

3과 단어 check!

きいて はなそう

- □□□ ちち 아버지
- □□□ はは 어머니
- □□□ あに 형, 오빠
- □□□ あね 누나, 언니
- □□□ おとうと 남동생
- □□□ いもうと 여동생
- □□□ おとうとさん (남의) 남동생
- □□□ いもうとさん (남의) 여동생

- □□□ りんご 사과
- □□□ どうぞ 드세요
- □□□ どうも ありがとうございます 대단히 감사합니다
- □□□ ケーキ 케이크
- □□□ ジュース 주스
- □□□ おかし 과자
- □□□ なんにん 몇 명

よんで はなそう ①

- □□□ ただいま 다녀왔습니다
- □□□ おかえり 어서 와
- □□□ いらっしゃい 어서 와
- □□□ さあ、どうぞ 자, 들어와
- □□□ おじゃまします 실례하겠습니다
- □□□ おちゃ 차
- □□□ あの(う) 저(어)
- □□□ これ 이것
- □□□ わあ 와(감탄사)

よんで はなそう ②

- □□□ しゃしん 사진
- □□□ うん、そう 응, 그래
- □□□ ～と ～와, ～과
- □□□ はい 네, 예
- □□□ ～も ～도

- □□□ こうこうせい 고등학생
- □□□ いいえ 아니요
- □□□ こうこうせいじゃ ありません 고등학생이 아닙니다
- □□□ だいがくせい 대학생
- □□□ ふたり 두 명
- □□□ そして 그리고

まとめ きょうしつ ②

- □□□ ちゅうごくじん 중국인
- □□□ ひとり 한 명

ようこそ 日本!

- □□□ いっこだて 단독주택
- □□□ マンション 아파트
- □□□ アパート 연립주택
- □□□ わしつ 와시쓰
- □□□ たたみ 다다미
- □□□ こたつ 고타쓰
- □□□ とこのま 도코노마

たのしく あそぼう

- □□□ いるよ 있어요

❶ 가족 호칭

가족 구성원	○○ 씨의 가족	나의 가족
아버지	おとうさん	ちち
어머니	おかあさん	はは
형, 오빠	おにいさん	あに
누나, 언니	おねえさん	あね
남동생	おとうとさん	おとうと
여동생	いもうとさん	いもうと

❷ こ·そ·あ·ど 용법

사물	장소	방향	명사 수식
これ 이것	ここ 여기	こちら 이쪽	この 이
それ 그것	そこ 거기	そちら 그쪽	その 그
あれ 저것	あそこ 저기	あちら 저쪽	あの 저
どれ 어느 것	どこ 어디	どちら 어느 쪽	どの 어느

❸ 명사의 부정

~じゃ ありません
~이/가 아닙니다

예 だいがくせいじゃ ありません。 대학생이 아닙니다.

❹ 사람 수 세기

ひとり 한 명	ふたり 두 명	さんにん 세 명	よにん 네 명	ごにん 다섯 명

❺ 문화: 주거 문화, 방문 예절

· 일본의 주택
❶ いっこだて 단독주택을 말하며, 주로 2층으로 주차장이 있다.
❷ アパート 2~3층 정도의 한국의 다가구 주택이나 연립 주택을 말한다.
❸ マンション 3층 이상으로 한국의 고층 아파트나 고급빌라를 말한다.
· 일본의 방문 예절
❶ 일본 가정을 방문할 때는 과자, 케이크 등의 간단한 선물을 가지고 간다.
❷ 신발을 벗고 들어갈 때는 현관문 방향으로 가지런히 돌려놓는다.
❸ 바닥에 앉을 때는 정좌를 하는 것이 예의이다.

きいて はなそう

- □□□ 上(うえ) 위
- □□□ 中(なか) 안
- □□□ 下(した) 아래
- □□□ まえ 앞
- □□□ うしろ 뒤
- □□□ ひだり 왼쪽
- □□□ みぎ 오른쪽
- □□□ 本(ほん) 책
- □□□ どこに 어디에
- □□□ ある (사물·식물이) 있다
- □□□ ノート 노트
- □□□ はこ 상자
- □□□ かばん 가방
- □□□ いす 의자

- □□□ へや 방
- □□□ 〜が ありますか 〜이/가 있습니까?
- □□□ はな 꽃
- □□□ いる (사람·동물이) 있다
- □□□ じんじゃ 신사
- □□□ こうえん 공원
- □□□ デパート 백화점
- □□□ コンビニ 편의점
- □□□ パン屋(や) 빵집
- □□□ ゆうびんきょく 우체국
- □□□ ぎんこう 은행
- □□□ としょかん 도서관

よんで はなそう❶

- □□□ たくさん 많이
- □□□ おおきい 크다
- □□□ 本屋(ほんや) 서점
- □□□ おもしろい まんが 재미있는 만화
- □□□ ほんとう? 정말?
- □□□ ところで 그런데
- □□□ たてもの 건물
- □□□ 5(ご)かい 5층

- □□□ こども 어린이
- □□□ あるから 있기 때문에

まとめ きょうしつ❶

- □□□ ない 없다
- □□□ がっこう 학교
- □□□ ちいさい 작다
- □□□ みせ 가게
- □□□ おいしい 맛있다

よんで はなそう❷

- □□□ わたしたち 우리들
- □□□ まち 마을
- □□□ とても 매우
- □□□ にぎやかです 번화합니다
- □□□ 駅(えき)の 前(まえ) 역
- □□□ デパート 백화점
- □□□ デパートの となり 백화점 옆
- □□□ 高(たか)い たてもの 높은 건물
- □□□ たのしい まちです 즐거운 마을입니다
- □□□ しずかな まちです 조용한 마을입니다
- □□□ きれいな こうえん 깨끗한 공원
- □□□ こうえんや じんじゃなど 공원이랑 신사 등
- □□□ いい まちです 좋은 마을입니다

まとめ きょうしつ❷

- □□□ にほんご 일본어
- □□□ じょうずだ 잘하다

ようこそ 日本!

- □□□ コスプレ 코스프레
- □□□ ジェー・ポップ J-POP
- □□□ こうしえん 고시엔
- □□□ すもう 스모

たのしく あそぼう

- □□□ ふくわらい 후쿠와라이

① 존재 표현

	사물/식물	사람/동물
있다 있습니다	ある あります	いる います
없다 없습니다	ない ありません 또는 ないです	いない いません 또는 いないです

② 형용사의 활용

❶ い형용사: ～い 형태의 형용사

	의미	형태	예
기본형	～하다	어간 + い	たかい 높다
정중형	～합니다	기본형 + です	たかいです 높습니다
명사 수식	～인(한) 명사	기본형 + 명사 * 형태 변화 없이 명사 앞에서 수식한다.	たかい たてもの 높은 건물

❷ な형용사: ～だ 형태의 형용사

	의미	형태	예
기본형	～하다	어간 + だ	しずかだ 조용하다
정중형	～합니다	어간 + です	しずかです 조용합니다
명사 수식	～인(한) 명사	어간 + な + 명사 * 명사를 수식할 때는 だ를 な로 바꾸는 점에 주의한다.	しずかな まち 조용한 마을

③ 문화: 대중문화, 스포츠

· 대중문화
❶ 만화, 애니메이션　애니메이션이나 게임 속 등장인물로 분장한 것을 코스프레(コスプレ)라고 하는데, 캐릭터의 인기도 상당히 높다.
❷ J-POP　일본에서 유행하는 대중음악을 뜻한다. '홍백가합전'은 매년 12월 31일 한 해 동안 가장 인기가 많았던 가수들이 출연하는 연말가요대전이다.
· 스포츠
❶ 전통 스포츠　검도, 유도, 스모(すもう)
❷ 현대 스포츠　야구, 축구 등

きいて はなそう

- □□□ いくら 얼마
- □□□ ～えん ～엔(일본 화폐 단위)
- □□□ せん 천, 1,000
- □□□ まん 만, 10,000
- □□□ 何(なに)に する? 무엇으로 할래?
- □□□ とんカツ 돈가스
- □□□ コーラ 콜라
- □□□ ぎゅうどん 소고기덮밥, 규돈
- □□□ カレーライス 카레라이스
- □□□ コーヒー 커피

- □□□ どんな 어떤
- □□□ スポーツ 스포츠
- □□□ ～が すきですか ～을/를 좋아합니까?
- □□□ すいえい 수영
- □□□ くだもの 과일
- □□□ バナナ 바나나
- □□□ いちご 딸기
- □□□ かもく 과목
- □□□ そば 메밀국수
- □□□ ラーメン 라면
- □□□ 高(たか)い 비싸다
- □□□ ほう ～쪽, ～편
- □□□ えいご 영어
- □□□ むずかしい 어렵다
- □□□ ほっかいどう 홋카이도 〈지명〉
- □□□ きゅうしゅう 규슈 〈지명〉

よんで はなそう ❶

- □□□ ぼく 나(남성어)
- □□□ みそラーメン 된장라면
- □□□ あまり 별로, 그다지
- □□□ すきじゃ ないから 좋아하지 않으니까
- □□□ ふたつ 두 개
- □□□ それから 그 다음에, 그리고 (또)
- □□□ ひとつ 한 개
- □□□ 水(みず) 물
- □□□ おちゃより 차보다

まとめ きょうしつ ❶

- □□□ ビビンバ 비빔밥
- □□□ どっちでも 어느 쪽도, 둘 다
- □□□ みっつ 세 개
- □□□ よっつ 네 개
- □□□ いつつ 다섯 개
- □□□ むっつ 여섯 개
- □□□ ななつ 일곱 개
- □□□ やっつ 여덟 개
- □□□ ここのつ 아홉 개
- □□□ とお 열 개
- □□□ いくつ 몇 개

よんで はなそう ❷

- □□□ いただきます 잘 먹겠습니다
- □□□ からくないですね 맵지 않네요
- □□□ でも 하지만
- □□□ やすくて 싸고
- □□□ たべものの 中(なか)で 음식 중에서
- □□□ いちばん 가장, 제일
- □□□ ごちそうさまでした 잘 먹었습니다
- □□□ ぜんぶで 전부 합해서

かいて みよう

- □□□ −ウォン 원(한국 화폐 단위)

いっしょに やって みよう

- □□□ ごはん 밥
- □□□ めん 면
- □□□ デザート 후식

ようこそ 日本!

- □□□ えきべん 에키벤
- □□□ たこやき 다코야키
- □□□ やきそば 야키소바
- □□□ おこのみやき 오코노미야키
- □□□ たいやき 다이야키
- □□□ すきやき 스키야키

5과 요점 check!

①

선택

~に する ~(으)로 하다 ~に します ~으로 하겠습니다

예 わたしは とんカツに します。 저는 돈가스로 하겠습니다.

②

두 가지 비교

~と ~と どっち(どちら)が ~?

~와(과) ~와(과) 어느 쪽이 ~? / ~와(과) ~ 중에 어느 쪽이 ~?

A ~と ~と どちら(どっち)が ~ですか？ ~와/과 ~와/과 어느 쪽이 ~입니까？

B ~の ほうが ~です。 ~ (쪽)이/가 ~입니다.

③

세 가지 이상 비교

~の 中^{なか}で ~が いちばん ~です

~ 중에서 ~이/가 가장 ~입니다

A ~の 中^{なか}で 何^{なに}が いちばん ~ですか。 ~ 중에서 무엇이/가 ~입니까？

B ~が いちばん ~です。 ~이/가 가장 ~입니다.

④

물건 개수 세기

ひとつ 한 개	ふたつ 두 개	みっつ 세 개	よっつ 네 개	いつつ 다섯 개	
むっつ 여섯 개	ななつ 일곱 개	やっつ 여덟 개	ここのつ 아홉 개	とお 열 개	いくつ 몇 개

⑤

형용사의 과거형

	い형용사	な형용사
기본형 (~다)	おいしい 맛있다	すきだ 좋아하다
정중형 (~니다)	おいしいです 맛있습니다	すきです 좋아합니다
부정형 (~지 않다)	おいしく ない 맛있지 않다	すきじゃ ない 좋아하지 않는다
정중한 부정형 (~지 않습니다)	おいしく ないです 맛있지 않습니다	すきじゃ ありません 좋아하지 않습니다
연결형 (~고, ~어서)	おいしくて 맛있고(맛있어서)	すきで 좋아하고(좋아해서)

⑥

문화: 음식 문화

· 일본에서는 밥그릇이나 국그릇을 들고 먹는 것이 예의이다.

· 일본에서는 주로 젓가락을 사용하며 가로로 놓는다.

· 일본에서는 음식을 젓가락으로 주고받거나 식사 도중 젓가락을 그릇 위에 얹어 놓지 않도록
주의한다.

きいて はなそう

- □□□ 今(いま)、何時(なんじ)？ 지금, 몇 시?
- □□□ おきます 일어납니다
- □□□ たべます 먹습니다
- □□□ いきます 갑니다
- □□□ かえります 돌아옵(갑)니다
- □□□ みます 봅니다
- □□□ よみます 읽습니다
- □□□ ねます 잡니다

- □□□ まだまだ 아직
- □□□ うた 노래
- □□□ え 그림
- □□□ 〜を たべましょう 〜을/를 먹읍시다
- □□□ おまつり 마쓰리(축제)
- □□□ のみます 마십니다
- □□□ します 합니다

よんで はなそう ❶

- □□□ こんどの 日(にち)ようび 이번 일요일
- □□□ 時間(じかん) 시간
- □□□ どうして 어째서, 왜
- □□□ みんなで 모두
- □□□ どうですか 어떻습니까?
- □□□ ええ、ぜひ 네, 꼭
- □□□ あいますか 만납니까?
- □□□ 4時(よじ)はんに 4시 반에
- □□□ しぶや駅(えき)の 西口(にしぐち)で 시부야 역 서쪽 출구에서
- □□□ はい、わかりました 네, 알겠습니다

まとめ きょうしつ ❶

- □□□ くる 오다
- □□□ はいる 들어가다
- □□□ はしる 달리다

よんで はなそう ❷

- □□□ ゆかた 유카타
- □□□ よく 잘
- □□□ にあう 어울리다
- □□□ きんぎょすくい 긴교스쿠이

まとめ きょうしつ ❷

- □□□ コンサート 콘서트
- □□□ すこし 조금
- □□□ やすみましょう 쉽시다
- □□□ カラオケ 노래방

ようこそ 日本!

- □□□ おび 오비
- □□□ たび 다비
- □□□ ぞうり 조리
- □□□ げた 게다
- □□□ ぼんおどり 본오도리
- □□□ はなびたいかい(花火大会) 불꽃놀이 대회
- □□□ ヨーヨーつり 요요쓰리

メモ

❶

동사의 종류

❶ 1류 동사
끝 글자가 **る**로 끝나지 않거나, **る**로 끝나면 앞 글자가 **い**단/**え**단이 아닌 동사
> 例 **いく** 가다 **のる** 타다
> 단. **かえる** 돌아가(오)다 **はいる** 들어가다 **はしる** 달리다 등은 예외로 1류 동사

❷ 2류 동사
끝 글자가 **る**로 끝나고, **る**의 앞 글자가 **い**단/**え**단인 동사
> 例 **みる** 보다 **たべる** 먹다

❸ 3류 동사
불규칙 활용 동사로 두 개뿐임.
> 例 **来る** 오다 **する** 하다

❷

동사의 활용

❶ ～ます ～합니다

	～ます(정중형) 바꾸는 방법
1류 동사 (5단 활용 동사)	끝 글자 **う**단을 **い**단으로 바꾼 후 **ます**를 붙인다. **いく** → **いきます**　　**よむ** → **よみます**
2류 동사 (1단 활용 동사)	끝 글자 **る**를 없애고 **ます**를 붙인다. **みる** → **みます**　　**たべる** → **たべます**
3류 동사 (불규칙 활용 동사)	불규칙하게 바뀌기 때문에 그냥 외운다. **来る** → **来ます**　　**する** → **します**

❷ ～ましょう ～합시다

	～ましょう(권유형) 바꾸는 방법 *～ます(정중형) 바꾸기와 방법이 같다.
1류 동사 (5단 활용 동사)	끝 글자 **う**단을 **い**단으로 바꾼 후 **ましょう**를 붙인다. **いく** → **いきましょう**　　**よむ** → **よみましょう**
2류 동사 (1단 활용 동사)	끝 글자 **る**를 없애고 **ましょう**를 붙인다. **みる** → **みましょう**　　**たべる** → **たべましょう**
3류 동사 (불규칙 활용 동사)	불규칙하게 바뀌기 때문에 그냥 외운다. **来る** → **来ましょう**　　**する** → **しましょう**

❸

문화: 의복 문화, 마쓰리

· 의복 문화
❶ 기모노(きもの) 일본의 대표적인 전통 의상으로, 주로 결혼식, 성인식, 졸업식 때 입는다. 일본식 버선인 다비(たび)에 조리(ぞうり)라는 신발을 신는다.

❷ 유카타(ゆかた) 목욕 후, 불꽃놀이(花火大会), 본오도리(ぼんおどり) 등의 여름 축제 때 주로 입는다. 맨발에 게다(げた)를 신는다.

· 마쓰리(まつり)
❶ 신에게 바치는 제사 의식에서 시작된 것으로 전국 각지에서 1년 내내 열린다.
❷ 3대 마쓰리 도쿄 간다마쓰리, 교토 기온마쓰리, 오사카 덴진마쓰리

きいて はなそう

☐☐☐ いつ 언제
☐☐☐ 9月(くがつ) 9월
☐☐☐ ついたち 1일
☐☐☐ ふつか 2일
☐☐☐ みっか 3일
☐☐☐ よっか 4일
☐☐☐ いつか 5일
☐☐☐ むいか 6일
☐☐☐ なのか 7일
☐☐☐ ようか 8일
☐☐☐ ここのか 9일
☐☐☐ とおか 10일
☐☐☐ 〜にち 〜일
☐☐☐ 〜つもりです 〜(할) 예정입니다
☐☐☐ ボランティア 자원봉사

☐☐☐ うたを うたう 노래를 부르다
☐☐☐ しゅうまつ 주말
☐☐☐ 〜を したいですか 〜을/를 하고 싶습니까?
☐☐☐ あした 내일
☐☐☐ 買(か)い物(もの)に 行(い)く 쇼핑하러 가다
☐☐☐ ひるやすみ 점심시간
☐☐☐ ふゆやすみ 겨울방학
☐☐☐ スキー 스키
☐☐☐ ならう 배우다

よんで はなそう ❶

☐☐☐ クラス 반
☐☐☐ 見(み)せる つもりです 보여 줄 예정입니다
☐☐☐ ぼくたち 우리들
☐☐☐ 作(つく)りました 만들었습니다
☐☐☐ へえ 어
☐☐☐ すごいですね 대단하네요
☐☐☐ ちょっとだけ 잠깐만
☐☐☐ 出(で)ます 나옵니다
☐☐☐ 楽(たの)しみですね 기대가 되네요
☐☐☐ 何時(なんじ)から 몇 시부터

☐☐☐ 始(はじ)まりますか 시작됩니까?
☐☐☐ 3時(さんじ)からです 3시부터입니다
☐☐☐ まだ 時間(じかん) あるから 아직 시간 있으니까
☐☐☐ ほかの ところも 다른 곳도
☐☐☐ 見(み)に 行(い)く? 보러 갈래?

まとめ きょうしつ ❶

☐☐☐ 来月(らいげつ)から 다음 달부터
☐☐☐ きのう 어제
☐☐☐ ひこうきの チケット 비행기 표
☐☐☐ 買(か)いました 샀습니다

よんで はなそう ❷

☐☐☐ あそびながら 놀면서
☐☐☐ 日本(にほん)の 文化(ぶんか) 일본 문화
☐☐☐ 有名(ゆうめい)な あそびです 유명한 놀이입니다
☐☐☐ やりたい 하고 싶다
☐☐☐ できますか 할 수 있습니까?
☐☐☐ もちろん 물론
☐☐☐ だいじょうぶ 괜찮다
☐☐☐ さるも 木(き)から おちる 원숭이도 나무에서 떨어진다

まとめ きょうしつ ❷

☐☐☐ 話(はな)したいです 이야기하고 싶습니다
☐☐☐ 花(はな)より だんご 꽃보다 경단, 금강산도 식후경
☐☐☐ となりの 花(はな)は あかい 옆집의 꽃은 빨갛다, 남의 떡이 커 보인다

ようこそ 日本!

☐☐☐ 部活(ぶかつ) 부카쓰, 동아리 활동
☐☐☐ きたく部(ぶ) 기타쿠부, 귀가부
☐☐☐ 文化祭(ぶんかさい) 분카사이, 학교 축제

❶ 동사의 활용

	기본형	~ます (~합니다)	~ました (~했습니다)	~たい (~하고 싶다)	~ながら (~하면서)
1류 동사 (5단 활용 동사)	行く 聞く 会う 買う ならう 作る あそぶ 話す のむ 読む	行きます 聞きます 会います 買います ならいます 作ります あそびます 話します のみます 読みます	行きました 聞きました 会いました 買いました ならいました 作りました あそびました 話しました のみました 読みました	行きたい 聞きたい 会いたい 買いたい ならいたい 作りたい あそびたい 話したい のみたい 読みたい	行きながら 聞きながら 会いながら 買いながら ならいながら 作りながら あそびながら 話しながら のみながら 読みながら
2류 동사 (1단 활용 동사)	見る 食べる 見せる	見ます 食べます 見せます	見ました 食べました 見せました	見たい 食べたい 見せたい	見ながら 食べながら 見せながら
3류 동사 (불규칙 활용 동사)	来る する	来ます します	来ました しました	来たい したい	来ながら しながら

❷ 동사의 ます형 + に 行く

~(하)러 가다

예 友だちと あそびに 行く 친구와 놀러 가다

コンサートを 見に 行く 콘서트를 보러 가다

❸ 동사의 기본형 + つもり

~할 예정

예 りょうりを 作る つもりです。 요리를 만들 예정입니다.

としょかんへ 行く つもりです。 도서관에 갈 예정입니다.

❹ 문화: 동아리 활동

· 동아리 활동 부카쓰(部活)라고 하며, 일반적으로 방과 후나 주말에 학생들이 자율적으로 활동한다. 다도부, 합창부 등의 문화부와 야구부, 검도부 등의 운동부로 나뉜다.

· 학교 축제 분카사이(文化祭)라고 하며, 일반적으로 동아리별 부스와 반별 부스로 나누어 9~11월에 주말을 포함하여 3일 정도 진행된다.

きいて はなそう

- ☐☐☐ ～に のります ~을/를 탑니다
- ☐☐☐ 自転車(じてんしゃ) 자전거
- ☐☐☐ ちかてつ 지하철
- ☐☐☐ タクシー 택시
- ☐☐☐ バス 버스
- ☐☐☐ 船(ふね) 배
- ☐☐☐ 読(よ)んで ください 읽어 주세요
- ☐☐☐ 書(か)いて ください 써 주세요
- ☐☐☐ 手(て)を あげて ください 손을 들어 주세요
- ☐☐☐ 立(た)って ください 일어서 주세요

- ☐☐☐ おなかが いたい 배가 아프다
- ☐☐☐ たいへんですね 큰일이네요
- ☐☐☐ のどが いたい 목이 아프다
- ☐☐☐ ねつが ある 열이 있다
- ☐☐☐ ぐあいが わるい 상태가 나쁘다
- ☐☐☐ 写真(しゃしん)を とっても 사진을 찍어도
- ☐☐☐ ここに おく 여기에 놓다
- ☐☐☐ パソコンを 使(つか)う 개인용 컴퓨터를 사용하다
- ☐☐☐ まどを あける 창문을 열다

よんで はなそう ❶

- ☐☐☐ ほけんの 先生(せんせい) 보건 선생님
- ☐☐☐ あたまが いたい 머리가 아프다
- ☐☐☐ うーん 음
- ☐☐☐ 少(すこ)し 休(やす)んでから 조금 쉬고 나서
- ☐☐☐ 病院(びょういん)に 行(い)きましょう 병원에 가세요
- ☐☐☐ どうやって 어떻게 해서
- ☐☐☐ バスていで 버스 정류장에서
- ☐☐☐ おります 내립니다
- ☐☐☐ はやく 빨리
- ☐☐☐ 元気(げんき)に なってね 건강해져요
- ☐☐☐ お大事(だいじ)に 몸조리 잘 하세요

まとめ きょうしつ ❶

- ☐☐☐ 洗(あら)ってから 씻고 나서

よんで はなそう ❷

- ☐☐☐ 男(おとこ)の 人(ひと) 남자
- ☐☐☐ さくら病院(びょういん)まで 사쿠라 병원까지
- ☐☐☐ 運転手(うんてんしゅ) 운전사
- ☐☐☐ 入(い)れて ください 넣어 주세요
- ☐☐☐ カードを 使(つか)っても 카드를 사용해도

ようこそ 日本!

- ☐☐☐ 電車(でんしゃ) 전철
- ☐☐☐ しんかんせん 신칸센

メモ

① 동사의 て형

교과서 125쪽 'て형 노래 부르기'를 외우면 이해가 쉽다.

	기본형	～て	만드는 법
1류 동사 (5단 활용 동사)	書_かく 쓰다 泳_{およ}ぐ 수영하다 待_まつ 기다리다 休_{やす}む 쉬다 話_{はな}す 말하다 行_いく 가다	書_かいて 쓰고 泳_{およ}いで 수영하고 待_まって 기다리고 休_{やす}んで 쉬고 話_{はな}して 말하고 行_いって 가고	く → いて ぐ → いで う, つ, る → って ぬ, ぶ, む → んで す → して * 예외
2류 동사 (1단 활용 동사)	見_みる 보다 食_たべる 먹다	見_みて 보고 食_たべて 먹고	る 없애고 て
3류 동사 (불규칙 활용 동사)	来_くる 오다 する 하다	来_きて 오고 して 하고	불규칙 활용

② て형 문형

동사의 て형에 연결한다.

❶ ～てから ～하고 나서

　예　書_かく 쓰다 → 書_かいて 쓰고 → 書_かいてから 쓰고 나서

❷ ～て ください ～해 주세요, ～하세요

　예　待_まつ 기다리다 → 待_まって 기다리고 → 待_まって ください 기다려 주세요

❸ ～ても いいです ～해도 됩니다

　예　読_よむ 읽다 → 読_よんで 읽고 → 読_よんでも いいです 읽어도 됩니다

③ 문화: 교통 문화

· 우리나라와 반대로 차량이 도로 왼쪽을 달리고, 자동차의 운전석이 오른쪽에 있다.
· 자전거(自転車_{じてんしゃ}) 일상생활에서 많은 사람들이 이용하며, 도난 방지를 위해 자전거 등록제를 실시하고 있다.
· 버스(バス) 대부분 뒷문으로 타고 앞문으로 내리며, 거리에 비례하여 요금을 낸다.
· 택시(タクシー) 운전기사가 자동으로 뒷문을 열어 준다.
· 전철(電車_{でんしゃ}) 우리나라의 교통카드와 비슷한 스이카, 파스모 등을 이용하면 편리하다. 신칸센 (しんかんせん)은 우리나라의 KTX와 비슷한 고속열차이다.

きいて はなそう

- □□□ おさない 밀지 않는다
- □□□ しゃべらない 떠들지 않는다
- □□□ もどらない 돌아가지 않는다
- □□□ 買(か)う ことが できます 살 수 있습니다
- □□□ 電話(でんわ)を かけても いいですか 전화를 걸어도 됩니까?
- □□□ パソコン 개인용 컴퓨터

よんで はなそう❶

- □□□ 何(なん)の 音(おと)? 무슨 소리?
- □□□ すぐ 後(あと)に 바로 뒤에
- □□□ じしんが 来(く)ると いう 지진이 온다는
- □□□ 今日(きょう)は 오늘은
- □□□ れんしゅうだけど 연습이지만
- □□□ あぶない！ 위험해!
- □□□ 外(そと)に 出(で)ましょう 밖으로 나갑시다
- □□□ びっくりしました 깜짝 놀랐습니다
- □□□ 急(きゅう)に 갑자기

まとめ きょうしつ❶

- □□□ まねきねこ 마네키네코
- □□□ もの 물건
- □□□ 自転車(じてんしゃ)を とめる 자전거를 세우다

よんで はなそう❷

- □□□ じしんの 時(とき)は 지진이 났을 때는
- □□□ テーブルの 下(した)に 入(はい)って ください 탁자 아래로 들어가 주세요
- □□□ 頭(あたま)を まもって ください 머리를 보호해 주세요
- □□□ 上(うえ)から おちる ものに 위에서 떨어지는 물건에
- □□□ 気(き)を つけて ください 주의해 주세요

- □□□ ドアや まどを 문이랑 창문을
- □□□ 火(ひ)を けして ください 불을 꺼 주세요
- □□□ エレベーター 엘리베이터

いっしょに やって みよう

- □□□ キムチを 作(つく)る 김치를 담그다
- □□□ メールを 送(おく)る 전자 우편을 보내다
- □□□ 海(うみ)で 泳(およ)ぐ 바다에서 수영하다

メモ

❶ 동사의 ない형

~지 않다

	기본형	~ない	만드는 법
1류 동사 (5단 활용 동사)	行く 가다 話す 말하다 読む 읽다 会う 만나다	行かない 가지 않다 話さない 말하지 않다 読まない 읽지 않다 会わない 만나지 않다	う단 → あ단+ない * 예외 う → わ+ない
2류 동사 (1단 활용 동사)	見る 보다 食べる 먹다	見ない 보지 않다 食べない 먹지 않다	る 없애고 **ない**
3류 동사 (불규칙 활용 동사)	来る 오다 する 하다	来ない 오지 않다 しない 하지 않다	불규칙 활용

❷ 동사의 가능 표현

~할 수 있다
❶ 동사의 기본형 + ことが できる
　　예 読む → 読む ことが できる 읽을 수 있다

❷ 가능 동사

	기본형	활용의 특징	가능 동사
1류 동사 (5단 활용 동사)	書く 쓰다 話す 말하다 作る 만들다	어미를 え단으로 바꾸고, る를 붙인다.	書ける 쓸 수 있다 話せる 말할 수 있다 作れる 만들 수 있다
2류 동사 (1단 활용 동사)	見る 보다 食べる 먹다	る를 빼고 られる를 붙인다.	見られる 볼 수 있다 食べられる 먹을 수 있다
3류 동사 (불규칙 활용 동사)	来る 오다 する 하다	불규칙 활용을 한다.	来られる 올 수 있다 できる 할 수 있다

❸ 문화: 위기관리

• 일본은 학교에서 지진이나 화재에 대비하여 재난방재훈련을 실시한다. 지진을 알리는 방송이 나오면 학생들은 책상 밑으로 들어가거나, 방송을 듣고 차분하게 대피한다. 머리에 두건을 쓰고 교실 밖으로 이동한다.
• 가정에는 방재용품(소형전등, 생수, 건전지, 소독면, 반창고, 통조림 등)을 상비해 두고 있으며, 지진이 났을 때 위험한 상황을 대비하여 가구들을 고정시켜 둔다.
• 베란다에 대피 시설(사다리, 비상 통로)이 있다.
• 일본의 긴급 전화번호 중 경찰은 '110'이며 보통 'ひゃくとおばん'이라고 읽는다. 구급과 소방은 우리나라와 같은 '119'이다.

きいて はなそう

- ☐☐☐ おんせんに 行(い)った 온천에 갔다
- ☐☐☐ プールで 泳(およ)いだ 수영장에서 수영했다
- ☐☐☐ 山(やま)に 登(のぼ)った 산에 올랐다
- ☐☐☐ きものを 着(き)た ことが ありますか 기모노를 입어 본 적이 있습니까?
- ☐☐☐ さむかったです 추웠습니다

- ☐☐☐ 料理(りょうり)ばんぐみ 요리 (방송) 프로그램
- ☐☐☐ インターネットで 調(しら)べる 인터넷으로 조사하다
- ☐☐☐ 休(やす)みの 日(ひ) 휴일
- ☐☐☐ さんぽを したり 산책을 하거나
- ☐☐☐ 友(とも)だちに 会(あ)ったり 친구를 만나거나
- ☐☐☐ そうじを する 청소를 하다
- ☐☐☐ 母(はは)を 手伝(てつだ)う 엄마를 돕다

よんで はなそう❶

- ☐☐☐ ううん 아니
- ☐☐☐ はじめてだよ 처음이야
- ☐☐☐ そんな こと ありません 그렇지 않습니다
- ☐☐☐ おなかが すいたね 배가 고프네
- ☐☐☐ そろそろ 슬슬
- ☐☐☐ ごはんに する? 식사할까?
- ☐☐☐ まず 먼저, 우선
- ☐☐☐ いいと 思(おも)います 좋다고 생각합니다

よんで はなそう❷

- ☐☐☐ あけまして おめでとうございます 새해 복 많이 받으세요
- ☐☐☐ 雪(ゆき)で 白(しろ)い 山(やま)が 눈으로 뒤덮인 하얀 산이
- ☐☐☐ とくに 특히
- ☐☐☐ わすれる ことが できません 잊을 수 없습니다

- ☐☐☐ 思(おも)い出(で)が できました 추억이 생겼습니다

まとめ きょうしつ❷

- ☐☐☐ おせち料理(りょうり) 오세치 요리
- ☐☐☐ はつもうで 하쓰모데

いっしょに やって みよう

- ☐☐☐ ホームステイを する 홈스테이를 하다
- ☐☐☐ 有名人(ゆうめいじん)に 会(あ)う 유명인을 만나다
- ☐☐☐ おかねを ひろう 돈을 줍다

❶ 동사의 た형

	기본형	~た	만드는 법
1류 동사 (5단 활용 동사)	書_かく 쓰다 泳_{およ}ぐ 수영하다 待_まつ 기다리다 休_{やす}む 쉬다 話_{はな}す 말하다 行_いく 가다	書_かいた 썼다 泳_{およ}いだ 수영했다 待_まった 기다렸다 休_{やす}んだ 쉬었다 話_{はな}した 말했다 行_いった 갔다	く → いた ぐ → いだ う, つ, る → った ぬ, ぶ, む → んだ す → した * 예외
2류 동사 (1단 활용 동사)	見_みる 보다 食_たべる 먹다	見_みた 보았다 食_たべた 먹었다	る 없애고 た
3류 동사 (불규칙 활용 동사)	来_くる 오다 する 하다	来_きた 왔다 した 했다	불규칙 활용

❷ 형용사의 과거형

い형용사	な형용사
楽_{たの}しい 즐겁다	きれいだ 예쁘다
楽_{たの}しかった 즐거웠다 楽_{たの}しかったです 즐거웠습니다	きれいだった 예뻤다 きれいでした 예뻤습니다
楽_{たの}しく なかった 즐겁지 않았다 楽_{たの}しく なかったです 즐겁지 않았습니다	きれいじゃ なかった 예쁘지 않았다 きれいじゃ ありませんでした 예쁘지 않았습니다

* 'いい'는 'よかった'로 활용된다.

❸ 문화: 관광 명소

- 교토   794년부터 1868년까지 일본의 수도로 과거 일본의 정치와 문화의 중심지. 기요미즈데라, 긴카쿠지 등이 유명.
- 오사카   서일본 최대의 도시로 도쿄에 이어 경제, 문화 등 중요한 역할을 담당. 오사카성, 도톤보리 등이 유명.
- 후지산   높이 3,776m의 일본에서 가장 높은 산으로 유네스코 세계문화유산.
- 히로시마   세계 최초의 원자폭탄이 투하된 도시. 평화기념공원(원폭돔), 이쓰쿠시마 신사 등이 유명.
- 도쿄   일본의 수도이며 일본 각 정부 부처, 황거 등이 있음. 아사쿠사 센소지의 가미나리몬, 도쿄타워, 스카이트리, 오다이바 등이 유명.
- 홋카이도   일본 최북단에 위치한 섬으로 온천, 스키장, 골프장 등 관광 자원이 풍부. 가장 큰 도시는 삿포로이고 눈 축제가 유명.
- 오키나와   가장 큰 도시는 나하이며 류큐 왕국의 유산, 독특한 문화, 남국의 자연 풍경, 수리성 등이 유명.

ひらがな 오십음도

	あ단 [a]	い단 [i]	う단 [u]	え단 [e]	お단 [o]
あ행	あ	い	う	え	お
か행 [k]	か	き	く	け	こ
さ행 [s]	さ	し shi	す	せ	そ
た행 [t]	た	ち chi	つ tsu	て	と
な행 [n]	な	に	ぬ	ね	の
は행 [h]	は	ひ	ふ fu	へ	ほ
ま행 [m]	ま	み	む	め	も
や행 [y]	や		ゆ		よ
ら행 [r]	ら	り	る	れ	ろ
わ행 [w]	わ				を

ん n

ひらがな 오십음도

	あ단 [a]	い단 [i]	う단 [u]	え단 [e]	お단 [o]
あ행	あ	い	う	え	お
か행 [k]	か	き	く	け	こ
さ행 [s]	さ	し shi	す	せ	そ
た행 [t]	た	ち chi	つ tsu	て	と
な행 [n]	な	に	ぬ	ね	の
は행 [h]	は	ひ	ふ fu	へ	ほ
ま행 [m]	ま	み	む	め	も
や행 [y]	や		ゆ		よ
ら행 [r]	ら	り	る	れ	ろ
わ행 [w]	わ				を

ん n

ひらがな 오십음도

	あ단 [a]	い단 [i]	う단 [u]	え단 [e]	お단 [o]
あ행	あ	い	う	え	お
か행 [k]	か	き	く	け	こ
さ행 [s]	さ	し shi	す	せ	そ
た행 [t]	た	ち chi	つ tsu	て	と
な행 [n]	な	に	ぬ	ね	の
は행 [h]	は	ひ	ふ fu	へ	ほ
ま행 [m]	ま	み	む	め	も
や행 [y]	や		ゆ		よ
ら행 [r]	ら	り	る	れ	ろ
わ행 [w]	わ				を

ん n

ひらがな 오십음도

	あ단 [a]	い단 [i]	う단 [u]	え단 [e]	お단 [o]
あ행	あ	い	う	え	お
か행 [k]	か	き	く	け	こ
さ행 [s]	さ	し shi	す	せ	そ
た행 [t]	た	ち chi	つ tsu	て	と
な행 [n]	な	に	ぬ	ね	の
は행 [h]	は	ひ	ふ fu	へ	ほ
ま행 [m]	ま	み	む	め	も
や행 [y]	や		ゆ		よ
ら행 [r]	ら	り	る	れ	ろ
わ행 [w]	わ				を

ん n

カタカナ　오십음도

	ア단 [a]	イ단 [i]	ウ단 [u]	エ단 [e]	オ단 [o]
ア행	ア	イ	ウ	エ	オ
カ행 [k]	カ	キ	ク	ケ	コ
サ행 [s]	サ	シ shi	ス	セ	ソ
タ행 [t]	タ	チ chi	ツ tsu	テ	ト
ナ행 [n]	ナ	ニ	ヌ	ネ	ノ
ハ행 [h]	ハ	ヒ	フ fu	ヘ	ホ
マ행 [m]	マ	ミ	ム	メ	モ
ヤ행 [y]	ヤ		ユ		ヨ
ラ행 [r]	ラ	リ	ル	レ	ロ
ワ행 [w]	ワ				ヲ 。

ン n

カタカナ　오십음도

	ア단 [a]	イ단 [i]	ウ단 [u]	エ단 [e]	オ단 [o]
ア행	ア	イ	ウ	エ	オ
カ행 [k]	カ	キ	ク	ケ	コ
サ행 [s]	サ	シ shi	ス	セ	ソ
タ행 [t]	タ	チ chi	ツ tsu	テ	ト
ナ행 [n]	ナ	ニ	ヌ	ネ	ノ
ハ행 [h]	ハ	ヒ	フ fu	ヘ	ホ
マ행 [m]	マ	ミ	ム	メ	モ
ヤ행 [y]	ヤ		ユ		ヨ
ラ행 [r]	ラ	リ	ル	レ	ロ
ワ행 [w]	ワ				ヲ 。

ン n

カタカナ　오십음도

	ア단 [a]	イ단 [i]	ウ단 [u]	エ단 [e]	オ단 [o]
ア행	ア	イ	ウ	エ	オ
カ행 [k]	カ	キ	ク	ケ	コ
サ행 [s]	サ	シ shi	ス	セ	ソ
タ행 [t]	タ	チ chi	ツ tsu	テ	ト
ナ행 [n]	ナ	ニ	ヌ	ネ	ノ
ハ행 [h]	ハ	ヒ	フ fu	ヘ	ホ
マ행 [m]	マ	ミ	ム	メ	モ
ヤ행 [y]	ヤ		ユ		ヨ
ラ행 [r]	ラ	リ	ル	レ	ロ
ワ행 [w]	ワ				ヲ 。

ン n

カタカナ　오십음도

	ア단 [a]	イ단 [i]	ウ단 [u]	エ단 [e]	オ단 [o]
ア행	ア	イ	ウ	エ	オ
カ행 [k]	カ	キ	ク	ケ	コ
サ행 [s]	サ	シ shi	ス	セ	ソ
タ행 [t]	タ	チ chi	ツ tsu	テ	ト
ナ행 [n]	ナ	ニ	ヌ	ネ	ノ
ハ행 [h]	ハ	ヒ	フ fu	ヘ	ホ
マ행 [m]	マ	ミ	ム	メ	モ
ヤ행 [y]	ヤ		ユ		ヨ
ラ행 [r]	ラ	リ	ル	レ	ロ
ワ행 [w]	ワ				ヲ 。

ン n

縁結び　合格　交通安全　おまもり

NE 능률

www.nebooks.co.kr

내 수준에 딱 맞게, 필요한 내용만 골라 쓴다!

맞수

맞춤형 **수**능영어
단기특강 시리즈

NE능률 영어교육연구소
전성호 선정이 여윤구 기민아

지문 MP3 파일 무료 다운로드
www.nebooks.co.kr

수능문법어법
기본편

NE 능률

전국 **온오프 서점** 판매중

맞춤형 수능 영어 단기 특강 시리즈 맞수

구문독해
(기본 · 실전)

수능듣기
(기본 · 실전)

수능문법어법
(기본 · 실전)

수능유형
(기본 · 실전)

빈칸추론

영역별, 수준별 맞춤형 프로그램

· 각 영역을 수준별로 골라 쓸수 있도록 총 9권 구성
· 핵심 설명과 적용문제만을 담은 16강 구성 (빈칸추론 12강)

최신 수능 난이도 및 경향 반영

· 각 영역별 최신 기출 문제를 통해 실전 감각 UP
· 단계별 모의고사로 본인의 실력 최종 점검 가능

NE능률 교재 MAP

아래 교재 MAP을 참고하여 본인의 현재 혹은 목표 수준에 따라 교재를 선택하세요.
NE능률 교재들과 함께 영어실력을 쑥쑥~ 올려보세요!
MP3 등 교재 부가 학습 서비스 및 자세한 교재 정보는 www.nebooks.co.kr에서 확인하세요.

교과서/
내신

중1
중학영어1 자습서 [김성곤_2015 개정]
중학영어1 평가문제집 1학기 [김성곤_2015 개정]
중학영어1 평가문제집 2학기 [김성곤_2015 개정]
중학영어1 자습서 [양현권_2015 개정]
중학영어1 평가문제집 1학기 [양현권_2015 개정]
중학영어1 평가문제집 2학기 [양현권_2015 개정]

중2
중학영어2 자습서 [김성곤_2015개정]
중학영어2 평가문제집 1학기 [김성곤_2015개정]
중학영어2 평가문제집 2학기 [김성곤_2015개정]
중학영어2 자습서 [양현권_2015 개정]
중학영어2 평가문제집 1학기 [양현권_2015 개정]
중학영어2 평가문제집 2학기 [양현권_2015 개정]

중2-3
생활 일본어 자습서 [2015 개정]
생활 중국어 자습서 [2015 개정]

중3
중학영어3 자습서 [김성곤_2015 개정]
중학영어3 평가문제집 1학기 [김성곤_2015 개정]
중학영어3 평가문제집 2학기 [김성곤_2015 개정]
중학영어3 자습서 [양현권_2015 개정]
중학영어3 평가문제집 1학기 [양현권_2015 개정]
중학영어3 평가문제집 2학기 [양현권_2015 개정]

고1
영어 자습서 [김성곤_2015 개정]
영어 평가문제집 [김성곤_2015 개정]
내신100신 기출예상문제집_영어1학기
[김성곤_2015]
내신100신 기출예상문제집_영어2학기
[김성곤_2015]
영어 자습서 [양현권_2015 개정]
영어 평가문제집 [양현권_2015 개정]

고1-2
영어 I 자습서 [2015 개정]
영어 I 평가문제집 [2015 개정]
내신100신 기출예상문제집_영어 I
[2015 개정]
실용 영어 자습서 [2015 개정]
실용 영어 평가문제집 [2015 개정]
일본어 I 자습서 [2015 개정]
중국어 I 자습서 [2015 개정]

고2
영어 독해와 작문 자습서 [2015 개정]
영어 독해와 작문 평가문제집 [2015 개정]
영어 회화 자습서 [2015 개정]

고2-3
영어 II 자습서 [2015 개정]
영어 II 평가문제집 [2015 개정]
내신100신 기출예상문제집_영어II
[2015 개정]

고3

10분 만에 끝내는 영어 수업 준비!

NETutor

NE Tutor는 NE능률이 만든 대한민국 대표 **영어 티칭 플랫폼**으로
영어 수업에 필요한 **모든 콘텐츠와 서비스**를 제공합니다.

www.netutor.co.kr

Ch 엔이튜터

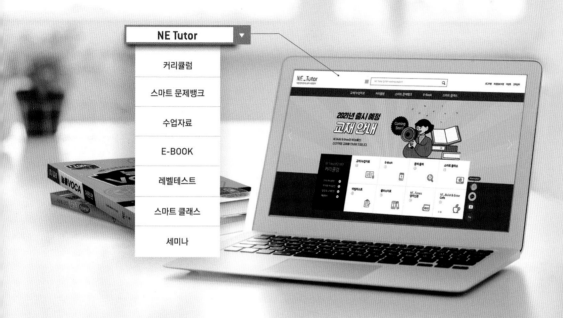

NE Tutor ▼

| 커리큘럼 |
| 스마트 문제뱅크 |
| 수업자료 |
| E-BOOK |
| 레벨테스트 |
| 스마트 클래스 |
| 세미나 |

— □ ×

· 전국 영어 학원 선생님들이 뽑은 **NE Tutor 서비스 TOP 3!** ·

1st. 스마트 문제뱅크 1분이면 맞춤형 어휘, 문법 테스트지 완성!!
문법, 독해, 어휘 추가 문제 출제 가능

2nd. 레벨테스트 학부모 상담 시 필수 아이템!!
초등 1학년부터 중등 3학년까지 9단계 학생 수준 진단

BOOK

3rd. E-Book 이젠 연구용 교재 없이도 모든 책 내용을 볼 수 있다!!
ELT부터 중고등까지 온라인 수업 교재로 활용

NE_Tutor

www.nebooks.co.kr NE 능률

핵심만 콕! 찍어주는 수능유형 기본서

핵심만 콕 찍어주는 수능유형 기본서

NE 능률

PICK 수능유형

듣기

NE능률 영어교육연구소 지음
조은영 김은정 가인아 정서연

부록 듣기 MP3 파일 제공
www.nebooks.co.kr

전국 **온오프 서점** 판매중

고등 수능유형 기본서, 수능유형 PICK

독해 기본
[고1]

독해 실력
[고2]

듣기
[고1]

최신 수능 경향 반영

최신 수능 및 평가원 모의고사 분석

실전 대비 기능 강화

실전 대비를 위한 MINI TEST/실전 모의고사 수록

상세한 유형별 해법과 핵심 Tip을 통해 유형 대비 완벽 가능

핵심 수능 어법 정리를 통해 어법 자신감 향상 [독해 기본]

어법 플러스 문제와 풀이를 통해 어법 학습 능력 향상 [독해 실력]

어려운 연음, 중요 표현 등을 중심으로 한 DICTATION 수록 [듣기]